GAEA

GAEA

想像

不家庭

邁向一個批判的異托邦

Against

Family-Marriage

Continuum

A Collective Speculative Extrapolation into Familial and Recalcitrant Modes of World-Buildings

想像不家庭陣線 ——————— 著　洪凌 ——————— 主編

目次
Contents

【輯二】重啟性／別戰場

目次
Contents

【輯三】叩問新正常與唯婚權同志主義

【輯四】旁若的世界，無終點的歷史

為何我們需要酷兒批判同性婚姻？

卡維波

　　在台灣的同性婚姻運動中，有所謂酷兒立場者批判同性婚姻（簡稱「同婚」）。許多同婚支持者認為這對於同志權益而言是扯後腿，有些人認為酷兒應該與同婚運動聯合來反對基督教的基本教義派。本文就是要說明：為什麼酷兒的批判同婚對於同志運動是必要的。

　　以基本教義派基督徒為核心的反對同婚（甚至反對同性戀）的這一群台灣人民，此刻對抗著以同性戀為核心的支持同婚的另一群台灣人民。這種「人民對抗人民」採取的又是哪一種政治方式呢？我們看到的大概不外乎兩類，一、「公關」（publicity），就是媒體造勢、打造形象，來博取觀感。二、「政治角力」（politics），就是立法游說、向政客施壓或者拉攏。這兩類都是無關雙方爭議內容的外在努力。雖然這兩類都是在所謂民主社會中常見的策略，但是等下我要說明這些都沒有「民主」的實際意義。

　　基督徒與同性戀在這個所謂民主過程中，有什麼真正辯論嗎？我認為沒有；除了喧囂與憤怒，沒有真正理性辯論。為什麼沒有？因為基督徒一方缺乏公共理性的語言，無法與同性戀理性辯論，很多時候只能引用聖經和信仰，只能訴諸既有的俗成定見，而這些俗成定見（例如一

夫一妻是家庭的現代化，婚姻或成家的基礎只能是愛情，公私區分，母職，女性理想家庭生活cult of domesticity）則是形成於西方早期現代基督教文明影響仍然顯著的時期。基督徒在理性辯論上的失語相對地影響了同性戀一方，後者也只能用最簡單的啟蒙語言、口號式的內容來向大眾宣導、博取支持，所依靠的則是西方晚期現代話語的潮流（親密關係的民主化、液態愛情、多樣家庭、個人主義化等等）。基督徒與同性戀雙方都互相認為對方是錯誤的、邪惡的，而自己掌握了真理：若非政治正確，便是道德正確。總之，雙方並沒有真正理性說服的過程，也因此沒有真正教育大眾、提升認識的公共說理過程。基本上雙方就是比拳頭、比人頭。拳頭象徵著政治實力，鈔票上的人頭則象徵資源動員。

或許有人認為，民主社會還有一種數人頭的方式，就是選舉投票公投，但是在沒有理性辯論、充分告知的情況下，這種數人頭實質上還是前面說的公關或政治角力，是操縱性的民主，而不是真正具有公共性（publicness）的民主過程。

大家可以想像，如果現在此刻在沒有什麼說理辯論的情況下，只是透過立法游說，或者透過媒體輿論造勢，或者透過政客支持，或者透過選票公投，來決定同性戀是否合乎道德、是否應該不受歧視、是否可以結婚，那麼作為社會運動的同志運動應該接受嗎？

我說，不應該接受。為什麼？先假設投票結果是認為同性不可以結婚，或者同性戀可以被歧視，那麼，同志運動當然不能接受。但是為什麼不能接受？不是說好了「少數服從多數」、「願賭服輸」嗎？不能

接受，乃是因爲同性戀的道德良心認爲自己不應該被歧視，同性戀眞誠地相信自己應該可以結婚。換句話說，對同性戀而言，這種投票決定的不是可有可無的利益計算；所謂「道德良心」不是可以議價妥協的，而是安身立命的、關乎整個人在世界上存在的意義。因此，選舉投票的結果、媒體造勢的結果、政客立法的結果都不能改變同性戀這個心意、無法強迫其道德良心就範。否定同性戀的結果也許會讓同性戀難過痛苦、痛恨社會不公，認爲這就是社會壓迫，但是投票勝負不會改變同性戀的信仰與態度，而且同性戀反對道德保守基督徒的強度會更增加。

或許你認爲，如果現在投票公投、政客立法的結果是肯定同性婚姻，那麼立旨改變社會的同志運動就應該接受了。但是我們可以想一下，這意味著有另一批人民，他們的道德良心認爲同性戀是不道德的，同性不應該結婚，但是他們現在也痛恨社會不公，感到社會壓迫他們，易言之，基督徒不會因投票勝負而改變其道德良心、信仰與態度，只會增加他們反同性戀的強度。

故而，這種單單數人頭式的（以及比拳頭、比人頭）政治過程，只能是壓迫一群少數：不是壓迫同性戀，就是壓迫基督徒。很多人幻想透過像同性婚姻這種立法手段就能改變社會對於同性戀的道德態度，其實我們不能期望在社會有相當的人口沒有改變他們對同性戀的道德良心態度情況下，社會能有什麼奇蹟的改變。過去許多社會經歷過同性戀的除罪化，當時曾樂觀的認爲當同性戀在法律上不再入罪，因此法律對同性戀的肯定將平反同性戀，但是顯然並非如此。

投票這類民主程序本身不是眞正具有公共性的民主的過程，雖然公共也離不開情感塑造的公關過程，但是公共需要的理性辯論是不可或缺的。在目前基督徒理性辯論缺席的情況下，我認爲酷兒與同婚支持者之間的理性辯論可以取代「基督徒與同性戀辯論」，兩者具有同樣的功能，因爲這些辯論都是關於婚姻家庭或同性戀等等基本問題的辯論，繼續鼓勵與擴大這一辯論，引起社會注意，讓輿論由熟習到理解（而不是停留在啓蒙層次），可以對社會產生普遍的教育作用，提升整個同婚辯論的層次，也會旁及更廣大的脈絡範疇與其他社會運動。換句話說，目前同婚運動與基督徒的辯論僵局，可以由酷兒這樣的第三者來打破。這種起初的菁英辯論，如果持續或甚至形成路線之爭，會逐漸由內圈向外影響整個社會，正如當初同性戀或性／別運動開始時一樣。

引言
解離婚家共同體
朝向構築世界與分析現實的政治綱領

洪凌

「無產階級要建設起他自己的性底關係來，就是集團化的性生活，就是雜交，純粹以性底要求建設起來的集團化的性生活。

無產階級沒有家庭要保留，沒有私產要保留，並且不會掠奪孩子，所以不需要結婚；無產階級是現實的孩子，所以不需要幻想；無產階級是集團的一份子，所以不需要個人主義的戀愛；無產階級不會掠奪別人，而永遠是以生命投入一切的。

沒有家庭和其他附屬於家庭的關係，沒有結婚和其他類似結婚的狀態，沒有自私，沒有佔有，沒有幻想和靈——就是，沒有戀愛。我們所認識所接觸的是有血有肉的人類，我們的朋友……」——向培良，〈戀愛破滅論〉

從這篇寫作於1927年的文章，或可窺見向培良與同伴們（例如寫出〈論雜交說〉的高長虹）是民國早期的情感政治異端。當然，他們並非毫無緣由地橫空出世：如此深刻勾勒出單偶浪漫愛的「獨占／私有」與階級意識的淵源，可從晚清的《天義報》〔如提倡「盡廢人治」（廢姓，廢婚，廢家）的殷何震，她的革命與感情伴侶劉師培〕、提倡復興漢民族與建立共和國的知識份子（如梁啓超、蔡元培），以及寫出類似「空想社會主義烏托邦」作品《大同書》的康有爲，刻劃無政府主義思

想的作家如巴金。歷經一世紀之後，本書既承載著這些珍貴的歷史辯證結晶，但也必須在一個早已到來的「黑色未來」（future noir）展開對各種現實的婚家剖析，走出一條不同於改良主義但也不爛漫夢想的「旁若真實」（para-Real）可能路徑。

本書分為四輯，並非按照發表時間的線性時間順序，而是依照論證的主題與相關事件，集結為四個叢結與區塊（bloc）。第一輯「從『置疑婚家國』為起點」泰半還原了2013年底以單次專題為出擊方式的文章群。在此處可以看得出，我們的論述養料來自於幾個嵌合於性／別政治與階級鬥爭的思想軸線：馬克思主義對再生產領域的梳理與批判，蘇俄理論家柯倫泰（Alexandra Mikhailovna Kollontai）意圖解體婚姻家庭與情慾單一性的「一杯水主義」，接合台灣娼妓女性主義與酷兒性權的冷戰女性主義對婚家國連續體的置疑。在這個專題與相伴的公開論壇，「想像不家庭」首次以集團性的面目現身，立即與當時角力的兩大巨獸（保守婚家主義與進步婚家主義）交涉與論戰，成為雙方都逐漸警惕且視為攪局芒刺（尤其對於倡議婚姻平權的同志正典，這樣的勢力被她們解釋為「內部」的破壞者角色）。值得注意的是，在五年前，這個專題的寫作者都是與「三套方案」相互辯論，但如今根據我在課堂與充斥平權聲浪場域的觀察，性別進步族群的記憶退潮之快實讓我詫異。聽到「伴侶法」與「多元成家」時，這些擁婚份子通常不明所以，彷彿它們從未與同性婚姻是來自於同一團體（「伴侶盟」）的對等遊說與提倡。這樣短促如光電泡露的集體失憶，也扣合著最近在公投的情景：原先得意洋洋只會斥責對手（如「護家盟」）是白痴蠢材但自身也無力生產有效細緻辯證的同婚派，嚐到集體錯愕的敗陣與失意。能否從這些現實的

11

處境學得教訓，吸取不只是自我取悅的思維，是同婚進步派的關鍵。

歷史總在征戰，性的管控與生命治理則是現代化以來相當程度支配著極大化人口的兩股規訓力量。在第二輯「重啓性／別戰場」與第三輯「叩問新正常與唯婚權同志主義」，作者們通常在第一時間就啓動了文化政治戰爭機器的介入與對峙，劈穿讓深受二十多年來國家女性主義治理的群眾感到舒適但空泛的語言，拒絕唯性別（但恐懼激進的性與不合體面的生命型態）代議份子的普遍主義。從這兩輯的題目可揭示，類似的恐懼與服順於文明現代性的主體造就了一股被膨脹的嬌貴氣勢與指控趨勢（the tendency of accusation）。過去五年來的臺灣儼然是（非正典的）性、國族（我族－牠者）、後冷戰意識型態、勞動者－資產主義民主制的多重戰場，在性別治理的大旗之內，諸多的不服從者成為被厭斥的「非台灣不公民」。例如，在2014年先被譽為「太陽花女王」的劉喬安，當她性工作的身分曝露，即刻遭到進步公民與中產女權的雙重含蓄遮蓋（最多冠以「隱私」與「性自主」之名）。在看待兒少的性與層級分殊甚大且可爭議是否為「性騷擾」的議題時，生產制式性別規訓的權力體總是一概罪犯化不可能被納為己用的聲音，經驗論至上的說法也暗示著社會學實證主義如同罔罔魅影，不容商榷地主宰著「人文領域」。至於在2017年掀起奇異瘋迷的作者林奕含，以她為引子的「權勢性交」更讓早就主導本地性別牧世大業的團體（如勵馨基金會）大肆保護被脆弱化的身體與嚴懲不遵從「好男人」母性律令的壞份子。「兒少－女性」成為一個巨大僵化的團塊，若說何謂「物化」（reify），這樣的思維與人口畜養方式，就是典型：以懲戒與呵護的雙軌，不能更徹底地凝固且宰制原先擁有千變萬化潛質的眾生多樣性。

那末，我們的世界構築得如何打造？本書的最後一輯「旁若的世界，無終點的歷史」提供了一些設想與思辨，既是故事亦是理論，反身看待層疊交錯的諸現實與權力戲局。在這些文章，包括敘述幼年的奇幻（fantastic）情慾記憶、不堅持「生命值得活」但也認真思考非虛無主義的出路、詰問以保護幼兒主義為基礎的跨物種政治之人類能指（humanity as signifier）、探究白色恐怖共產黨人的血與（去小確幸）之愛，乃至於在科幻誌怪文類尋找超生命（extra-life）的雕塑琢磨。在此，我們希冀能逐漸蝕穿這些森然但本質脆弱的疆界，與世界的各種狀態從事慾望的博奕。

　　本書是「想像不家庭陣線」持續從事冒犯性與惹厭（killjoy）的集體知識生產之物質凝聚，這五年的漫長與艱辛是逆流思辯的行路難。在編輯此書的過程，最要感謝的是蓋亞出版社的育如與常智，書寫推薦序的卡維波老師，本組織的夥伴們。當然，朝夕相伴、體現黑夜之形與白晝之影的貓伴侶小黑豹王，是我「進行翻寫邊界的無始無終鬥爭，無間斷地和歷史的複雜諸面向對話」的最強烈激情來源。

性／別運動的內在批判

王顥中
陳逸婷

這是一本遲到的書。

同性婚姻制度的推動近年來成為同志運動與社群的核心關注。2012年「多元成家」三套修法案被端上檯面；2016年立委尤美女等提出的同婚修法版本通過一讀；2017年大法官作出第748號解釋，宣告兩年內必須修法；2018年底的全台公投大戰，結果卻又是反同婚的保守派大勝……運動發展進程雖曲折，但熱度卻是步步升高、有增無減。

從2013年開始，我們持續在《苦勞網》上撰寫文章，針對同性婚姻議題，嘗試拉出「支持」與「反對」以外的第三道眼界，我們從傳統左派渠徑的恩格斯與馬克思主義女性主義到新左的酷兒理論；從境外西方理論到中國在晚清民初的激進顛覆家庭實踐經驗……希望在不同的知識思想與傳統中，找到理解當代問題的另類資源。伴隨著論述的生產，論述者的集結也是一個拉幫結派的組織化過程，我們除了自己寫文章，也組織寫手，在運動圈、知識圈中持續尋找同伴，尋找各路不滿足於檯面上既有論述與「正確解答」的運動者、知識人。

2013年下半年，我們兩人共同召集多名寫手，眾人一齊完成「想像

不家庭」專題評論。隨後，又在《苦勞網》平台開啓專欄平台，邀請專題寫手們不定期在此空間撰稿，就本地社會的性／別運動進程與文化現象提供多元觀點，自此，在台灣的公共輿論場域當中，形成了如今似乎被統稱爲「毀廢派」的這麼個鬆散陣營。

「毀廢」一詞源初是清末民初無政府／女性主義者對於新社會人際關係應當爲何的倡議，但正如前面所說，我們對知識理論的挪用與引介，主要還是著眼於當代台灣社會的具體現實政治考量，「毀廢」只是其一，難以概括全貌。

對台灣解嚴後女性主義運動／知識發展史稍有掌握的讀者，或許也可以輕易發現，本書中的諸多文章都延續了本地女性主義歷史中性權派／婦權派的論述分裂線，在性積極（sex-positive）的立場上，找尋「解放政治」（emancipatory politics）傳統下「性」領域可以淬煉出的進步潛能。在性別主流化的推動下，台灣目前已經有三間建制化的性別研究機構，但其中主流的性別知識生產，似乎卻只是將性別的政治正確視爲教義經文一般反覆詠唱禱念，幾無對於「性別主流化」自身，乃至於其知識、歷史與政治前提進行批判性考察檢視的動力和能力。

性別主流化在台灣的落地與生長過程實非偶然，它與東亞地緣政治、帝國主義、西方現代性的橫向移植等複雜因素緊密交織共生且至今盤根錯節。對照中國大陸經驗，五四運動時期，國族的想像曾透過性別話語體現爲身體的想像——透過解放女體來打造新中國。早先的中國成了魯迅口中人吃人的「舊中國」，而建立一個現代新中國則成爲反帝

反封建抵抗意識下的必然趨勢。從而，諸多文化習俗，例如女性的「綁小腳」在「舊文化」中原先代表的欲望象徵，一夕之間都被重新賦予意義，成為對女性身體與行為能力的虐待與壓迫，與其他舊俗像是三妻四妾、抽大煙、嫖妓等等一同被現代化的想像給取代並廢棄。

而八〇年代的台灣，赴美海歸知識份子將包含女性主義在內等「進步西方思潮」引介回台，與中國大陸知識份子受反帝議程啟發的經驗迴然，台灣是迎頭趕上並熱切擁抱美國與聯合國共同推動的性別主流化議程，於是從1990年代末開始的一連串修法與綿密法規建制，把這座島嶼上的政治、社會、教育與文化等所有面向都全盤「性別主流化」，誓言消除各領域的「性別盲」，打造出全新的、以西方為典範的「性別平等」台灣。

於是，以「兩性」為主導性框架的「性別」話語，成為一種社會分析過程中僅有的「真實」，面對多樣社會衝突，人們可以輕易命名「父權結構」、指認「父權加害人」，看見各種角色，如家暴案件中的施暴者、人口販運中的人蛇集團、性交易中的嫖客、辦公室中開黃腔的某位同事……除了這些「真實」，人活在世上，究竟該如何面對個人生存境況中真實且複雜的、與自身欲望纏繞的各種互動衝突與生存伎倆，變得再也無足輕重，成為只能被稱為「其他」（rest）的剩餘物，除了冠以「性別盲」、「性別歧視」外，再也無從理解。

然而，所謂「性別盲」，經常只是因為這些主體沒有張開眼睛望向西方的性別平等典範、沒能來得及迎頭趕上改造自己身體與性的進

步思想，終而成為迷失方向的孤魂野鬼。說來諷刺，知識的「在地化」實踐，很多時候竟簡化成為了：在地是為「盲」，西方是為「明」，而「在地化」則意指「看見」在地的「盲」，並幫助他們「打開眼睛」。

我們所要處理的，除了是針對各種本地社會現實提供逆流觀點與另類歷史解釋外，我們同時也處處留意，在西方知識與現代化浪潮下被否定掉的那些被視為「舊」與「落伍」的日常生活人際實踐與關係，在他們被全數掃進歷史垃圾堆以前，我們將他撿起，希望看個仔細，並找出一些其他可能性。

Judith Butler在《性別麻煩》（Gender Trouble）再版序言中曾說到，由於她對女性主義提出了各種理論性批評，因此與女性主義者產生對立，但她的書寫仍是女性主義的一部分，她是在一種內部批判的傳統下書寫，她希望讀者可以明鑑，要能區別那種希望運動能更民主更具有包容性願景的自我批評，以及企圖徹底破壞否定運動的批評。

本書的所有內容，對於台灣包含同志、女權甚至更廣泛的進步運動，同樣不乏各種批判甚至挑釁的書寫，但我們衷心希望，這些書寫仍然能夠為性／別運動的發展帶來良性的辯論與挑戰，如果能夠做到，那麼無論如何，這本書也並不算太遲。

從「置疑婚家國」為起點

毀廢再申論

王顥中

　　根據唯物主義觀點，歷史中的決定性因素，追根究柢是直接生活的生產和再生產。但是，生產本身又有兩種。一方面是生活資料即食物、衣服、住房以及為此所必需的工具的生產；另一方面是人類自身的生產，即種的繁衍。一定歷史時代和一定地區內的人們生活於其下的社會制度，受著兩種生產的制約：一方面受勞動的發展階段的制約，另一方面受家庭的發展階段的制約。[1]

　　恩格斯《家庭、私有制和國家的起源》的上述段落揭示了「生產」（production）一詞內在的雙重意涵。在資本主義生產方式下，資本家為達成資本積累而在生產領域中奪取勞工勞動剩餘的「剝削」，這條軸線，其實一路貫穿了通俗被視為「私領域」的家庭，家內的無償家務勞動（domestic labor）——無論是體力的（煮飯、洗衣、燒水、受孕、產子、育幼⋯⋯），或者是情感的（親密、撫慰、「愛」⋯⋯）——作為勞動力再生產的必要條件，世世代代的工人的勞動力，透過家庭再生產，持續上到生產線工作，支撐了資本主義的循環。是故，將家庭視作為照顧與撫慰的淨土，是滋養、補給在生產關係中遭剝削勞工的「溫馨幸福空間」，事實上正是遮掩了家庭與資本主義的共構關係。

「家」的功能不在於公與私，而是再生產

工作場所與家庭的分離（對應於公／私領域的分離）並非開天闢地般地始於自然，而是特定歷史─時間下，資本主義社會發展的人為構造。對應於資本主義生產的社會化與集中化，工廠與生產線成為工業生產集中勞動力的場所，而被劃出生產領域之外的家庭，是一個再生產領域，後者的生產因不具有交換價值，也因此獲得較少、或次於前者的肯定與認可[2]。

美國新學院（The New School）左翼歷史學家伊利‧薩尼茨基（Eli Zaretsky）在分析性別分化時即指出，男性是（公領域中的）生產者，女性作為（私領域中的）再生產者，這個分化恰是資本主義的建構，因此家庭不可能獨立於資本主義生產方式的毀滅與改造，而自行改造[3]。對於薩尼茨基而言，無償家務勞動表面上是女人為男人提供的勞動，這其實是因為資本主義造成了工作場所與家庭分離、家務勞動被歸屬於不具價值的私事，所產生的錯覺。事實上，女人並非為了男人勞動，而是為了資產階級而勞動。

「勞動階級的不斷維持與再生產，是資本得以再生產的恆常條件。資本家把此條件之完備，安然委諸於勞動者自我保存的本能與生殖本

---

1. 恩格斯（1989）《家庭、私有制和國家的起源》，頁2，台北：谷風出版社。

2. 甯應斌、何春蕤（2013）曾完整回顧了克里斯多夫‧拉許（Christopher Lasch）、薩尼茨基（Eli Zaretsky）等人對西方家庭變遷的研究，參見《民困愁城：憂鬱症、情緒管理、現代性的黑暗面》，頁174-178。

3. Eli Zaretsky, 1986, *Capitalism, the Family, and Personal Life*.

能」[4]，由於資本家把再生產成本配置於家庭提供的功能上，薩尼茨基繼而指出必須徹底掃除現有的家庭形式，挑戰工作場所／家庭的二元對立，擴充認定「生產」只發生在公領域的通俗見解，並重新把家務勞動視作爲一生產性勞動，將從事家務勞動的勞動者納入階級團結的視野當中。

當代的婚／家辯論中，部分論者樂於提出同性戀家庭內之家務分工，具有較平等的協商或理性計算，較（異性戀家庭）爲平等，因而不會複製後者在「私領域」中的剝削[5]，但這個說法事實上並沒有真正回應「剝削」的根源，即對家務勞動的貶抑。換句話說，在不挑戰既有家庭作爲勞動力再生產單位配置的前提下，單單在家庭內部進行重新分工與改良，不可能取消家庭內的「剝削」，這就好比說，並不會因爲廠內勞工的性別比例均等，「血汗工廠」就不再是「血汗工廠」。

無論作爲理論或運動實踐，「毀家廢婚」在台灣本地的語境中，具體場景與發展動力，的確來自於同志運動「婚／家」辯論中的反婚家酷兒；然而，對於現代資本主義單偶家庭提出嚴厲批判，向來也都是一個「女性主義」的命題。艾莉斯・楊（Iris Young）反對將「父權」看作爲一個外於資本主義生產方式（特定社會結構）的獨立構造，而是要把「資本主義—父權」看成一個統一的壓迫制度[6]。對楊而言，將「資本主義」與「父權」看作分別於公／私的不同領域中運作——亦即，主張是「資本主義」造成家庭外（生產領域）的壓迫，而「父權」造成家庭內的壓迫——的觀點，不僅鞏固了公／私二分的布爾喬亞意識型態，同時也缺乏解釋力，因爲現代家庭內／外之分離，恰好肇因於資本主義，而家務勞動，就是一種在資本主義中有別於典型勞動的勞動形式[7]，因此，反對資本主義與反對父權體制，本該是同一場鬥爭。

遺憾的是，台灣主流的良婦女性主義[8]，在對現代家庭構造的批判戰役中幾乎全面退場、缺席，轉而去打造「愛欲的家馴化」[9]：在家庭內部推動親密關係的民主、建立理想家庭、要求男人性自制；在家庭外則推動社會淨化、廢除賣淫、打擊色情、媒體分級、言論檢查、提高合法性行為年齡等議題。因此，不婚／不家的酷兒，只能無可迴避地擔起這個重任了。

---

4. 馬克思、恩格斯《資本論》第三卷。轉引自劉梅君（2000）〈家內勞動II：勞動過程的控制機制〉，頁55。

5. 例如同家會成員何思瑩在〈不只是平等而已——酷兒成家的嶄新意義〉提出兩項美國佛特蒙州的經驗研究，聲稱同性戀家庭因為內部分工不若異性戀家庭，故不會複製後者的剝削問題。事實上，按照該文所引用Heidi Hartmann的雙系統論（Dual-System Theory）見解，也同樣必須分析「父權」與「資本主義」的雙重構造及其間交會，不可能只因為家庭內性別分工的改善就隨之斷言同性戀家庭克服了剝削；甚至，相對於Hartmann，Juliet Mitchell這類深信父權體制乃一不受時空限制的非唯物永恆構造的精神分析女性主義者，都會同意「父權」作為一普遍形式的意識型態，與該社會所採取的「經濟生產方式」之特殊結構，兩者間必有交會，詳見Juliet Mitchell, 1971, *Woman's Estate*.

6. Iris Young, 1981, "Beyond the Unhappy Marriage: a Critique of Dual Systems Theory", *Women and Revolution: A Discussion of the Unhappy Marriage of Marxism and Feminism*, p.58.

7. Ibid., p.61.

8. 有關台灣本地女性主義的分疏可參見卡維波（2001）〈「婦權派」與「性權派」的兩條女性主義路線在台灣〉，《文化研究月報》第5期。

9. 這個趨勢對應著Lasch分析19世紀保守女性與女性主義對於「愛欲」（eros）在性與社會兩方面都作為危險能量的管控。詳參甯應斌、何春蕤（2013）《民困愁城：憂鬱症、情緒管理、現代性的黑暗面》，頁187-194。

想像不家庭

　　以「婚／家」（包括同志、LGBT、多元性別的婚姻權等）為目標的性別主體平權運動，其所欲平之權，就是包括「婚權」在內的「公民權」，以及構造於公民身分之上的法權。這樣一種圍繞著公民權的平權運動，基本上並未超出現代化語境所設定在一國範圍之內的公民社會邊界（以法律門檻，對於非公民身分者進行基本人權的排除），也並未根本地挑戰資產階級法權所亟欲鞏固的現代家庭功能（勞動力再生產、私有產權的承繼）。

　　值得追問的是，當這樣的性別多元主體論述，以平權運動的形式出現在當代的台灣，究竟意味著什麼？它自然不單是所謂「性／別運動長期累積的成果」，也不單是「公民社會中，各種運動多元、蓬勃發展的展現」。它的興起、它所引起的國家機構的反饋（具體進入修法程序），以及不婚不家酷兒對其進行的邊緣抵抗，其實共同提示了我們一個重要的反思路徑：台灣戰後以極壓縮的方式進行現代化，中產階級興起、城市中產意識型態的固著化，最具體的展現，竟是社會運動對於西方公民社會多元論述所進行的挪移與仿擬，而它貌似「進步」的平權訴求，甚至無法回應現實中城市中產階級的滑落──試問，以當前的高房價、高物價、低工資作為再生產下一批勞動力的成本，究竟有多少「城市中產階級」能負擔得起這個「幸福家庭夢」？

　　更進一步，倘若我們可以明確地指出，四十年前「家庭即工廠」的家庭代工模式，顯示家庭被緊密地結構入第三世界工業化的生產模式，並在經驗上提供一個探求台灣「現代化」路徑的物質基礎，那麼，當前追求資產階級法權、公民權平權的城市中產婚／家運動，是否正提示我們這幾十年間社會性質的轉變？或說，被婚／家平權運動所排除的各種

邊緣經驗，是否恰好置疑了這套論述所預設的社會條件，並不那麼牢固地存在？不難發現，在這一波表面上只是「同婚」與「反同婚」之爭的論辯，其實挑戰了資本主義社會普世現代性的統合邏輯，召喚著更為深度、歷史與在地的社會性質分析，也顯示家庭的改造與解放，無法外在於資本主義社會的整體改造與解放。酷兒，正是站在資本主義社會變革的總體戰線之上，才有實踐不婚不家的條件。

這個系列專題，試圖全面以婚／家為批判對象，重新開闢一條論述戰線。作為系列第一篇，洪凌針對的是從2013年美國DOMA法案判決後所引發的效應，一直到台灣本地數起「保家」抗爭，乃至於同性婚姻、家庭、伴侶權益修法推動過程中，隱然浮現的全球—在地論述形構，批判地質疑「婚權作為基本公民權」論述的內在弔詭與排他構造，以及其所內涵的「良心中產」的公民意識型態保守性；高旭寬從跨性別運動的經驗出發，提示家庭以外另類支持系統的可能，並置疑了通俗習見的「平等」修辭 [10]。

讓我以生態女性主義者瑪姬・皮爾西（Marge Piercy）的《在時間邊緣的女人》為這導言作結。這部科幻小說描繪了一個小孩不在子宮內受孕，出生後由兩男一女或兩女一男組成的三人「母親」撫養，並可接受「保母」所領導的集體中心進行學習與社會化的一種非父權、非資本主義，人類與生態（自然資源）關係平衡的烏托邦景象 [11]。讓我們期待，本地酷兒的論述與運動，也能為性／別政治指引出一條新的烏托邦想像。

---

10. 針對婚／家辯論的「平等」修辭，另可參見本書〈平等的幻象〉一文。

11. Marge Piercy, 1976, *Woman on the Edge of Time*.

酷兒毀家，從位置出發

陳逸婷

中秋時候，好不容易逃離來自遠方血親家人的召喚，「中秋節回不回來呀？」、「回來看看家人吧？」這些召喚透過通訊APP、臉書狀態分享等等，各式各樣傳遞迅速的資訊，提醒我身為「家」的一部分、某個家族中的成員、誰的女兒、誰的孫女、誰的姪女⋯⋯

如果我想，我可以花點錢搭交通工具回老家，與家人共度中秋，烤肉餵食家中老小，然後拍張照片上傳，標題寫「月圓人團圓」。因為透過結婚、生養所構成的家庭，讓我有家可回、有圓可團，然而這個「家」顯然是透過被核可的異性戀婚姻關係所建立出來。我不用任何爭取，便擁有一個家。

與我不同，無家可歸者，沒得團圓；因性傾向被趕出家庭的性少數主體，沒得團圓；承受污名的性工作者，沒得團圓；中秋沒假可放的勞工，沒得團圓。

另一次，因朋友提供免費的公關票券，前往小巨蛋坐在非常前排的位置觀看「迪士尼卡通電影演唱會」，想著自己從小是如何被這類童話故事美好的「擁家護婚」意識形態進行「洗腦」。前面描述了我身為一個有家可歸的家庭成員之一，以下想描述的則是我的家庭實際上所呈現的「不完美」面貌，時間調回20年前，父母在我小學時離婚，血緣上的父親離開了家，他唯一爭取過的是他的兒子、我弟弟的撫養權，此後的所謂的「家庭成員」就只剩下我母親、兄弟姐妹與母親方的家人。

這樣子不符合傳統家庭組成的「單親家庭」，在20年前，小學、國中的我，是會因此被導師帶去面談家庭狀況的，「很擔心」單親家庭成員的不僅是校方，整個社會大抵也是透過各種方式讓人意識到沒有一個「好父親」是多麼的不幸，諸如〈我的家庭真可愛〉的兒歌、大多數童話故事的組成、每個「完整」家庭出身的同學投向自己的眼神……等等。

在跑新聞的經驗中，某次目睹了一位在監察院前陳情的民眾，提出自己「不被政府照顧」的疑問，卻被現場志工雞婆地推導至「為何你的原生家庭沒有照顧你？」民眾被問到啞口無言，只好搬出其生母正在領中度身障補助的現實來正當化個人的貧困處境，兼回應志工的質疑。

我試圖描述家庭價值是如何綿密、細膩地在我們身處的環境中區分誰有家、誰沒有家，誰又有或者沒有資格成家，以及，照顧責任在這樣的環境中，將優先被歸到家戶中，唯確認其家庭失能後，方才考慮國家所提供的社福制度，凡此種，都構成了家庭價值之惡。

酷兒的戰略位置

從石牆年代開始，變裝皇后、鐵T、其他性少數及酷兒們佔據了一個與主流異性戀社會戰鬥、叫囂的戰略位置。台灣的脈絡則是在70年後，因應觀光、娛樂等需求而逐漸蓬勃發展的色情產業，gay bar與T吧在當中先後出現。我曾聽經歷過90年代後的T吧公關講到當時如何和警察斡旋，在產業中取得少部分的生存空間，才讓T吧得以經營；同時，台北市公娼抗爭在90年代末打得如火如荼，娼妓成為首當其衝的犧牲者，同性戀污名與性污名交錯影響著當時的底層工作者。那個時候，同志酒吧就是一種社群，日常生活中無法出櫃而被壓抑著的情感，只有在

酒吧裡可以找到相知相惜的同伴。

　　「同性戀」這個名詞走過因爲性傾向、性癖好而被砸石頭、言語騷擾、歧視的年代，隨著整體社會的文明與進步，逐漸成爲「驕傲的同志」，但是區隔從未消失，就在2013年8月19日，萬名印尼籍移工齊聚台北車站慶祝伊斯蘭教「開齋節」；9月，台鐵拉起紅龍禁止人在範圍內席地而坐。這條紅龍，儘管台鐵站長否認是針對移工而設，但卻象徵性地達到了「區隔」作用，而引來移工團體的批評抗議。

　　「紅龍」其實隨處可見，並時刻發揮著區隔作用，隨著現代文明進程的演進，同志平權成爲進步國家的政策方向。在資本主義社會中，人們只看領子的顏色，不看性傾向。性傾向去標籤化現象愈發明顯，也或許逐漸不再是紅龍所欲區隔者。只要有能力當個乾淨、安全的驕傲同志，就不用擔心再被區隔。

　　如果我們遺忘了90年代，身爲性少數，因爲與眾不同的性傾向而感受到的強大恥辱感，便是捨棄了酷兒政治的戰略位置。廣大的驕傲同志通過紅龍的篩選，在爭取平權的路上，無論是策略性或者本質上，都不可避免地鞏固紅龍的作用。這個鞏固的狀況，在面對保守的宗教團體試圖以「性解放」、「不忠貞」、「雜交」來攻擊當前的同性婚姻與多人家屬法案時最爲明顯，扮演正方角色的同志團體不僅往往無能捍衛上述被用以攻擊的「性少數者」，更透過說明同志其實是如何的「乾淨、安全」來作爲回應。可以理解同志團體或將此視爲策略性做法，但不可否定的是，各種區隔的效果，於是也在這種過程中被不斷地實踐出來。

　　爭取平權的路上，我們期待能夠跟異性戀一樣，擁有分享彼此私有財產的權力、醫療決定權、共同的撫養權。正因爲目前伴侶盟提供的法條很「進步、多元」，我們好像除了擁有上述利益外，還可以保有「進

步、多元」的同志價值觀。在這個前提下，我們更期待所謂在影集《愛妳鍾情》（*If these Walls Could Talk 2*）裡那種伴侶過世，自己就一無所有的處境能隨著法條制定被改善。

然而，這一系列的文章中，作者們不斷試著指出，上述透過法條而爭取改善同志處境的想像，恐怕難以對體制如何篩選並排除特定人的缺陷提出根本質疑；同時，還會在與保守團體論戰的過程中形成「與污名切割」的效果。講白一點就是，我們處理了一部份人的問題，讓一部份的人獲得平等，然後忽略其他人的問題，並任由其擴張惡化。

毀壞體制的必要

如果酷兒的戰略位置和政治意義是重要的，那麼，處理那些不被處理的、別人的問題，就會跟處理自己的問題要來得一樣重要，甚至更為重要。這裡所區分出來的自己與他人，很明顯就是沒有資格、也沒有能力「實踐家」、「建立關係」和「領養小孩」的人。

中秋節那晚，我在臉書上看見一張照片，顯示著一個漂亮的家庭──姻親（同志、其伴侶與同志的父母）──中秋團圓上餐廳吃飯的圖像，那是許多人終其一生所抗拒、或者被迫走不進去的圖像。

要成就這幅圖像，得有幾個資格上的優勢。首先，這個同志得有一對在思考層次漂亮的父母，他們要很文明且明理，接受並認同你的性傾向。再者，同志與伴侶在很多層面上必須符合社會期待，例如有穩定的收入和不錯的工作（如果其中一人是底層勞動者，他通常在節慶時還得工作；如果他是名娼妓，他可能因著職業的污名而根本上不了團圓桌）；整個家庭得有點錢，以確保其中有人能夠負擔這一頓餐廳裡的開銷；最後，站在消費者的立場，要求時薪不高的餐廳服務生幫忙完成這

張合照，替你們的生命留下註腳。同志伴侶與其父母的組合，不言自明的幸福與美滿。

這位同志和其伴侶或許也面臨著「不能結婚」的人生難題，而這正是現在想支持同性婚姻者所欲處理、解決的「部分同志的問題」；那些走不進這幅圖像者，則是現在支持同性婚姻者所無能處理的「其他人的問題」。婚家運動在爭取平權的過程中，將產生的區隔效果，同志對婚姻／家庭的想望，締結婚姻、組織家庭後受到制度保護與相對多的資源等種種現象，不久的未來，恐怕也將透過制度化無情地掃除所有「骯髒的」污名主體，強迫原來不願意／不能進入制度裡的人都一齊進場消費。

在接下來的文章，作者們將從其位置與經驗出發，進一步論述「不家庭」的主張：賴麗芳透過電影《大逃殺》的敘事與譬喻，映照出一位校園老師面對制度的壓迫性，從而描寫貧窮酷兒的位置，以及為何家庭對其而言並非什麼想像美好的「避風港」。郭彥伯揭示了當前支持婚／家論述的一些謬誤，將討論拉回婚／家運動當中看不見的那些主體位置，並重申毀家廢婚的立場。最後，平非將拉出一道長期貼身參與運動的歷史感，從既有婚姻體系出發，剖析當中的特權與壓迫，並對法理女性主義者追求平等時常忽略階級觀點的狀況，提出批評回顧與反省。

置疑同志生生不息永續體
閱讀「新正常」政治與在地酷兒戰略初探

　　2013年6月26日，美國同志彷彿十萬城國綿延不絕的慶典歡騰蔓延
各處，鼓舞喝采於DOMA（捍衛婚姻法）與加州的prop. 8法條違憲，
某些一男一女之外的婚姻得到國家法律系統的正式認證。這番體現世
界大同、沛然無可擋的狂喜，在知名同志藝人艾倫‧狄珍妮（Ellen
DeGeneres）的臉書更新文字中取得言簡意賅的註腳：「這是普天同慶
的無比平等日，prop.8完蛋了，DOMA也解決了。恭喜每一個人，我真
心誠意認為是每一個（everyone）。」[1]

　　為何一條對於某些想結婚或已結婚，但受到國家體制（部份性）阻
擋人們相對有利的法條解讀，該是要恭喜「每一個（人）」？我在此想
對比耙梳某位朋友轉貼的另一篇文章，其中顯示了某些極右派「死異性
戀」宗教狂人士搥胸頓足，婚姻就此不再是（特定）生理男女之間的特
權或壓迫，因而痛心疾首地呼籲「每一個（人）」都該倍感狂怒痛切。
奇異地，艾倫‧狄珍妮所指稱的「每一個」與這位右派宗教狂所認定的
「每一個」，雖然各自表述且不可能真正包含每一個人，但兩者宣稱操
作「每一個」的語義學與言說行動（speech act）卻對稱地共構了兩股勢
力。前者是道德進步主義的成熟精緻架構，運作原則為相對廣泛的接納

---

1. 原文為"Prop 8 is over, and so is DOMA. Congratulations everyone. And I
   mean everyone." ── Ellen DeGeneres (@ TheEllenShow) June 26, 2013.

性吸收（assimilation by inclusion）；也就是說，縱使只是具備特定優渥條件的生理男男與生理女女，在國族與常態主體性的框架內取得攸關己身的利益或「幸福」，道德進步論的語境搬演將之翻譯為全體性、終結歷史流變鬥爭的目的論（teleological）美好壯觀收場。後者則以排除式殲滅（termination by exclusion）的道德保守話術出場，企圖造就「守護傳統的」、「純潔的」、「守貞虔誠的」人類再度凝聚集結動員力。到目前為止，初步評估DOMA被廢除的反應與後座力，就今的發展趨勢看來，後者顯然倉皇落敗。

「每個人」？只恐怕既有婚姻家庭意識型態內建的排除式優生學階序想像早已框限了「多元」的邊界。"It's this family against your family." （後詳）

然而，若我們酷兒式歪讀（或無視含蓄修辭地拆穿）狄珍妮的「每一個」，我試圖讀出某種奇妙的言下之意。意即，此宣言下了帖子，不僅是願意且有條件過「同志如常人」的正直健康主體性才能駐足於「每一個」的陣營，更可能隱隱招喚不夠進步、不夠正確、不夠精明的「非同志」，提供某種規範性營運合作的可能性——攜手聯姻吧，唯有修改特權入場的部份經營項目，才可能讓國家資本主義與善良正直得以永垂不朽。在這場彩虹戰役中，純淨的道德保守旗幟相形失色，但那些恭賀同志們「入厝」的與時俱進聲音呢？就如同酷兒Anders Zanichkowsky在〈為何我反對婚姻平等〉[2]中的提醒，朋友的朋友不盡然是你的朋友。藉著嘴皮服務（lip service）祝賀優越位置同志的維穩性，在這個節骨眼很是安全，然而，狂賀的甚囂塵上不等於此類聲音同等支持第三世界同志的居留、跨性別者的生命品質、性工作與任何職業同樣都是職業、甚至，不盡然支持性別跨越（gender crossing）的生活形態。

說到底，撇開表面的含蓄友善修辭，支持與倡議同志結婚（以下簡稱「同婚」）的論述系統會集中火力選擇此戰場，在於它獲得最少量的道德保守阻礙、爭取最大值的擬道德進步相挺。剝開「為純愛結婚」或「為了能為最重要的人簽署病危相關文件」等人道滿盈、催淚動情的呼喚，激發出如火如荼反DOMA事件的起源點，並不純愛百合或激情薔薇，但卻非常現實，非常取悅中產階級的思惟與運作——「整件DOMA違憲的核心官司，是84歲的溫莎（Edith Windsor）控告美國聯邦政府國稅局拒絕她的退稅申請，而這筆約35萬美金的費用，是她必須幫自己在2009年已過世的同性配偶希亞（Thea Spyer）所付的地產稅。由於她們2007年早已在紐約合法結婚，應適用仍在世配偶的賦稅豁免，但由於國稅局依法聲稱此項豁免不適用於同性婚姻，被溫莎控告『不公不義地以不同方式對待同樣是合法結婚的伴侶』。現在DOMA違憲裁決出來，溫莎便可以大方把每一分錢都拿回來。」。綜合打包了私產擁有、一對一長久單偶（至某一方死去）、陽光健康好女同志、「我的婚姻伴侶的（擁有物）就是我的」等生命治理佈局，這個充滿說服性的案例清楚說明，為何制度化的同婚會讓某些同志順利進駐（只差臨門一腳的）正典人類生命禮堂。

　　如果我們願意至少剎那地、暫時性地讓自己與「純愛所以要結婚」、「結婚等於人權」、「我婚姻伴侶的資產就是我的」等順暢無礙資本國家主義的理路抽離，真正在2013年6月26日「大勝」底下所閱讀

---

2. Anders Zanichkowsky " Why I Oppose Marriage Equality " June 26, 2013;
另可參考劉文的節譯〈婚權無法解決的同志困境——為何我反對婚權平等運動？〉。

到的，就該包含赤裸且無視邊緣生命的交易法則。反DOMA的核心目標並不真正在意每一個或每一種差異強烈同志的生命存活品質，而是篩選性地運用「平等」、「公平」、「同理」等人道主義辭彙（與實踐）來換取正典同志最後一階榮登常態中間階層（normative middle class）的墊腳鋪，底下充當墊底材料的是好同志不該不願成為的骯髒過時敗壞渣滓，都是不可能「會更好」的浮游物或殘餘（residue）。

然而，對於只支持同婚資產與單偶論述、佐以浪漫愛為糖霜的同志群體（通常並不太在意被擠壓於底層者），這樣的反思顯然是過於苛刻、唯物、以及（就良好不說破嘴的交易法則操作而言）「把一罐子蟲都掀翻開來」的反進步！在接下來的篇幅，我將就王顥中的文章〈平等的幻象〉[3]，以及該文所激起的主要辯論者如同家會秘書長吳紹文之間的對話、以及伴侶盟成員許秀雯對毀家廢婚論述主體的友善喊話，納入罔兩動員的分析格局。我意欲帶出的論題在於：為何在這個良善主體紛紛出籠的歷史事件偶合點（contingency of historical events），「不要單偶不要小孩不要直線未來」的酷兒言說與實踐，不但絕對有其迫切性，更得愈發張狂，毫不妥協地持續現身。

「反」什麼？反國家婚姻體系的複數性結構之惡！

吳紹文對王顥中文章提問的重點有二。其一，在於反婚姻的解論述似乎「只是」聚焦於反同志結婚；其二，他認為批判婚姻鞏固資本主義、常態性別分布、異性戀優越的論證，當前的酷兒論證似乎並不（敢）觸及許多現行保家衛鄉的文宣戰。對於第一點，我認為吳的說法正好反向證成王文試圖鋪陳出「平等」修辭如何造就的均勻直線假象，忽略了具體時間流動與政治文化角力的非線性、皺褶橫陳、裂縫處處。

2011年，丁乃非與劉人鵬主編的《置疑婚姻家庭連續體》出版後迄今，酷兒反婚論述從未止於（部份代全體地）反對同志結婚，然而，我們不能不正視反婚毀廢理論最容易被挪用的標靶對象，的確是中產同志，尤其是常態同志主體藉由挪用同婚的文字思想戰，將議題轉譯為「毀家廢婚論的酷兒不容許（部份）同志成家」。至於第二點，即便我在內的某些酷兒論述不時以長篇論文或相關文章進行批判性的介入與干涉，試圖拆解近年來保衛家園作戰的「家」之絕對神聖與去脈絡，但迄今這些理論與行動的效果極端不樂觀：要不是被同志的激憤回應所強烈反駁，就是內部組織者雖不乏深具基進同志意識與自覺，卻得在維護大局的前提下，無法在公開場域「窩裡反」地對運動的問題性提出檢視[4]。

　　至於上述狄珍妮號稱「每個人」都應該被祝賀能結婚的偽命題而論，這位同志藝人實質上的說法，說到底是以鞏固某些優秀優渥同志能夠結婚（的可能性），並毫不顧惜地交換了真正激烈衝撞體制的徹底婚權（marriage as its extreme radical format），也就是，真正地，「每個人」──包括生物人與非生物人、18歲以下的人、百歲以上的人、多重

---

3. 參見本書〈平等的幻象〉。

4. 我在中央大學性／別研究室2012年「新道德主義：兩岸三地性／別政治新局勢」研討會上，發表〈誰／什麼的家園？──從「文林苑事件」談居住權與新親密關係〉這篇論文時，有2位年輕同志發出了強大的不滿，可以印證前者的狀態。他們反駁的基礎修辭在於「人總是得從自己熟悉親近的事物為出發」，因而認定反私有資產與反溫馨常態家庭的酷兒閱讀是不可取的。然而，倘若常態人主體的熟悉親近是如許重要到不可迎接絲毫挑戰，那同樣地，為何應該挑戰異性戀霸權？為何必需挑戰一男一女的生物婚姻公式？為何要挑戰任何傳教士體位之外的性愛方式？關於第二點，可從近期的討論看出，反都更資深組織者的兩難。

配偶人、血緣親屬人、權力位置極端不均衡的合意人們——都不可以被阻止結婚的權力／權益。

　　說來，若我們仔細設想卡維波在2012年同志遊行聯盟「我們結／解婚吧」論壇上的說法，大意是婚姻是可以基於任何緣由因素、經由任何群體（二人或以上）所形成的結締單位[5]，其基進與兇猛顯然不被當時的聽眾所留意到。當前的婚姻論述——無論是早已成為既定性（status quo）的常態異性戀婚或者企圖入門的同婚——僅將某些條件適任的生理同性納入交配市場以供篩選，並且精緻強化了單偶純情愛、小資兩人組並肩面對險惡大千世界、擁抱小確幸的核心小家庭扶植國家再生產與後代等套招。這些糖衣般的純情幸福想像不但徹底抹除了可能深化顛覆與「變態化」既定婚姻、家庭、家園（homestead）結構的組合，例如跨性別多偶、公社形態的集團／非血緣氏族、性工作養成的婚姻連線、跨代戀老戀童婚、生理血親家人婚等等，更即時性的後果是迅速普遍地養成以下的集體性恐慌——每個人之所以欲求（必須）結婚，真實是骨子裡的政治無意識與皮層肌理表層洋溢的國民常識所戮力催眠，設法讓最大公約數的公民追隨著「沒有捧著一個常態婚姻，就會悲慘無後援老死」的粉紅國家機器訓示。

　　近日由保衛大埔等運動所激起的各式抗爭正持續升溫，誠然運動者在第一線的即時性投注不該被放大檢驗，但從事酷兒反社會理論的批評與補充，不該被視為攪局或「無用於運動本身」，而是可能形成從此而後彼此對話的契機，現在或許正是回頭反省部分論述操作的時候。舉例而言，大埔張藥房強拆前一週，公民行動影音紀錄資料庫的一則圖文寫著：「一部分的聲援民眾在黃福記先生家門外圍牆繪製壁畫，預計繪上馬、劉、江、吳四人肖像，並寫上『馬劉江吳，毀家滅國』字樣」，如

此徹底的（誤）使用毀家廢婚反國族論述，甚至將其黏附於最緊扣住國家機器權力核心的政客，這樣的「反挫性修辭」（reactionary rhetorics）已然不容許反社會酷兒爲了「大局」而逕採逃避、默言、顧左右而言他、自我和諧、暫且退卻等方案。在此，我必須說明，何以這場文字思想戰的主導話語如此讓我（並非統合單一的主體「我」，而是罔兩眾的複數「我」）感到不堪承受，必須坦承攤牌且展開辯論的地步。

倘若守護居住地的意識形態戰役必須是回歸最常民、最樸素、最難以不正常化結構的策略，此種操作等於讓「不要（常態）家園」的酷兒實質性成爲詭異的雙身：既是被排除於常民家園體系外的守衛先鋒，卻又是守護婚姻家庭家園模式的最忠實守門員（gate-keeper）——無論是資產層面、圈地操作、溫情呼籲，或甚是「我買來的房子（我結婚的配偶）就是我的」。以上觀察多少能再度回應王顥中文章所引發吳紹文的提問。就我的觀察，吳紹文的反問確實有其正當性（justification），但時間、物質與情感投資總是不均勻、充滿罅隙與龜裂。他的提問當中忽略了一點，就是在時空、物質、情慾等政治的佈局，要均勻地反對或守護某個狀態，必然遭逢守護主體的多重層次（multi-layered）認同。事實上，並不是對正典家庭意識形態的批判只座落在想要成家的同志，而是幾乎繞了整整一圈，也就是說，當前許多保家衛婚的戰場中，有相當大的比例是同志（屬性或認同的）青年軍團在打；即使這些前線戰鬥者與內部組織者不是運籌帷幄的主導者，至少是參謀團或衝鋒陷陣的主力。

---

5. 卡維波對同婚浪漫想像與服順既有制度屬性的戳穿（dis-illusion）非常徹底與犀利，詳可參見2012/10/26 苦勞報導〈要婚姻平權，還是革命？——當同性婚姻爭取合法〉。

如是，以下的情景成為最弔詭的現況——反毀家廢婚（也就是訴諸最正統的核心家庭安居樂業之物質文化模塑）的最強大力量，竟是倡議正典同婚且支持絕對私產制的同志主體。身為投注情感與理論來打造毀家廢婚論述的我，必須說，此種文化政治再現毋寧讓普遍同志集體性轉化為某個巨大胚胎的「代理養親」（surrogate parent），也是此胚胎的培養皿（例如象徵性的滋養子宮）。此胚胎的構造、設定、形態、看待「家」的想像與經營、對於國家的曖昧順服、以及背後的單向歷史進步論等闡述，在在與我等珍惜與持續發聲的罔兩位置分道揚鑣。即使同樣採取支持大埔四戶不該被套用虛假公共利益的國家機器強拆之立場，仍必須鄭重指出，此番文宣與思想戰略，是透過這句標語和背後濃密纏繞的物質情感文化集結體，平板且「正典化」了參與其中的同志與酷兒參與者[6]。

在各種親密居住形態當中，我們從來只能看到原生血緣與單偶結婚所構築的家庭單位被局部性代替全體。家庭的重要與否暫且存而不論，但這番設定的重要性就是被運作為「非要不可」或「反唯物」（如純愛浪漫、私密幽靜、內／外人之分……），因而無法不扁平且一元。在現行的同婚意識形態設定，家庭成員被允許有限變化，但家庭的軟硬體組件與其特質、姿態、屬性、情感投資，乃至於存在樣式，依然全面被「不可能不需要家庭」的想像所凝固為某種不可辯論且不容懷疑的被膜拜之「物」（fetish/THING）：很人道、很溫情、很委婉、很不容商榷的「思惟與物質構造」。就這點而言，無論酷兒、同志與非同志，倘若不願被輕易吸納入含蓄良善健康未來直線史觀，上述的「家庭」與其居住結構就是必須被狠狠挑釁且持續撞擊的框架。如果真正願意辨認「多元」，就讓我們也一併認了以下這些：的確有不被需要／慾望的家庭

（結構），也絕對有無論本質、養成、先天、後天、煉化等任何形塑成因，就是不需要（甚至厭惡恐懼）常態性家庭成員爲居住模式的主體性與個人。

「新正常同婚」在台灣造就的位序政治與倫理問題性

這幾年來的擁婚派同志正典企圖透過「滑坡謬論」（slippery slope）來再生產早已被排擠、至此時更被強烈視爲同婚絆腳石與羞恥異物的性別新他者（monstrous sex/gender new others），例如不斷被視爲談資與多樣汙名的「亂倫、多P、性虐待、人獸交」。同時奇異的是，同婚同志主體在論證同婚的最終歷史目的末世論（finalized and teleological eschatology）的倡議過程，聲稱目前推動的同性婚姻與多元家庭提案，終將邁向（同婚派相當敵對的）毀家廢婚實踐性，是何等不可思議地服膺「滑坡謬論」的公式，甚至成爲「信仰的飛躍」（leap of faith）示範。

在此，我並非反對A到X的不可能順暢無障礙推動進行的套式

---

6. 相關的批判性提問可參照孫窮理〈客人沒來，就先動筷子吧：聊聊那個缺了席的「公共」〉：「其實我不知道，幾百個年輕人守護在這個『家』的符號下，他們跟他們自己的『家』的關係，究竟是緊張的、還是合諧的，究竟他們在守護的，是不是他們信念裡面的價值？在這裡，我看到一種意識型態，就如同許多論者提出來的，『家』的價值的持守與『階級』的關係，那麼『性別』呢？有另一個論辯持續著，關於《伴侶法》與《同性婚姻》，同性戀者如何面對由異性戀、父母子女關係所形構的這個『家』的意識型態，或者可以超越『家』的機制以及既有的價值與組成方式，發展出多元的伴侶關係，我不知道這樣的討論可以走得多遠，但是對於『家』的意識型態的批判，一定是關鍵，而作為『家』的場所，『地產』是隱身在背後的『物質基礎』」。

（formula）。由於A（同性婚姻與多元家庭提案）擁有溫順良善健康資產等好公民特質，任何位置若是唐突聲稱，如果發生了A，就如同滾雪球地接踵發生了X（亂倫、多P、性虐待，以及在性位序可能同樣卑賤糟糕的性）也進入（必然是特定挑選性的）同性婚姻成家、報效國族的小資／中產良民陣營，對於無論是擁護或不欲「同志成家」的論述者，都不可能如此主張——即使要主張滑坡效應的「危險性」，其效果乃藉由將罔兩他者當街示眾，證成擁有常態或高階社會地位、文化高檔、經濟穩固、性別形態溫良的女男同志，絕對不同於（曾經被視為大同志共同體一部份的）罔兩性別位置。我企圖釐清的是，與其說伴侶盟真正想像了「多元性／別」並一視等同地邀約進入國家粉紅洗滌（pink wash of nationalism）陣營，毋寧說，伴侶盟一方面操作某些性別方才符合「多元」的手法，並套用讓常態民眾恐慌的「問與答」模式[7]，創作出某種架空的滑坡謬論。於是伴侶盟成功地生產出同志正典，以及性別主流之外的眾多新性別賤斥他者。再者，此操作可強化以下的認識：就法律操作與國家性別主流化政策而言，允許（施恩）部份優秀良好的女男同志擁有婚姻這套內嵌包羅許多福利、優惠與保障（但卻不反問何以只有進入婚姻制度才能享用這些福利、優惠與保障？），對於相關組織者而言，直接被肯認為較可行且可欲的政治走向。

　　然而，伴侶盟該篇問答文字先是製作了某種滑坡謬論的焦慮與慌恐前提，再以漂白的說法回應，不啻於某種預先繳交性別清洗的投誠與保護費。費用不是從同志正典的自身內滋生締造，而是建構於所琳琅舉列的這些「變態」性實踐：「無論是從邏輯上或參照具體的外國立法例實施情形來說，一國或一地區的法律允許同性伴侶結婚，根本無法達到反對同性婚姻者聲稱的將鼓吹一夫多妻、多夫一妻、多夫多妻、亂倫或人

獸交……等「性解放」結果。」

滑坡謬論的宣導與操作，不僅讓不入流的性別連一點擦邊球入場的機會都沒有；甚至，就當今階級分層細緻分明的嚴酷現狀，這幾年來進行同婚立法推動之前的「擬」同志大家族幻象，主導團體都毫不手軟、清脆俐落地撕掉。這不禁讓我必須追問，這些以「一夫多妻、多夫一妻、多夫多妻、亂倫或人獸交……等」為新賤斥性少數眾代表的標籤化與踩踏排擠效應，無非是（一）從這些卑賤的性（實踐者）榨出最後一些堪利用的汁液，提供同志正典合法無虞地進入國家／族機器的殿堂，榨出汁液後再以不願沾的口吻，將這些性視為必須被種族清洗式（genocidal）地殲滅銷毀殆盡之物。（二）就目前的政治社會現實，這些不良糟糕的性實踐者幾乎不可能取得同志正典用力攫取的婚姻入場券（早在只有生物性別一男一女的預設時，就已經具體排除某這些不乏具備生物性別一男一女的變態敗壞組合）。是以，將這些不可能的他者視

---

7. 參照伴侶盟〈同性婚姻與性解放有沒有關係？〉問與答：

「反對同性婚姻的人經常說支持同性婚姻的人是為了『性解放』（無獨有偶地，反對同志教育的人也說，實施同志教育是為了鼓勵『性解放』），好像同性婚姻本身不值得作為一個目的？ 反對者口中所稱的『性解放』一詞往往不給予任何清楚的定義，似乎單單『性解放』一詞已足說明何以同性婚姻合法化會傷害現存（異性戀）婚姻制度……無論是從邏輯上或參照具體的外國立法例實施情形來說，一國或一地區的法律允許同性伴侶結婚，根本無法達到反對同性婚姻者聲稱的將鼓吹一夫多妻、多夫一妻、多夫多妻、亂倫或人獸交……等『性解放』結果。我們要問既然此種因果關係根本不存在，那麼他們提出這種『性解放說』的真正目的何在？我們發現這種明顯欠缺實質因果關係的『性解放說』 事實上是在利用人們對於同性婚姻合法化議題的不了解或陌生，來製造『同性婚姻』將導致『社會秩序崩解』的集體恐懼，其功能則是用來反對同性戀本身」。

為排除對象，與其是順應「無知大眾」的解說，更可能的政治無意識在於拒絕承認（disavow）的憂慮：是否，上述這些對同志正典而言不可接納的性實踐者，竟想要隨著乾淨良好的中產女男同志，順勢進入「成家」的特選營地？

無論是同情但不願／無力支持的抱歉論，或是保護管束想像的國家婦幼體系[8]，兩造的共同點在於將壞性眾（multitude performing bad sex）視為象徵或實質的兒童，也就是類似但不等於具有充分人權的實體。此等將性少數「兒童化」的再挪用／監管政治，奇異地串連了近來同志正典竭盡所能求取一對一直婚姻與兒童領養權的政治投資。如同酷兒理論家李・曖德嫚（Lee Edelman）在《不要未來：酷兒理論與死亡驅力》（*No Future: Queer Theory and the Death Drive*）所描摹的恨／排斥「神聖化與象徵化的兒童」（iconic and symbolic Child）之反社會酷兒位置性。此等「棄絕異性婚姻交配的繁殖未來觀」的酷兒理論非常不討好粉紅國家機器的同婚想像，曖德嫚闡述的光景戳穿了同志正典的言下之意——藉由對國家輸誠，國家同志主義（homo-nationalism）回贈給這些資源相對豐厚、條件相對中上同志的贈禮，即是這些主體念茲在茲的「平等」特權：擁有中產家園、忠貞單偶情愛、附加領養兒童的核心家庭配置。

曖德嫚奠基於後拉岡精神分析的重讀，讓他提出悲觀但毫不退縮的拒絕政治，嚴厲批評當前的中產優位同志迫不及待地邁向「未來」與「（擁有）孩童」的核心家庭模式的首要驅動力，在於否認酷兒政治的倫理與社會抗爭意義。此種邁向穩定、優勢、政治保守的趨向，棄置了酷兒政治向來對決正典性／別與各種排除主義的前哨位置，非但未肯認死亡欲力所編派的社會性化身（即污穢賤斥罔兩位置）有任何批判性貢

獻，更迫不及待地讓主流政治以施恩態度略過同志（而且是挑選過的特定優選同志），轉而將罪犯化的位置派遣給更無資源、更被魔怪化或骯髒化的邊緣眾。就台灣目前熱烈爭取（也只願意如此熱烈爭取）單偶婚姻權的當前，不但正典化的同志主體拒絕與（相較之下的）壞性／別份子混跡共生，顯示龍蛇不可雜處的階級乾淨樣貌。代表性組織如伴侶盟在提出同性婚姻的草案記者稿，強調式地排除廣義同志不等於（當然更不可以包括）「一夫多妻、多夫一妻、多夫多妻、亂倫、人獸交」等性實踐與情慾組模。有趣的是，伴侶盟對這些非正典性／別的嫌惡如此龐然，以致於必須規避自身的第一人稱發言，捏塑或真實或虛構稻草人化身的「反對者」來進行腹語術，羅織同志國家主體踩踏新自由主義陣營「研發」的新猥褻他者，藉此以閃避「倫理失格」的議題。

接下來，我將要示範的是以伴侶盟的代表發言為例子，如何可能製造出安撫性質、收編反對與批判的「滑坡謬論」。例如：試圖宣稱性別主流的同志國家主義最終會導向「毀家廢婚」的這等悖論（paradox）。2012年12月28日，在世新大學主辦的「多元性／別之實踐與挑戰」研討會上，伴侶盟發言人許秀雯在引介了同性婚姻與多元家庭的立法雛形後，結論突兀地聲稱，如此修法走向將會導致（性解放派系所願景）的「毀家廢婚」。對於在場聆聽這番說法的我，必須提出數點批判性的置疑與回應：

首先，即使對國家法律機構的細節層面所知有限，我所理解的民法修改在於包容接納（inclusion）原本無法被法條關注或看見的主體。

---

8. 參見洪凌〈「恐怖的對不起」——為何《小雨的病》是一篇以抱歉為名的反挫效應文章〉。

在法條修改的過程，幾乎沒有案例是會從修改法條的歷程，激烈地驟然轉變為廢除此法條。如果許秀雯所持的立場在於召喚參與《置疑婚姻家庭連續體》的酷兒研究群，以及成為若隱若現的威脅潛伏者、性解放論述者，身為專業法律工作者的許律師應該明白，目前伴侶盟所企圖成就的同婚結構（附屬配置了慰藉性質的多元成家方案）是主流性別化的美好產物。亦即，主流化的性別群（包括異性戀女性主義者與同志正典群體）藉由進入國家治理階層的同謀與合作，打造出一個讓中產性別群能夠分享生命治理的「平等」權柄。

更該注意的是，這個結構非常有利於國家擺脫社會福利責任、更加無須打造出保障社會經濟文化底層公民權益的配套。對於無法、不想或者因為各種（個人或結構性）因素而不進入婚姻體制的公民，開放擴張允許結婚門檻的修法，不但沒有增加他們的生命品質，反而在婚姻／家庭（族）／國家的三位連續體的層疊壓力包抄下，承受更多社會壓迫與不服從的代價。

值得強烈質問的是，身為國家女性主義者，其理論前提是強調國家機器（既然治理了隸屬於自身的公民）有義務保障所有公民的基本生存條件與福利。然而，以伴侶盟所提出的多元成家與限定條件的同志（暨生理異性）成婚方案，無疑會讓國家機器保障任何公民的義務愈發縮限，終究乃至於幾乎不見。家庭這個小型治理單位將成為國家機器的微型化身與複製體，促使希冀單獨生活的邊緣位置公民愈發無法獨立生存，即使不願意，也必須（被迫）尋找別的公民，使用情慾與婚姻等交換條件，就地組成小型生命共同體，以護衛自己最基本的生命品質與生存要件。

再者，如果許秀雯真的閱讀了《置疑婚姻家庭連續體》並理解相

關理論，這樣天外飛來一筆的結論更讓我不解。近代稱為「（單偶排除式生物男女）婚姻」的產物，既非開天闢地、去時間地與歷史同在，而是奠基於時間不算長的晚近特定制度。以西歐國家為代表的西方第一世界，堅實形成一男一女中產單偶結合的法律認證裝置，是從啟蒙時代才啟動的思想物質劇變改造。在華人國家社會，以劉人鵬的論文〈晚清毀家廢婚論與親密關係政治〉來對照，是從晚清世代的政治文化異議份子的性／別與家國批判，奇異地滋養出（日後的）當代核心家庭基礎，以及鬥志書寫皆燦爛、惜不持久的毀廢革命論述。

若台灣同性婚姻與多元家庭方案企圖根本／基進地（radically）拆解家庭、（父系家長）宗族與國家法律機器的緊密血脈連結，與其設法讓條件相對優渥的生命投入婚姻家庭市場，或許該考慮的是該將實踐配套與論述火力趨向說服各種性／別成員：結婚不是結與不結的二分。且設法激進化各種可能的反常態、妖魔鬼怪亦能成就非單偶非小資的罔兩眾「婚家」，而不是化約還原地進入正常化的婚姻結構。此外，若是要聲稱條件優良、模範公民的女男同志加入婚姻家庭的正典結構，就能夠撼動或改寫「異性戀霸權」（heterosexual hegemony），未免太小看且高估了「異性戀霸權」。如同各種性別情慾身分主體，「異性戀」的身分是某種具備必要條件的建構，但不是任何生物男女之間的情慾交換即等同於（正典）異性戀；在國家法律機器的層面，欲成為霸權結構內的異性戀單偶婚配成員，必需符合繁複多重的社會、經濟、文化、階級、位階、時尚、年齡、血脈、利益交換等條件與配備。異性戀並非天生自然的實體，而是（如各種性別慾望）被創作生成的位置。以當前的條件論、號召文宣與動員模式來看，與其說加入婚姻市場的同志將改造「異性戀霸權」，不如說，無論單偶中產婚姻成員的生物性別為何，加入婚

姻家庭連續體的動作，若不設法讓「婚姻家庭國族連續性」的定義與內容朝向同志正典不願肯認的基進酷異，同婚與異性戀等婚配成員都不可能自外於既有霸權的共謀共利。

在前面段落中，我之所以會用「倫理失格」來定位「伴侶盟」在內的主流同志及其策略，是基於其社運活動的歷程痕跡。直到近幾年，即使充滿了潛台詞與內部張力，同運向來宣稱且招搖著差異政治（politics of difference），並在能挪用相關的族裔、階級、性實踐、底層邊緣主體運動時，盡量靠攏且吸收已耕作的運動資源。直到正常化同運的資產階級政治文化製造出只願意投資婚姻權、撫養權等配套的優勢同志，普遍的同運對於攀不上國家主流化的罔兩主體態度就此才為之不變。

倘若從台灣有同志運動以來，其策略向來是張揚男女同志的階級優越與乾淨單偶趨向，甚至排除所有不夠正典的「同志」，或許目前的婚權同運即可豁免我上述的階級倫理失格議題。然而，婚姻同運在許多地方一方面展現了光鮮亮麗的排除主義，另一手卻偶而消費「一夫多妻、多夫一妻、多夫多妻、亂倫、人獸交、性虐待、多人性愛趴」等性實踐，對同志正典有好處時則加以編派拉攏，沒好處時就擺出撇清態度。在這種雙面互謀、互相翻譯的操作已達高峰的此時，正是我們認真審視性別／同志正典與國家機器的相互支援與共構共生，究竟緊密到什麼地步的關鍵時機（crucial timing），持續大聲地質疑與置疑。

最後，對於近來同家會在苦勞網對於包含我在內的數篇文章[9]之指教，還值得反思的是：華人女同版本之「子子孫孫繼承父父母母繫祖親代遺產姓氏名分」的想像，其內在包含的政治無意識，讓我聯想（但非整齊一致地對應）到酷兒理論家朱迪斯·霍伯斯坦（J. Halberstam）談及「同性戀惡質」的某一條歷史脈絡。霍伯斯坦在其著作《酷兒的敗者

藝術》（*The Queer Art of Failure*）中舉列的「反反正典」例子是二戰時期的某些同性戀優勢族群（如白種陽剛男同，居於貴族或上階層），由於其同性戀名分之故，既是遭到迫害，但又認為自己遠高於其餘的受迫害者（尤其正是同為男同性戀的猶太人），於是發展出一些結合幻魅與自我證成的勝者狂想。納粹認同，倡議「種族清洗美學」的男同，就認為純種精悍的亞利安男男結締（佐以生物優生學配套的異性生殖為「基礎」）是最符合「種族優勢」的生物繁衍構造。

　　同家會在內的政治主體倡議並號招「同族」來壯大同志族裔成家，但並沒有意圖要讓這些「家」的外部結構與內部質地成為有可能顛覆（或至少批判）既成（父系）家長制的新異古怪（innovative, recalcitrant）社會情感裝置，反而是一再強調華人祖先與三代同堂必須納入女女婚配成家的範式之內。此種聲稱儼然是套套邏輯（tautology）的展演，更在這些聲明與呼籲中，強大透露出並不改朝換代、而是繼承原有王朝資產的慾望驅力。經由原生華夏宗家（以及搭配某些高貴野蠻原民酷兒愛氏族的田野例子）所支持傳承的女女（或把其中一造換成跨性別陽剛）家譜，或許就是繼承未來宗族／家庭／家園（clan/family/homeland）的純淨高貴原始優生主體 [10]。以上的可能性，就是本文與這一波反家婚理論裝置將持續拆解並試圖「變態化」的近未來家／國優位政治塑型。

9.這些文章包括劉文夾議夾譯的〈婚權無法解決的同志困境——為何我反對婚權平等運動？〉、王顥中〈平等的幻象〉，與我的〈與幻象對話：論反社會酷兒與台灣同婚訴求〉等。

10.同家會替婚姻家庭按上一個原住民—部落的認證標章，後又聯繫上華人社會之大家族親屬性質的論述路徑，另可參見王顥中〈回應台灣同志家庭權益促進會：兼論婚／家革命不是伴桌吃飯〉。

幸福與保障，不必只能在伴侶關係內

高旭寬

　　成家議題討論中，多半聚焦在性少數對抗異性戀的平等權上，伴侶盟所提出的3套多元成家方案提供了3種選擇，好像人人都可以選擇適合自己的成家模式，要不要結婚找伴被解釋成個人意願（沒結婚是自己不願意結），卻很少討論人們為什麼需要成家／家庭，以及伴侶關係中除了性別之外其他的權力關係（如社經階級），家庭能滿足人什麼樣的需求／慾望？沒條件與人締結伴侶關係的人又該如何生活？這篇文章討論的範圍包括伴侶關係和原生家庭。

　　2010年馬偕醫院違法解雇跨性別員工（以下稱周員）案，引起社會廣泛注意，但多數民眾卻不太支持周員穿女裝上班，有人說老闆有權力規定員工的服儀、也有人說「上班有上班的規定，穿女裝很重要嗎？下班回家再穿就好啦」。這些「老闆有權決定」或「勞工自我規訓」的話讓我印象深刻。台灣的職場與學校大多都強調整齊合群，不太容許個人特色和紛雜意見，人長時間處在異化的環境，當然非常希望趕快下班或放學後輕鬆做自己，把公司學校一堆讓人委曲求全的垃圾倒出來，我認為這就是人們渴望家庭伴侶的因素之一，除了勞動力再生產外，還包括所有異化環境無法滿足的需求也會擠壓回家內，成為家人間的負擔和衝突。

　　家庭被人們想像成遮風避雨的堡壘，然而家庭卻多半無法承接社會各種場域的制度性問題，性少數渴望婚姻／伴侶在法律上的認定和保

障，憧憬中必然包含使用婚姻／伴侶關係來紓解在其他生活場域中的困境，例如許多年輕人會藉由婚姻或戀愛關係以獨立於原生家庭外，藉以逃脫來自原生家庭的壓力。另外性少數不能出櫃的性向和性別也只能在伴侶關係中實踐抒發，因此，我認爲站在滿足生存需求的角度來看，與其挖東牆補西牆爭取性少數結婚成家的權利，不如往「家外」的公領域打開生存空間。例如爭取在學校、職場中穿女裝的自由，讓多元性別的文化能夠像異性戀的話題一樣自然在人際互動間流轉。

在法律面上，雖然可以增訂多元的伴侶關係，但人們對於伴侶關係的想像和期待仍脫離不了現行婚姻的模式，無論是買車買房的廣告，還是逢年過節所烘托出的甜蜜幸福，對比出無偶無家的凄涼，也再次強調支持系統和照顧關係鎖定在家內。我自己在社會運動圈看到很多人「不是」朝九晚五下了班就回家，朋友、工作夥伴與生活沒有切割，情感和物質生活的支持網絡，有別於過去家外、家內的一切全由伴侶／家人來承擔的緊密關係。此種人際關係的分工讓情路坎坷、伴侶關係緊繃不滿足的我覺得不孤單。因此，我認爲婚姻革命的運動焦點不是要求性別平權、不是強調同性戀也有幸福眞愛，而是反過來要鬆綁伴侶和家庭關係，解放伴侶和家人之間緊密綁縛的責任和義務。

既然家內的責任義務應該鬆綁，往家外發展支持網絡，生活中也已經有太多結了婚的人，情感和實際生活的親疏不一定跟法律關係相符，加上現今養生送死的家務勞動大部分都可以用便宜的價格外包請人代理的情況下，家戶內的資源和各種代理權利當然也應該跳脫出「血親關係／伴侶關係優先」的順位，由個人意志來決定關係的親疏遠近，資源不必然要往家內累積。

最後談一下我對於平權的疑惑，過去婦運團體在爭取男女平權時，

即便女子的教育過程中缺乏體魄和搏鬥的鍛鍊，面對暴力時有過分的恐懼和無力感，然而婦運團體不但不希望女人也有當兵的義務，還會進一步思考軍隊和戰爭是父權的產物，因此不會爲了平權的象徵而爭取女人服兵役；但是講到婚姻平權時，大家都說：「婚姻制度就算有問題，但是先讓性少數有權利結婚再來檢討婚姻的問題吧」、「如果婚姻不是一男一女結合，那婚姻就不是父權的產物了」。以上兩項皆是透過修法爭取平權，爲何卻發展出截然不同的兩種態度？我認爲原因是在於台灣服義務役「沒好處」，但婚姻／伴侶權可能有各種實質或象徵性的利益，既然結婚或締結伴侶關係有好處，那麼號稱平等的婚姻／伴侶權其背後精神就只是追求加入排除單身無婚者的特權而已。

農村＋貧窮＋酷兒＝我不配

賴麗芳

荷安珀：「當人們一貧如洗時，他們距離違法和監禁就只有一步之遙，這就是現實，他們也知道。如果我們想要建立對種族和性別的新理解，就必須面對上述現實。」[1]

自同運婚／家辯論以來，毀（家）廢（婚）派一直被指爲「很會用理論」、「過於學術」、「太過抽象」、「不切實際」等等。透過這篇文章，我要提出的是：毀廢派事實上不難懂，也不那麼知識門檻過高，邊緣性實踐者早已實踐出了家庭婚姻以外的生活可能。外遇第三者、濫交者、援交者、群交者、換偶者、師生戀、家人戀、不倫戀、動物戀或各種獨特性癖好者，這些人實踐出的生活方式早已是對體制最直接的對抗。他們之中很多人面對的不僅只是人際關係的決裂而已，嚴重的還得面對司法的懲戒。當社會運動還在夸夸而談動員抗爭之困難的同時，早已有人在格格卡卡的邊緣角落抗爭許久。

比起扣敲家國婚姻之門的訴求，或許更應該思考的是，如何把這些主體放入眼界？如何把他們早就在挑戰日常婚家體制的反叛動能納入考量？與其建置層層法律，守住法律的安全界線，爲何不能像荷安珀（Amber Hollibaugh）說的那樣，去面對那些偏離法律、偏離正軌之人的生命處境？主流同運雖然宣示要爲這些人平反人權，卻只是一味將他們弱化成體制受害者，實質上拒絕看見不婚不家者身上邊緣戰鬥的酷兒動能。另一方面，總有人不斷要求體制改革或社運方向要廣納所謂

的「人群」（或「公約數」）；然而「人群」到底都指那些人？追根究柢，所謂「人群」，要不是刻意對邊緣性實踐者進行忽略排除，就是不願接受酷兒們早在日常生活中進行抗爭的事實。如果邊緣性實踐者的日常抗爭動能在階級或道德上都無法被承認，那麼，體制改革或是社會運動所訴求的「人群」，將只是個不會在日常生活中採取任何行動與抗爭戰鬥、人人各求自保、只求仰賴體制保護（例如：同婚提出婚姻家庭作爲保護性少數的訴求），或者冀求和平理性的社運組織去爲「人群」爭取權利、然後回頭繼續苟安苟活的空無集體而已。

毀廢派在大家瘋同婚的同時要堅持的，就是邊緣戰鬥的抗爭位置。

本文改寫自眞實校園中所發生的同志師生不倫戀。爲保護當事人隱私，我將採取日本電影《大逃殺》故事中的北野老師爲敘事要角，以

---

* 「我不配」是周杰倫2007年專輯《我很忙》中的一首歌（MV連結）。原曲描述一段巨星與平凡女子間隱密不可公開的戀情，巨星因爲太忙了而忽略女子乞求平凡的願望，在女子離開後，巨星唱了這麼一首歌哀悼這段愛情。在這篇文章中，我用文本分析來處理我的個案資料，「我不配」所包含的壞情感則與階級、貧窮、不可言說的性相關。

1. 引述自Amber Hollibaugh 2013年在中央大學性／別研究室「第八屆性／別政治超薄型國際研討會：小心公民社會」上所的分享文章，全文亦刊登於苦勞網，見〈性、勞動與新工會主義〉。會中她一再強調「我是酷兒，也是性工作者」的邊緣性政治身分，她如何將個人在種族、階級、性實踐上皆屬邊緣的生命經驗在公領域中以政治性的方式公開展演，其中的酷兒戰鬥力令人印象深刻。她的專書《My Dangerous Desires》紀錄了她參與各項社會運動時所面臨的挑戰與質疑，她以生命敘事的方式進行對話，用她的酷兒邊緣「性」（sex）無時無刻挑戰著社會體制、既定文化，甚或是社會運動中鮮少自察的階級道德位置。她不斷自我揭露的酷兒生命敘事給了我重新整理手邊資料並著手書寫這篇酷兒寓言的敘事動力。

寓言體的方式將現行於友善校園中的《性別平等教育法》類比為電影中的《新世紀教育法》（Battle Royal Survival Program，簡稱BR法）。「多元性別」與「性霸凌」定義在友善校園中的具體操作，再搭配通報系統的篩選機制，這套實施在現行校園中的系統，與片中《BR法》揀選「沒有用」的青少年來進行淘汰賽，有異曲同工之妙：它們都透過現代的進步法律，將多元邊緣主體（例如不符合進步文明史觀的落後者、失敗者、暴力者、書呆子、懦弱者、霸凌受害者、濫交者、援交者、投機取巧者等邊緣主體）標示出來後再丟棄到荒島上，讓他們進行自相殘殺的遊戲。全片並以一句「你要加油」來貫穿主旨，意即，主流當局勉勵邊緣主體應朝向可資認定的「有用」價值來奮鬥求生。能夠順利爬升的邊緣主體得以生存，其他人（包括北野老師在內）都必須在劇中一一死去，他們的死代表的是這個社會對不入流、不合格的他者所進行的排除與肅清。最終活下來的邊緣者——孱弱的美少年七原與（曾遭霸凌）純潔的少女中川——踩著遍地遭到整肅的無數屍體而活下去，他們得以長大成人所付出的代價就是殺死其他更邊緣的人。而邊緣者倖存於難的故事情節，正猶如性別主流化中「多元性別」接合全球同志人權的大敘事，其所精挑細選的正典同志男女，透過《性平法》與性別平等教育在友善校園中誕生，他們的差異得以藉由（受到認可的）LGBT多元面貌倖存於屠殺災難之後，攜手邁向城市中心，積極索求他們理應活下去的權利，因為他/她們終將長大成人，終將擺脫過去，活下去[2]。

「活下去」對酷兒來說一直是生死存亡的重要課題，然而，就酷兒邊緣的戰鬥位置而言，以什麼樣的身分與方式活下去卻是個更大的問題。當全劇即將結束在孱弱美少年與純潔少女攜手邁向城市中心之時，螢幕最後又再度跳出北野老師與他那些遭到社會排除的學生們，他們

在照片中顯得幽暗而詭譎，魅影般不斷複誦著：「汝不得忘記。」這個「汝不得忘記」的提醒來自於過往的死難者，比起簡單地讓記憶結束在倖存於現代城市中的少男少女，這個聲音提醒我們要記得那些被進步的現代性所不斷整肅、洗淨並且遺忘的過去，而這個「過去」歷史中所蘊藏的「倒退」動能才是支撐酷兒們得以不需妥協、毫不羞恥地活下去的動力[3]。

關於這個「倒退」的動能，請容許我再多解釋一些。讓我們將影片倒回至北野老師死前的那一幕，他充滿愛地看著純潔少女說：「中川，你要加油，你要加油，你要加油。」畫面中不斷逼近的中年變態大叔，引發七原與中川兩人的無限恐懼，手握機關槍的七原終於忍不住地開始

---

2. 2013年暑假，我試著編寫適用於課堂上的性／別英文教材，感謝何春蕤花費時間幫我校稿，在討論同志與死亡等議題的時候，她提示了這個逆讀《大逃殺》的可能。

3. 關於「倒退」的說法，我參考海澀愛（Heather Love）《Feeling Backward》一書。海澀愛以向後看（looking backward）的方式回顧美國酷兒運動史，她從中擷取出的倒退、負面、不能動的情感主體，他們無法被逐漸邁入陽光正向、驕傲出櫃、看向未來的主流同運所吸納（feeling backward）。2013年4月13日清華大學亞太／文化研究室舉辦《酷兒、情感、政治：海澀愛文選》新書座談會上，以「污名與倒退」為主題討論在地污名與倒退情感，邱妙津的死亡書寫又再次被提起，拒絕看向未來的鱷魚拉子站在過去的歷史遠端對著在場的人們說：「我無話可說，祝你們幸福快樂！」負面、倒退、不能動的情感瞬間漫延擴散全場，終至攀爬上每個憂鬱失落之人的肩膀，就如海澀愛在書中所描述：「往後看向那遺落的世界，自己也跟著陷落」（Love, 5）。本文所追尋的酷兒存活位置須在這般階級、性、性別、種族、文化、情感的「陷落」（向下流動）中翻找，也就是海澀愛書末所提示的：「建構一個夠落後的未來，讓我們之中再怎麼不情願的人也願意在那裡活下去」（Love, 163）。

掃射，變態大叔倒地時也順手扣了扳機，結果射出來的竟是像精液般濃稠的液體（原來只是玩具槍）。變態死了，眾人呼了口氣，正在享受放鬆的時候，北野老師的手機響了，原本已死的北野老師竟然從地上爬了起來，嚇壞了在場所有人，只見他接起電話，終於不耐煩地破口對著電話中的女兒大罵：「我不會回家了，知道嗎？如果你憎恨人，便要對後果負責！不負責任？我不管，死八婆！」語畢把手機摔在地上，掏出真槍（這次是真的了）憤怒地把手機射爆。然後，舒服地躺下，吃下中川親手做的餅乾，「最後一塊了」，嚥不下地死去。

　　我在本文召喚的是北野老師的亡靈，讓我們聽他／她說說那關於「心愛的中川（們）與最後一塊餅乾」的故事，藉此揭露發生在他／她身上的社會排斥與隨之相伴的痛苦。他／她是個怎麼都死不了的鬼（酷兒＝鬼兒），來自主流價值叨叨絮絮的電話不斷撥來的時候，他／她最終會從死亡中站起，反身控訴這個不斷進行排斥的體制，他／她要對體制說的正是：「我才不管，你這死八婆！」然後憤怒地把象徵體制的手機給爆破粉碎。這段寓言故事雖寄身在日本的電影敘事之下，卻也可以是一段遭到進步女性主義＋性平法＋友善校園＋通報系統所共同交織媾和後放逐驅離的孤島紀實。

農村敘事：階級上升的失敗者

　　電影開始的時候，北野老師落寞地坐在講桌後，教室裡半個學生也沒有，學生因拒絕上他的課而自動放了假。他是個不受歡迎的老師，學生嫌棄他又老又醜又古板，看起來一臉衰樣又變態，他落寞地低著頭、收起書，走出教室的時候，隔壁班一個小子忽然衝出，與他撞上，這個名叫國信的少年手裡握著一把刀，順勢應聲劃破北野老師的大腿。北野

的大腿滲出大量鮮血，捂著傷口跛著腳走回辦公室。隔天，他遞出了辭呈，就此消失在校園裡[4]。女學生中川典子目睹了這一幕，對於北野身上透露出的「孤獨」氣息，她感同身受。

以下我將以北野和中川為人物名稱，所分析來自台灣農村的某個校園現況與個案。沿著電影裡中川同學對北野老師的「感同身受」，我提出一個試圖理解台灣北野處境的方式，循著歷史回到他的家鄉與他的上一代，試著去了解孕育北野這樣的人背後的「孤獨」結構絕非個人因素也非歷史偶然。

北野的母親來自九彎十八拐的山上，家裡的經濟情況十分貧困，身為長女的她從懂事開始就要負責家務、照顧弟妹，從她口中不時聽到的故事多半與食物相關，下雨天在屋外撿拾蝸牛、排水溝邊摘蕨類植物、草叢間找野生果子，碗裡的番薯籤總是比米粒還要多。她在家裡做的事比其他兄弟姊妹還多，但是她卻喜歡念書，看著經濟比較好的小孩每天下午都可以到福利社買一碗貢丸湯，她總想著，等她可以賺錢的時候，她要離開那個貧窮破敗的家。而最接近她也最可行的方法就是努力念書，她得想方設法在山間與家務的勞動過後，盡可能壓縮時間出來

---

4. 在電影裡，北野老師辭職後，拿刀劃傷老師的國信也在之後遭到退學而離開校園。畢業旅行的時候，中川寫信叫國信回來，因此加入了殘殺遊戲。遊戲開始前，北野老師斥責國信說，國家就是因為有他這種敗類才會衰敗滅亡，國信不服從地激烈反抗並置疑體制，老師做為體制的代言人，終於忍無可忍地直接拿出遙控器引爆國信脖子上的項圈。國信這類的反叛者、搗蛋份子，成了青少年殘殺競賽中死亡順序中的前三名（第一名是反對遊戲的導師、第二名是上課愛講話的女學生）。他死前不斷掙扎，但是人們由於害怕受到牽連，而紛紛將他推開，北野老師與班上所有同學即使再怎麼言不由衷甚至階級邊緣，都始終擺脫不了成為幫兇的事實。

念書。每天早上，當同班同學們已經沿路走去學校的時候，她還在家裡洗一家大小的衣服，洗完後，她用全速衝刺的方式奔跑到校。她加入學校田徑隊，並不是因為她愛跑步，只為了每天早上運動員都可以喝上一瓶免費的牛奶。好不容易念上了高職，她半工半讀加減賺些學費和生活費，然而，她的母親是個粗魯且毫不含蓄的女人，大老遠從山上坐車下山到學校，花一趟車錢就只為伸手跟她要更多錢，貧窮逼得人縱使血緣相親，也高雅文明不起。高職畢業之後，她進入大企業上班一段時間，一直到結婚懷孕才辭掉工作。她嫁人的時候，以為後半輩子有了依靠，沒想到卻是困在另一個家庭裡照顧幼子，繼續延續她做了一輩子的洗衣婦、煮飯婆的角色。

北野的父親也來自農村，他是家裡最小的兒子，在人口眾多的大家庭裡，他說，在他國中畢業後，家裡湊得出錢供他唸上高中，然而同輩的兄弟姊妹都僅有國中畢業，為了將來不落人口舌，他選擇放棄就學。當時農村裡已漸漸沒活可做，他於是到鎮上當學徒做裁縫與西裝。他父親憶起過去老家門口成片的稻田，田裡可以釣青蛙、抓田螺，堂姊還是個三歲的小女孩時，就得穿過黑壓壓的竹林走在田埂路上回家，屋內外的地板上沾滿了雞鴨糞便，嬰兒在地上爬，食物掉了，撿起來隨便拍掉灰塵繼續吃。農忙的時候，男人下田收割，女人在家打點伙食、照顧幼兒，中午的時候送茶與午飯，年紀夠大的孩子則暫停學校課業、跟老師請假，在家幫忙農作物收成。農村裡的勞動、生產與再生產藉由明確的分工來維持，每個人——不管年紀多小、性別為何——都有事做，堂哥六歲時就得學會燒柴、用灶、煮飯給一家人吃。

北野出生在八零年代的農村，當時已進入工業發展期，以大家族為單位的農忙景況已不復見，青少年大多流動到鄰近城市去求學或就業，

農村裡漸漸失去生機，留下來變得越來越沒有可能、越來越沒有希望。輪到北野就讀國中的時候，一位老師告訴他的父母說：「如果你們要讓孩子脫離你們的處境，走一條跟你們不一樣的路，你們就必須供他唸書，讓他可以離開這裡。」此後，父母親用他們後半輩子的勞動來墊高下一代子女的階級，北野沒有挨過他們記憶中幾近赤裸的餓、窮、苦，父親在田裡勞動，母親在家庭代工廠縫紉的時候，他只管唸書就好。大學畢業之後，他回到家鄉教書。

父母的階級勞動將北野墊上了教職的中產位置，使他有幸脫離了父母底層勞動的貧窮，然而，當他站在一個看似中產的教職位置上，他心裡著實明白自身帶有的文化、情感與這個地方十分格格不入，他感覺無法融入。他常常做出有違中產身分的事、說出有違中產道德的話，他常常感覺到他不屬於這個階級。不管他再怎麼努力，他的身體、語言和情感結構都一再背叛著中產價值，但是他也回不去父母親的底層勞動。正是這種卡在中間無法動彈的感覺，使他無法真正融入周遭的人事物。他常想：他是個階級上升的失敗者。

我不配：酷兒身體與壞情感

中川：「我造了一個夢……在無人的河邊……只有我和北野……」

電影裡，中川典子在屠殺遊戲的過程中做了一個夢。在夢裡，她與北野老師獨自走在河邊，這個夢境使得中川與北野的關係顯得格外曖昧。中川嗅得到北野身上「孤獨」的味道，那是被群體排擠的人身上特有的共感。中川差點被殺的時候，北野出現，救了她，北野對中川說：「如果只有一個人可以活下去，我希望那是妳。」這句話說出了老師對學生（或者是互相）的孺慕之情。以下的書信來自我想描述的北野老

師，是日本電影之外的台灣情節，也是《性別平等法》與友善校園建構出的正典敘事下無法容納的弦外之音。

北野致心愛的中川：

　　「不屬於」的壞感覺在我的教職生涯中如影隨形，或許也正因如此，我多了一雙眼看見各個班級中「不屬於」、「不合格」、「不入流」、「無法被接受」、「說不出口」的性、性別、身體——貧窮與階級。

　　因此，我看見了你，你在未滿16歲的時候母親離開家裡，你曾告訴過我，年老的祖母不斷將對母親的怨恨發洩在你身上，你無法忍受長久待在家裡面對家人間複雜矛盾的情感，但又苦於對家庭的經濟依賴而無法發出自己的聲音。從國中開始出外打工，有了自己的薪水之後，你終於可以拿錢回家，也不需要任由祖母予取予求。我問，我們的社會究竟可以提供一個未滿16歲的青少年什麼工作，以支撐他可以拿錢回家的能力？這中間有很多事情，你不願意透露清楚。然而，從你片片斷斷的說詞中，我唯一知道的，就是你後來結識了黑道分子，有段時間過著躲避警察、走私槍械的生活。有一天你被抓了，送到了感化院，在感化院中，你努力表現良好，後來以保護管束的身分進到學校就讀。

　　你是個講江湖道義的人，但是看在現代文明的眼裡，你所呈現出來的樣子是令人感覺害怕的暴力，學校老師要花時間跟你建立關係，隨時提心吊膽你在學校裡打架鬧事出亂子。你花很多時間在外面處理朋友發生的問題，晚上夜校放學後，常常打電話來說你要去台中。我問你是什麼事情？你總說：你最好不要知道。在學校念

書的時候，你住家裡，你常說爸爸其實對你很好，奶奶也不會像以前那樣對待你了，但是以你強悍的個性而言，與家人之間最親密的關係就是保持著若有似無的冷淡距離。回家對你來說有著沉重的壓力，我記得，你每天會帶著一瓶烈酒回家，靠著酒精讓自己睡著。每日每夜，你都要為自己的行為感到罪惡，感覺你不是個合格的孩子、孫子、家人、朋友、伴侶。

北野致心愛的中川：

　　這是我給妳寫的最後一封信，當妳收到這封信的時候，代表我早已離世。然而，在我離開前，我想再一次仔細地回憶妳的樣子。

　　妳在國中的時候知道自己喜歡女生，開始在人群中找「跟妳一樣」的人，聽說這種人那時已有個名字叫做「T」。妳先辨識出「同類」，然後再從「同類」之中擷取經驗——如何交女朋友？如何跟女生調情？如何做愛？我認識妳的時候，妳的身分認同明顯，妳說妳是鐵T：「意思就是，做愛的時候可以不用脫衣服。」這說法竟詭異地在羞恥中又顯得有些驕傲。

　　妳的母親在妳還小的時候離開，妳常開玩笑地說：「或許我就是缺乏母愛，才會變成這樣吧！」妳的父親是底層勞工，為了賺錢常常不在家，無法、不能、沒力氣、或許也不想約束小孩。妳很小的時候就開始打工賺取零用錢、生活費，妳很獨立，也想往上爬，可是妳的出生似乎早已命定了妳的階級。加上妳不愛唸書，靠身體勞動所能打拼出來的成就十分渺茫，找工作的時候無法擁有太多選擇，也沒有太多談判籌碼，不管怎麼拼了命努力，總脫離不了「我好衰」的感覺。妳的夢想是有朝一日能當上廚師，但是這樣的人

生，連擁有夢想都感覺奢侈。

我們住在一起的時候，是我人生中最快樂的時光。在學校裡，我教書，妳學習；晚上的時候，我們互相陪伴、相擁入眠。那時候的妳在大賣場工作，工作內容從櫃檯、搬貨、補貨到點鈔，責任制超時加班不加薪，過年的時候不得休假，公司頂多發購物禮券補貼了事。平常上班耗掉的體力，休假時靠一整天的睡眠也補不回來。跟我在一起的時候，妳努力想做好「我要加油」的上進模樣，卻又總是邊讀著西餐丙級檢定的筆試題目時一邊睡著。

我知道跟我在一起，妳的壓力很大，我應該照顧妳，但是我無法做到，我們必須偷偷摸摸、躲躲藏藏地，把這一切都當做是祕密。我心疼我為妳帶來的一切壓力，然而，我們誰都無法處理這些壓力。妳離開我的時候，我只想立即死去。人生是場廝殺的競賽，而我們都被淘汰到了垃圾區。假若有場敗部復活的機會，而我們之中只能有一個人活下去，我希望那個人是妳。

挫敗、沮喪、失望、無奈、無力等負面情感充斥在北野與他／她學生[5]的生活中，無產階級上升之無望，巨大到若北野企圖伸手拉起他／她們，單憑他／她只比學生們好一點點的位置，他／她根本拉不了。貧窮的拉力總將勝出，它會將人都拖垮，這就是貧窮在日常生活中的意義。一無所有的人聚在一起，非但無法累積私有財富，貧窮的加成更會使得他／她們之中勉力維持的人也要滅頂。他／她們的選擇很少，即使有，也是極端：在一起共同貧窮，否則，就是分離。冥冥中彷彿早已註定，像他／她們這類不合格的人，就該分散不合格的失敗風險，而這個世界正指著他／她們的鼻子說：「滾吧，你／妳們不該聚在一起。」

性─貧窮─階級：憤怒與反身指控

2004年，台灣公布實施「性別教育平等法」[6]。2014年6月修訂「性平法」完成：「第15條是性與性別的互動，教師不得發展有違專業倫理的關係，若發現有違反之虞，應主動迴避或陳報學校。」[7]

北野遇見中川的時候，才剛轉換到新的工作環境，也正遇上教職糾紛。在處理糾紛的過程中，他／她的不滿未被正視，校長、主任與組長在會議裡擺出陣仗，圍著威脅他／她：「我們會告訴你／妳的父母親，你／妳可以想像他們會有多失望，而且我們也可以召開教評會把你／妳開除。」在那個場合，學校主管教導他／她什麼叫做階級，若一個人的出身貧窮，那他／她就更該聽話，校長、主任與組長可以大方地在背後

---

5. 由信件所拉出的寓言故事，雖帶出了老師北野與學生間的戀情，卻刻意模糊他們的性別，除了藉此指出個案的複數性之外，同時也希望故事中呈現出的「同志」面貌能夠跨越僵化的LGBT身分認同政治。

6. 有關《性平法》的建制化簡史，可參考「維基百科」。《性平法》在台灣的推動與道德進步的女性主義相關，除了以反色情、反娼的忌性論述反對邊緣性實踐者之外，更以「保護婦幼」之名訂立各項「性侵害」、「性騷擾」等相關法律，而「保護婦幼」的道德價值又時常與鞏固婚／家的保守價值互為疊合。

7. 參見《台灣立報》對修法的報導〈修訂性平法 在校園學會尊重〉。《性平法》近年來不斷修法，將人與人之間的性互動規範得更為細緻；此外，任何疑似與性相關的蛛絲馬跡，在尚未確認性權力不平等之行為是否屬實前，該法嚴格要求基層教師無論如何均須善盡通報責任。根據《台灣立報》這篇報導，所謂「有違專業倫理的關係」指涉的是師生戀，師生戀在《性平法》日漸擴張下，成為需要「主動迴避或陳報」之行為，儼然成了這個號稱「進步」又「多元」的現行法底下所拒斥的必然之惡。

詆毀他／她，讓他／她在黑名單裡孤立無援，而他／她什麼也不能說。

　　或許是同樣身為酷兒的嗅覺共感，中川嗅得出北野身上熟悉的孤立味道，他／她知道一個人既沒有資源又害怕失去工作又被大環境棄絕的滋味。過得很好、不須焦慮階級向上的問題、生活品質穩定的人們都不願搭理像北野這樣的人，即使他／她曾經試著講述遭遇，這些過很好的人也不具備任何知識理解，甚至更多人帶著批判的眼光，要求他／她必須調整自己、拒絕理解他／她。在北野最絕望的邊緣，是那個同樣被社會排除的中川站出來偷渡支持的力量，酷兒生存的動能在主流社會激烈的排他鬥爭與肅清屠殺中救了他／她。可是，酷兒們也同時盤算著離去，離開前，他／她們紛紛喃喃地說：「如果只能有一個人活下去，我希望那個人是你／妳。」

　　當人們質疑台灣學院裡頭生產出的毀家廢婚論述與酷兒理論有階級限制，而無法有效理解「現實」的時候，難道台灣當前的社會運動就沒有階級侷限嗎？可以從事社會運動的是哪些人？社會運動想要教邊緣弱勢者「組織工會，對抗低薪」，但是卻沒有想要正眼瞧過他／她們的社會處境。他／她們不是只有薪水低、沒有資源又輸不起而已，他／她們沒有固定的假可以放，他／她們沒有多餘的體力走上街頭，他／她們之中有更多人連最為日常的性與性別差異都負擔不起。台灣的勞工運動與同志運動看見這些了嗎？工會有能力去理解、幫助、解決的究竟是屬於哪些階級的問題？北野老師的性與道德屬於工會所支持協助的那個階級嗎？他／她或許可以談談面臨解聘的問題，但是，躲在這個問題背後的農村貧窮與永不合格的向上流動又該怎麼談？如果連這些都無法談，他／她做為同志的身分又該怎麼談？他／她和學生間的性與情慾又該如何在《性平法》日漸擴張、校園裡益發友善，實質上卻益發保守的現況下

讓人理解？

　　這幾年的同志遊行中都紛紛拉出伴侶盟提倡的多元成家爲主軸訴求，然而，一個以法律爲基礎的運動方向，究竟有沒有看見北野與他／她的學生在邊緣的掙扎？《性平法》對他／她們造成的壓迫，證明的正是：透過法律途徑來解決邊緣現實貧困的不可能。他／她們所共同面對的農村貧窮與性／別壓迫，是同性婚姻合法化之後也無法解決的問題，他／她們彼此都面對著不同的社會負擔與經濟壓力，他／她們都很努力地想要勉力撐過每一天的生活，當外面承受的壓力過於巨大卻又無處發洩的時候，回「家」時這些情緒總壓縮轉化成憤怒、忌妒、怨恨、悲傷、自責，再堆疊上原生家庭帶給他／她們的情感建構，使得他／她們不擅長在「家」裡處理情緒，我們可以認知到的是，當這個「家」的基本成員依舊貧窮，而他／她們都不會是那些在「家」裡可以自在分享自己的合格成員，爲了不讓貧窮的壞情感彼此堆疊而互相傷害，他／她們必須保持距離，過分地靠近只會讓彼此互相傷害，更加卡死在彼此的情緒裡。

　　在2013年一系列同家會與毀家廢婚的對話中，吳紹文在〈毀家廢婚？保家廢婚？保家保婚？〉這篇文章中說得很清楚。吳說，同性婚姻是個願景，弱勢者最後的一道防線將是這個改革過後的「家庭」。吳也批評，如果有人可以不要婚姻不要家庭，那麼「不需要家庭和婚姻的人，也許還不夠弱勢到認爲『家』是退無可退的最後立錐地。」[8] 站在社會運動與組織工作者的位置上，關於什麼叫做「弱勢」，我希望吳可以再想多一點。「弱勢」之所以會變成「弱勢」，是因爲他／她們在各

---

8. 吳紹文〈毀家廢婚？保家廢婚？保家保婚？〉。

個層面的性、性別、文化、情感、政治上都沒有資源；簡單來說，就是他／她們「很・貧・窮」，而這個貧窮還不僅僅只是沒錢而已。他／她們對家庭或許也有想像，他／她們或許也想要讓家庭裡的生活變得不一樣，多點平等、多些正義，但平等與正義是過分高尚的道德，對貧窮的人來說都是奢侈的東西，貧窮帶給這些人的生命意義是一場「不是你死就是我活」的生存鬥爭。貧窮酷兒在貧窮之中學會算計、學習自私、撒手不管、狠心離開，他／她們之中即使有人想扮演菩薩，無私者的選擇也很有限，因為那代表的是，你得拖著跟你一樣窮或是比你更窮的另一具軀體，彼此糾纏過著向下沉淪、無法翻身的生活。當你想像家庭做為避風港的時候，對貧窮酷兒來說，家庭裡所聚集起來的貧困，在更多時候，正是他／她們急著想要逃離、拋棄的地方。

貧窮酷兒談不起愛、和平、正義、平等，他／她們沒有正確的階級意識與相符的情感資源可以談論。令人感覺更加擠壓的是，一個主張婚姻平權的同志運動正一步步地佔據著這個闊談愛、和平、正義、平等的階級與道德位置。

「毀家廢婚」作為一種實踐、立場與運動資源的重新佈署

郭彥伯

　　這篇文章的主要對話對象是近來婚姻平權運動中，同性婚姻的支持者、運動組織者、倡議人士與相關團體。藉由回應部分將毀家廢婚視為「不夠現實」、「內耗」等說法，以及眾多認為同性婚姻展現了「社會公平正義」而支持婚權運動的支持者，我將重新釐清「毀家廢婚」可以且已經是一個積極的實踐路線，且必須同當前的婚權運動保持批判距離，以衝擊既有的運動資源佈署。

質疑「平等」

　　婚姻平權運動以「平等」作為核心的價值號召，認為現行異性婚姻制度是一種對不同性傾向的歧視，藉此召喚同志社群的動員能量。我同意婚姻制度劃下生理男女的門檻就是歧視與排除所有希望與同性結婚的人（未必是同性戀，好比也有同志在利益盤算下跟異性結婚），正如它同時也排除了不接受這種財產關係、想重婚、不想守貞等各式群體，然而，我們還是必須提問，為何當這個制度歧視同志，就等同於我們必須爭取讓同志進入這個制度？好比麥當勞拒絕唐氏症的顧客當然是種歧視，值得批判，因為沒有人該因為生／心理特質而受到更差的對待，但這是否等同於我們應該發起一個「讓唐氏症人士吃麥當勞」的運動？將「平等」當作唯一要追求的價值與理由，而不去質疑這個制度本身，就像只因為通姦罪往往都只處罰女人、對女人不公，於是就建立一

套機制，讓女人也能把偷吃的配偶送上刑事法庭，這是一樣荒謬的「平等」。

另一項提問是，如上所述，現行婚姻制度不僅只是排除想跟同性結婚的人而已，同時也排除了其它諸多生活形式的可能。每一個被舉出來支持同性婚姻（伴侶制度／家屬制度），宣稱可以讓某些人得到更多「利益」的說法，都得要先回答一個最尖銳的提問：「為什麼這項利益可以只給予擁有婚姻（伴侶／家屬）的人？」到最後我們將發現，國家正是透過這些身分、關係的認定來進行治理、管束與資源分配，而幾乎每一項相關的法條、套裝的契約都持續排擠著某些現在婚權運動所拒絕看見的人們，只要這項排擠仍然存在，婚權運動所宣稱的「平等」就應該持續被挑戰。

幸福的幻象與消失的國家法律

婚家制度作為一種資源分配、國家對人民生活組合的管束，它的存在必然持續排除某些不合宜的生活形式。以「家戶」為單位的治理，在政策邏輯上便排除了單身、不想成家、不能成家、快速變化的家庭……等多樣的生活形式，這種治理邏輯對身處其中與其外的人們都造成一些效果，不同階級處境的人會有不同的利益盤算，值得每個人去思考。

當前的婚權運動結合了兩種召喚力量，一是對於婚姻、家庭、幸福許諾的渴望，二是宣稱將建立一個更加公平正義的制度，兩種力量緊密糾纏，我不太相信能夠／必須將兩者拆解，但還是有必要指出這兩個交織出的作用是什麼。伴侶盟的盟歌〈相愛的權利〉[1]令人困惑，如果伴侶盟訴諸的是法制面的改革，應該要清楚知道，不論是現有的異性婚姻制度、同性婚姻、伴侶制度與多人成家，都不曾管束、保證或以人們的

相愛與否爲前提。透過這種「愛的力量」召喚出的強大支持力量,竟然掩蓋了異性婚姻制度就是一個二人打怪搶寶組合,在國家的允許下得以進入新的地圖搶奪更多資源與福利。

這種召喚的危險後果之一是,支持者急於強調自己蒙受歧視待遇的受害者身分,一方面遮掩了現今已具有的生活資源,藉由宣稱我們其實不具有這些資源以鞏固受害者位置,同時對內進行恐嚇,讓渡了明明可以更激進鬥爭的戰士。許多酷兒們本來就有或能夠爭取到的生活方式,例如互稱彼此爲老公老婆、舉辦盛大婚禮、在臉書上將對方設定爲伴侶或家屬、要求各機關行號同意同性配偶/伴侶/家屬也能享有某些待遇……這些許多與國家法律脫鉤之事,卻被婚權運動的修辭描述爲我們所不具有的東西(從〈相愛的權利〉之歌名和歌詞即可看出,這些利益與親密關係法制化的關聯才正是「被扭曲的模糊不清」)。以醫療制度爲例,「交往多年的親密同性愛人卻無法幫自己簽署手術同意書」是一種常見的恐嚇論調,我們要質疑的是,那麼,連伴侶都沒有的人,是否就在這個制度下求生不得、求死不能?醫療制度上逢遭排擠的同志明明可以擴大連線與結盟,爭取更自主的醫療制度(讓人們自行登記有決策權的關係人,這個人可以不用是配偶、伴侶、家屬,而是價值觀契合的朋友、信任的醫師等等),而今婚權運動只消宣稱此制度歧視同志並造成同志的不幸,就省去檢視以婚家爲治理基礎的眾多制度究竟排擠了哪些群體。我們只能說,婚權運動能讓擁有同性配偶/伴侶的人也進入醫療制度中更優勢的位置,但要說這就是所謂更公平正義的醫療制度,恐怕是一個過度的宣稱。

---

1. 台灣伴侶權益推動聯盟〈盟歌—相愛的權利〉,詞曲/演唱:Vanny。

這種愛與幸福的召喚造就的另一種危險後果，就是蒙混了婚家作為一種國家治理制度，採取資源分配並區分人群的邏輯，根本不是依照「幸福與否」；人們盤算進入婚姻的利害也不盡然是依照「愛」來計量。高舉「愛才是成家基礎」的旗幟，難道不是在掃清現在跟異性「假」結婚的同志、透過仲介的婚姻……等等各種異質的生活形式？支持婚姻的同志一面對保守宗教勢力說「想結婚是我們倆自己的事，關你屁事？」然而一旦面對國家制度時，婚姻顯然就不是「自己的事」了，而是公共的事、國家的事。婚權運動面對保守宗教勢力那種論述貧弱的國家生殖主義（為了繁衍下一代、給予下一代更好的照養）的方式，竟然是選擇徹底迴避「國家法律」的叩問，不去面對「到底我們的國家為什麼需要婚家制度？」或者「我們為何需要國家認證我們的親密關係？」這組問題。如果「兩人相愛」──或者更基進的說法，「兩人願意」──就足夠充分去要求國家核可這個婚姻，那我必須追問：與未成年人的婚姻、與血親的婚姻、以親屬賣淫為目的的婚姻……等等異樣的可能性是否也是婚權運動所願意肯認的？伴侶盟和同家會面對類似的問題都曾以「社會風俗」、「棄保」等說詞，立意與這些被賤斥的關係組合劃清界線，但這種的說法竟然能博得許多人認可。我參與社運短短幾年，看過的議題並不多，但還真是第一次碰到如此理直氣壯為了拔足前行而踐踏更為底層弱勢的人群，竟還能為社運主流聲音所「諒解」：畢竟同志苦了這麼久，而今終於可以得到幸福，你們怎麼忍心阻止？

重新以餐廳做比喻：實務進擊的可能性

伴侶盟曾透過Q&A以餐廳做為比喻[2]，另外，也有一些評論將毀家廢婚對婚權運動的質問視為「何不食肉糜」[3]，我也就用沿用餐廳來比

喻，好釐清毀家廢婚更積極的運動意涵。

想像有一間政府立案出資的血汗連鎖餐廳，裡面只提供一種雙人套餐，必須要生理一男一女才能點餐。套餐提供的主餐、配菜與週邊餐具，就好比稅制、購屋優惠、福利政策或者關係中的權利義務契約限制。雖說這間餐廳規定要一男一女才能點餐，但生理性別並非他的唯一排擠性，而同時還包含那些吃不慣這種口味的、沒有時間坐下來好好吃飯的、習慣少量多餐的、買不起這種餐點的、看不順眼餐廳廣告模式……等不同人群。人們想填飽肚子當然不是非得上這間餐廳不可，雖然政府會把我們繳的錢拿來補貼這個餐廳，這點讓人很幹，但我們還是有各式各樣的小吃以及維生的模式。

同性婚姻就是在要求這間餐廳推出某些不只男女性別都能點的雙人套餐，伴侶制度或家屬制度則是要求餐廳提出更多種的餐點組合，但無論如何，你還是得在這間餐廳裡消費才能得到食物。當有些保守人士希望餐廳裡只有同他們一般乾淨整潔的人可以進來用餐，同性婚姻支持者便急著辯稱同志顧客也是一樣乾淨整齊的，或者說服大眾說同性客群可是顆大鑽石[4]，怎能不好好削一筆？這間血汗餐廳其實還可以有更多擴張，例如推出魯凱拉拉風味餐，但無論如何，它就是要所謂的「顧客」遵守用餐規定，而且持續穩定地在此消費，好讓這間餐廳和關係企業能

2. 台灣伴侶權益推動聯盟〈伴侶制度Q&A問答集〉。

3. 台灣同志家庭權益促進會成員何思瑩在〈不只是平等而已——酷兒成家的嶄新意義〉提出的質疑是其中一例。

4. 此處借用羅毓嘉在〈同志婚姻是顆大鑽石〉文中的說法；而劉美好的〈去夏威夷結婚吧！——同性婚姻經濟學〉則接續了這個問題意識，認為同性婚姻合法化可刺激台灣的觀光消費經濟收益、大賺外匯。

夠持續剝削顧客們，那些稱不上顧客的人們則根本沒有被放在眼裡。

　　「毀家廢婚」要做的就是反對這種追求表象平等、看似進步其實卻是收編的運動論述；它要攻擊的不是每一個走進這間餐廳的個人，因為人們可能有許多理由（可能附近就只剩這間餐廳、可能湊巧有親友送的餐券、也可能他就只是很想吃吃看……），但，如果有人發起一個「公民行動」要求讓某部分的人也可以來用餐，甚至為了動員而鼓吹起這間餐廳的好處、食物多麼美好，抨擊反對者是在阻擋同志的幸福，這種「行動」就是我們必須攻擊、批判，並與之保持距離的。

　　「毀家廢婚」的支持者或許會去摧毀這間餐廳、戳破它宣傳廣告的企業形象，或要求政府不再提供它專屬的優惠資助，這些都是我非常支持且基進徹底的行動路線。即便我們不去譴責每個個別的消費者，我們還是可以鼓勵大家抵制這間血汗餐廳。要向婚家進攻的可能路線絕不僅止於此。許多社會運動早就在爭取的，就是奪回屬於我們的食糧／土地／財產／鍋鏟，讓人們能夠有更理想的物質生活，更能夠去自己喜歡的小吃店，或者自己煮，或者共食，或者每天換食伴，架空這間餐廳對我們的全盤掌控。

　　以「毀家廢婚」為基礎的眾多行動早已展開，抗議以婚姻家庭為基礎的購屋優惠貸款；訴求通姦除罪化以削弱婚姻對多樣親密關係的箝制；華光社區抗爭過程中批判國家提供的中繼住宅皆是以核心家庭為居住格局想像；推動公共化、社會化的長照制度以減輕家庭對照顧資源的壟斷……種種論述與行動都蘊含了強大的「毀家廢婚」能量。支持居住權的落實、改善人們的勞動處境、推動更理想的照顧制度，使人們的老年、傷殘、疾病或其它照護需求不僅能由婚姻家庭來承擔，這些都已經是持毀家廢婚立場的運動者們可能且「已經」結盟、聲援、推進的行動

了。眼下要繼續做的，就是號召更多的人們直接就婚家制度所造成的各種壓迫排擠現狀，回到各個主體需求去進行論述、批判與抗爭，並在一個對婚姻家庭連續體的批判性思考下彼此連線、相互結盟。

需要的是不同的想像，而不是不同的故事

　　隨著多元成家的討論如火如荼，出現越來越多賺人熱淚或是提供大家不同生活想像的故事，非血親的、沒有愛的、離散的、欺騙與算計的……等；也有人開始提出各式各樣不同的需求，照顧的、醫療的、財產的；各種傳統的生活形式或價值重新被提出，有的神秘得以膜拜嚮往，有的則落後待掃清。這些故事刊登在報章雜誌，或在網路上被廣泛流傳，通常被用以凸顯保守勢力如「護家盟」、「下福盟」所堅守的家庭想像太過僵固單一。但是故事後面或在轉述中扣連上多元成家的訴求，更常常令我錯愕，因為這些故事難道不是指出了更多以「婚」、「家」為單位的治理問題？

　　一位朋友外地出車禍，必須回家人所在的縣市開刀，許多人轉貼說如果有多元成家法案的話，他就不用為了開刀而回去了；有人描述嫁給同志丈夫的越南籍女性的故事，說如果同性婚姻合法化的話，他的丈夫就不會把她騙來了；有醫生投書描述了中年獨身病患的醫療決策問題，認為多元成家法案讓鰥寡孤獨廢疾者能有所養……；種種故事似乎都暗示著多元成家是個答案與解套，但就算有了多元成家、就算我可以擁有許多家屬，我依然可能孤身在外出車禍；當一個男同志透過婚姻仲介娶了越南女性時，比起去問「為什麼他不能跟男生結婚」，應該檢討更根本的問題如「為什麼他非得結婚」、「為什麼他不能出櫃」；就算我有伴侶，伴侶依然可能死亡、解約，獨身病患的醫療問題也就是獨身病患

的醫療問題。各種溫馨感人肺腑的故事正面肯定「成一個合法的家」能夠解決或處理各種醫療、照顧、社會問題,其意識形態的兩面性,也正是主流社會在指責經濟弱勢的子女未盡扶養之責。我們法律中依然存留的遺棄罪,似乎一個人必得落入無親無故的狀態下,他的生活問題才能被看見為是社會問題,而非「家庭問題」。

我要提出的不是更多酷兒不成家的故事,而是提出不同的想像方式。「毀家廢婚」不只是「如何毀掉家庭制度」、「如何修法廢除婚姻」,而是透過一種無婚無家的想像,重新解讀/毒這些故事,讓它回到我們具體的生活需求,讓生活的困頓就是生活的困頓,而不是因為我和某人的關係無法躍升成某個國家所特別認定的身分。我作為一個主體無法在這個社會得到理想的生活,就是我所要爭取、追求的,而不是因為我的某個重要他人無法藉由代理我而得到些好處。「毀家廢婚」的想像,是要在這個「多元成家」已經四處開支票,宣稱可以解決醫療問題、財產問題、性壓迫問題,甚至台灣的經濟問題時,重新看見被這種宣稱所迅速掩蓋的不平等、壓迫,以及制度的缺陷。

就是絆腳石:界定立場並與婚權運動保持批判距離

在這人們可上凱道幸福地「伴桌」[5],如此美妙迷幻的一刻,我們要做的就是清楚界定自身的不同立場並拉出批判距離。我認為,社會運動長久在一個龐大且整體的公平正義下推進思考,太快地假定行動的人們皆有共同的理念根柢、理當彼此聲援扶持,為建構一個更理想的共同世界而努力。然而,「共同理念」的形成絕非想當然爾,而必須透過運動中不同位置與利益的人們,都能挑明其立場並公開地辯論以漸次釐清,說清楚各自分別在爭取的是哪些人的利益、在怎樣的位置上思考、

結盟與動員。

當婚權的爭取已經被提升到全民行動、藝人相挺的政治正確位置時，從根本上質疑其排擠性，讓被忽視的聲音浮現不是一件理所當然的事嗎？這本是婚權運動需要面對的挑戰。是的，我們就是婚權運動路上的碎石，我寧願酷兒清楚地被看見是絆腳、阻礙，然後所有人都挑明了來選擇立場，也不要被踢到一旁去，好讓人以為婚權是邁向幸福的康莊大道。

當下福盟以「性解放」、「支持多P」為理由反對多元成家法案，我們批評他們邏輯不清，把沒開放的東西都說成是要開放的，但這不也正凸顯出他們害怕的其實就是不忠貞、性解放，與異種家庭？或許我們必須回頭問，那我們自己怕不怕、要不要這些東西開放？所以應該看清楚的是，這些保守勢力害怕的東西跟同婚倡議其實沒什麼兩樣，不管討論對象為何，是性教育、性教材、多元成家或同志遊行，他們怕的依然就是肛交、變性、多P、紊亂倫常、兒少的性、逾越家庭⋯⋯如果承認「我們」與下福盟的價值立場就是如此不同，我們欲求的生活方式就是他們想打壓的，那麼簡單把「反歧視」、「反性壓迫」等同於挺多元成家修法，誤會這個法案的真只有下福盟嗎？

我反對保守勢力對於性少數的撲殺，但我同樣反對代言與收編的召喚力量、反對無視國家機器的幸福幻象、反對從恩格斯起到女性主義就不斷批判的婚家制度竟在婚權運動中復辟。「毀家廢婚」就是拒絕相信「婚姻平權會讓明天更好」的承諾、堅持不妥協自身利益、積極戰鬥的運動路線與佈署。

---

5. 參見2013/09/08 苦勞報導〈多元成家 三套並進 凱道席開120桌 伴侶盟造勢〉

逆行婚姻路──不做家／國代理人

平非

　　婚家辯論在台灣掀起公眾情緒的滔天巨浪，然而這個議題與相關現象還必須從全球歷史發展和國際局勢的角度來思考。畢竟，婚家的震盪變化和爭戰標示了更為深刻的、詭譎的變化，我們必須拉大視野來參照思考。

　　一夫一妻小家庭是現代國家的基本單位，也是體現國家治理的中介，更是歷史的偶然。兩人小家庭在世界的許多地方都還在打造擴散中，並非完成式，例如十九世紀加勒比海的某些島嶼人口多數都還是奴隸，他們遇到了二十世紀抵抗殖民的建國社會進程，部份人口納入了一夫一妻專偶婚家形態，過去以母為尊的實質單親底層家庭於是逐漸轉化或是就地合法成為兩性小婚家。自此，婚姻對女性而言，成為階級晉升的法律保障路途。

　　然而經濟人類學家發現，資本主義其實不見得一定全面需要婚姻小家庭。二十世紀後期，大量來自非洲的歐洲移工在先進的勞動輸入國裡就根本難以獲得婚家生育的所謂基本人權。歷史因緣際會的全球化，使得某些國家地區專事生產與輸出勞動力、原始物料，或是設立加工出口區，另外有些國家地區則專門從事規劃管理與剝削營利。曾幾何時，像台灣這樣子原來是加工出口或者勞動力輸出的地方，因著全球資本位移，轉換成為了勞動輸入國，並且開始宣稱人權當道、平權為本。然而，國家鼓勵甚至重點補助特定人口結婚、生育的同時，卻抑制懲戒其

他不得、不願、不想進入婚姻的人們的性、懷孕、親密、結社。我們必須問,國家如何以一方之平等掩護更多的不公平?

　　過去所謂傳宗接代讓婚嫁之女人的性侷限於生殖,家是父系之家,隸屬於男性子嗣並承接祖宗之族產祖業;女子逆德、絕嗣、亂族、亂家、有惡疾惡習,就不可參與祭祀;離親、竊盜就可逐出家門。家,是夫家,而從不是兩人獨有之小家。在「男女平等」的現代,家不再縱向的以「夫」的族裔繁衍為重責,反而轉化成為媒介國家之橫向管理機體,方便國家將照顧工作轉包各家戶,讓家人無償相互看管、相互擠壓壓榨之餘,再部份外包給家務勞工。近來晚婚、不婚、離婚、不生人口不斷成長,異性戀資產家國驚覺危機日益加劇,國家政策和公家機構的婚家獎賞大幅加碼:單身以及婚家之外的諸眾(單親家庭、移工等)被放在過渡的從屬位置上,而對不/非婚家者的日常賤斥(不正常、有毛病)以至懲戒(讓不/非婚嫁者不斷自我交代、不好過、不方便),逐漸變成以國教取代家教(不再是家長要妳婚,是國家要妳生),力圖導引正典之婚家得以完好,在慾望的層面持續稱霸(普遍化)。

　　今日,傳宗接代的感情並沒有消失,而是嫁接到人口政策的重點補助款項,重新綁樁經濟的物質分配和文化的美滿想像,也使得性別平等的法理婚成為國家和個人現代進步與否的表徵。十九世紀後期,英、美婦女法理人格之政治(投票)、經濟(夫妻財產)權的爭取,相對於社會主義國家廢除一夫一妻多妾、建立革命家庭或是全民不分貴賤的結婚小家庭實踐,成為冷戰時期自由與解放被對立起來的兩種性別平權故事。冷戰號稱解凍至今,此刻,當國家徵調同志結婚作為人權立國的新人形標靶,當兩性婚姻制度的不平等、不人權企圖借用同志結婚以達陣,或許,我們亟需思考如何不成為家國之代理人(模範生),不潤滑

新的冷戰情緒（同志婚姻議題成為新的敵對陣營），拒絕讓所謂自由選擇權成為貶抑特定人、宗教、社群、國家、地區的藉口，讓後者成為不合格、不可慾望的劣質生活與情感。

年輕學者Chandan Reddy曾分析美國作為自許獨特典範之現代國家如何以其法理增添修補自我再造，讓歷史的不公義轉化成為國家法理更新的新興族群，既補償修正歷史的錯誤過去，又淨化和整治歷史以及當下的集體自我敘說，成就新法做為新的文化工程。美國國家左手確立人權立國之新（同志）標竿，右手推舉性別、性向之人權，行銷國際，散播自由（市場），宣揚正義（戰爭）。Reddy指出，同志婚姻法在美國啟動兩種關於族裔、社群與運動的故事，這些故事都將同志婚姻權與1960年代終於通過的跨種族（白人與非白人）通婚權相類比擬，但是有著不同的時間觀和政治倫理。第一種故事讓過去的諸眾抗爭和斑駁生命染上一致的色彩，匯聚成不可違逆的進步潮流，歷史呈線性發展邏輯，成就當下的形式平等法理國度和合法人們；此刻的現在，成為過去所應許的美好多采未來。第二種故事則是帶有自我省視與警惕地看見轉型正義的暴力，並將當下之所以得以向國家發聲求權，歸因於過去眾多生命經驗和運動者不可化約的異議性質，他們族類繁多、不及認識，更重要的是，他們曾經並持續的運動與思想早就超出家與國的範疇，朝向衝撞國家之國際主義，奠定卻也同時因此自絕於當下以國家為單位視角的法理認可與墊高。國家法理戰役的輸贏，意味著過去（以及諸眾）的一閃即逝，也讓這憧憬未來的故事在當下敘說時，至少得以堅持不允諾平權法理疾馳列車白白碾過無數不合常模、難以辨識、不再可慾的個別、集體、親密集結。

台灣1990年展開的異性戀婚姻法律平權運動，動力正來自於眾多已

婚婦女的痛苦：有離不了婚的，有不敢離婚的，心裡澎湃著對丈夫暴力或外遇的無力情感，對孩子監護權可能隨離婚而去的難捨，對生活可能頓時無依的恐慌，以及社會對於離婚婦女的種種貶抑。婚姻制度或許經此運動而得到修補，而達到某一程度的男女平等，但要讓離婚／失婚／不婚女人也被平等對待則並未同步達成。社會依舊把（有無／何種）婚姻作為斷定女人合法／合宜身分的重要表徵。再者，關鍵著婚姻內情感與性規範的「通姦罪」，並未在修法歷程中被認真檢視：面對先生外遇的老婆，心中的悲憤所產生的力量固然衝撞了婚姻法的不平等，卻更加固著於自己被背叛的受害位置以及怨懟，必須緊抱這條罪名才得加以懲戒、報復丈夫與它者。這條站在「女性」身分認同上的婦女婚姻平權之路，終究沒有解放婚姻，人民的感情生活依然由國家規訓掌控，女人也仍然緊抓「合法老婆」的名分繼續哀痛。

民國之民法建立時，已經開展了小家庭平等想像與傳宗接代父系家族一夫一妻多妾的法律、感情與現實的爭戰。半殖民半封建的當時，啟動修法路線，企圖從上而下，貫徹平等小家庭的理想，而在這個過程中墜落湮滅的正是一夫一妻之外的第三者。根據法律歷史學家，漫長的二十世紀初，妾的身形在法律和輿論媒體的故事中開始褪色並罪犯化，她似乎總結了婦女過去之不幸與壓迫，同時，她也成了打造小家庭社會工程的落軌人之一，多數從協助完成家族傳宗接代的代理人（正妻）之家法國法從屬位置，移轉成了罪人；除非扶正，否則很容易被看成新小家庭的外來加害者、破壞者。直到1970、80年代的台北、新加坡等地，都還可能在坊間故事、小說電影、家族祕密、社會新聞、法律訴訟案、還有計程車司機的閒聊中，和她們的親人、兒女相遇，得知關於她們較為複雜的故事。婚家修補轉型的正義與暴力，因此深刻烙印著婚家內外

女人們的存活。

　　十九世紀當美國的典範國家夢還在孕育的時刻，英帝國內部的性別不平等正透過一波一波的運動爭取到婦女的婚姻法理人格、財產經濟與政治投票權。批判的歷史故事回顧這一波的法理運動，看到的是它如何確立資產者的家、國、社會與知識的代理權，如何在國內延宕背負特定階級、族裔、性及其他行為烙印之底層勞工與傭人之權利，如何在海外以文明開化詐取利潤、資源以及勞動力，奠定爾後現代好家強國的基礎。難怪恩格斯針對家國之夫（夫）妻（妻）形式平等曾說：矛盾尚未浮現，但是，只要維護資產法理形式平等達陣，那時就是實質不平等關係鎖鏈多重凸顯的時刻；法理婚姻之內的性別、階級、族裔、國家、性向之多重衝突矛盾，終將於此時內外引爆。

祝你幸福

不成家作為一種選擇與擴大連結的起點

吳靜如

　　伴侶盟與同家會大同小異[1]的「有伴立法」近日引起眾多討論。在面對當前恐同、歧視普遍的台灣社會，其訴求與行動實皆不易[2]。我個人的主要工作領域是在移工而非同志，對於同志的議題或許沒有太多講話餘地；然而，有關婚姻／家庭的議題，牽涉到的其實也不僅限於同志或者性別的範圍，因為有感而發，於是加入諸位的討論：

#1 搶著爭取國家保障婚姻的現象，正顯示「婚姻」在目前的社會制度內是個國家給予的特權，「有伴」才有權利

　　有愛、沒愛，有性、無性，不真是一部法令應該管或管得著的。既然談立法，就該直接討論「結婚／家庭，要公權利／法律同意」為的是什麼目的？相對異性戀婚姻關係，有人認為爭的是「平等權」，談的比較是國家對於結婚者的優惠（國家與婚姻的關係）；也有說法認為是「保障親密關係中的最基本正義」[3]，著重在保障關係內的權利與財產分配。

---

1. 我暫且不錦上添花地討論兩者訴求上細微的差異。兩者版本的「小異」，在近日同家會的兩篇文章中已多有著墨。我想提的是，兩者的「大同」——參與（幫助）體制談分配問題。

2. 而，因此所引起的多方辯論，比同志遊行的驕傲，更是有過之而無不及！

關係之內

　　竊以為，資本主義社會裡民法契約一堆，兩人、三人、多人間，應如何進行財產及權利關係的分配（甚至包括性愛關係的安排），大家儘可透過訂契約協議，要多細就多細，要多有創意就多有創意。不論是土地房屋分配不均、或是寵物小孩歸屬問題，公權力在遇到爭議時，可以應邀以法院為長相介入處理。法院處理完畢，如何落實公權力決議，是另一個問題——不滿公權力決議，有產者，繼續爭產繼續訴訟；無產者，憤恨打架或兩手一攤。民法的私法性質與公法不同，公權力介入民法關係處理的形式與結果，成功與否，見仁見智。

　　但為了處理（不論親密或不親密的）關係內之私有財產爭議，而爭取「結婚／家庭要公權力／法律同意」，對我而言，沒什麼太大的道理（特別鑑於異性戀婚姻關係裡，女性已有的、卻不見得真能保障得了的法律權利）。

婚姻與國家的關係

　　值得討論的是，「婚姻」與「國家」之間的關係，也就是國家給結婚者（有伴）權利保障的問題。

　　伴侶盟與同家會版本的「結婚權」論述裡，不論簽訂契約者的性別是現下的「異性」或訴求的「同性」、「多元」；也不論要求國家賦予的「特權」是現下的「財產、繼承、親權等」或是「預算編列」、「承接國家資源」[4]。都提到目前的「合法婚姻」保障了結婚者多方面的權利，且是很多人所亟需，如，醫院探視權、臨終決定權、遺產繼承權、親權、賦稅減免、政策性優惠貸款等等。

資本主義國家確實給了「婚姻」相當多的優惠、特權[5]，而我也相信，對某些人來說，獲得這些成套的特權，或許可以解決「當務之急」、或許感覺會比較良好——與異性戀（對稱地[6]）「平權」。但是，為什麼不反過來問問國家，為什麼有伴才可以有權？

　　如同在移工運動裡，有人主張「給藍領移工成為公民的機會，這樣，他們的權利就會獲得保障[7]」，但為什麼要成為公民才可以有權？台灣的移工政策，在台灣的移工直接受其影響，感受最深、受害最大，為什麼他們不能直接對這樣的政策發言？而是得冒著被扣「行為與居留目的不符」的污名化帽子，年復一年地在街頭上叫喊「我要休假」、「自由轉換雇主」等用文明耳朵根本聽不明白的卑微訴求，才有可能保得基本人權？——移工不僅應有權發言，而是應有發言義務！

　　在「是公民才有權」的邏輯下，國際勞工被踢出人權之外；在「異

---

3. 這是伴侶盟成員范雲在2013年8月南昌拉拉營「婚姻平權 vs.廢婚毀家」討論中提出的說法。大意如下：透過第三者介入以維持最低層次的、親密關係中的正義。如：有些國家就算兩人沒登記，國家也會介入保障弱勢的一方；財產是不是要分離、互相的撫養責任、醫療決定權、小孩的姓氏／文化的繼承、小孩的親權等等等。

4. 王顥中在〈回應台灣同志家庭權益促進會 兼論婚／家革命不是伴桌吃飯〉一文中討論得頗為詳細。我對同家會運動訴求的質疑，該文提及的描述：「有時甚至扮演削弱國家並推動私有化的新自由主義之側翼」差可比擬。

5. 為什麼資本主義國家要給家庭特權的理論釋疑，古今中外左派右派的論述都有，我推老派的《家庭、私有制與國家的起源》。

6. 請參考王顥中（2013/06/29）苦勞評論〈平等的幻象〉。

7. 話說，很多財團大老闆、跨國非公民，其權利被國家保障的可比公民更周到完全。

性戀才正常」的邏輯下，LGBT被踢出正常之外；在「國家保障異性戀有伴者」之下，難道（如許多自曝文所示）深知被歧視、被剝奪痛苦的LGBT為爭取自己的權利（主要是財產[8]），也要與異性戀有伴者同謀，引介公權力，將所有的無伴者踢出權利保障之外嗎？對於「會踐踏到另一群弱勢」的運動，或有LGBT會同意，但主張看見多元、重視差異的酷兒們[9]豈有支持的道理[10]？

#2 拆解婚姻特權元素，擴大連結，不應便宜形式地處理

婚姻若如上所述，有數不完的好處，那麼無伴者（不論自願或迫於情勢）與LGBT，便是被數不完的方式隔離於權利保護之外。

如果看見特權對於LGBT的不公平，那麼，與其參與分贓共謀，不如試試將有伴特權給拆解：挑戰稅制對於無伴者的不公平設計（這樣或可在爭取LGBT權益時及於所有性／別認同的單身者）；爭取財產不集中權（挑戰目前的財產、親權繼承，為何不能將其流出「家庭」以外，而必須被規定得留在「家庭內」？這樣不用法律核准，就可以重新分配）；爭取醫院探視權、臨終決定權、跨國界移動權（沒什麼道理有伴才能跨國界，而沒伴就不能。依親行、依友不行？公權力，該是服務於民，還是控管公民？）

與其便宜行事地要求國家成套地給予權利（扣稅、依親、探視、繼承或許再加上一台義大利濃縮咖啡機）、與其保障有伴且無意識地排除了單身的異己，選擇不婚，是一種與這些無伴生命的握手形式，或許更是可以持續酷兒戰鬥並擴大連結的方式。

8. 計較起來，親權，不也是將「後代」作為私有財之一嗎？

9. 我個人在本文的用法：LGBT是以性／別身分認同為主的群體；酷兒，則是不論性／別認同為何，經驗過被主流社會以任何原因排斥或歧視，進而主張「看見多元、重視差異」的自覺者。

10. 同婚合法對於同運的影響：性別人權協會秘書長王蘋在2013年8月南昌拉拉營「婚姻平權 vs.廢婚毀家」討論中的分享到，荷蘭同性婚姻合法化後，同運團體的能量和資源明顯減少──也就是説，原有各式各樣訴求與想法的同志團體，在爭取「同婚合法」的大目標下，皆傾全力相挺。然而，待同婚成功後，很多同運中的其他議題，如跨性別議題、工作職場歧視問題等等，便因為這些問題不是大部分要求同婚合法的人會遇到的問題，而不再被奮力支持，所以，弱化了同運中──另一群被踐踏的弱勢。

摻鹽奶粉，妒恨殺嬰

生產過剩的家庭幸福

王顥中

陳逸婷

震驚社會的「奶粉摻鹽殺嬰」事件，大嫂（鄒女）因為覺得公婆偏袒弟媳與弟媳女兒（緗緗），認為弟媳欺負自己的兒女，憤而在弟媳女兒的奶粉中加了鹽巴，不料卻因此造成女嬰因高血鈉症而死。最新的消息是，弟媳出面泣訴道：「她（大嫂）永遠在我心中都是我的大嫂，我會把她的小孩照顧到長大，也希望自己可以把身體養好，再把緗緗生回來。」

整起事件是一個家庭內部成員之間情感擠壓與衝突的標誌。大嫂與弟媳在同一個家庭裡朝日相處，大嫂對公婆偏愛弟媳之女感到眼紅，不滿兩人雖同為「公婆的媳婦」，自己的小孩卻未獲得平等的對待和關愛。這樣子的一種家庭內部強制性的關愛索求，恰是姻親關係背後的普遍情感預設：因為是一家人，所以必須有愛，家人間也必須爭討那愛的份額。然而情感的分配何曾是能夠保證完全公平均等的呢？強烈的情感投注（為換得相應的回饋），於是助長了妒恨的滋生，最終釀成「奶粉摻鹽殺嬰」，把天天上演的家庭內鬥芭樂電視劇搬上了報紙社會頭版。

幸福家庭與親密的過剩

與其說，這起事件是源自一個幸福家庭營造的失敗與例外偏差，更精確來講，那是家庭幸福與親密感生產的過剩（the excess）；亦即，鄒

女正是因為強烈追求家人間的親密與情感分配，渴望自己與子女能夠更加地獲得公婆之重視與疼愛，才會興起在奶粉中摻鹽的念頭。換言之，是對家人的炙熱的愛即刻轉移成炙熱的妒恨；對家庭關係強烈的鞏固力道，轉瞬間變換為強烈的破壞。

這是現代家庭作為凝聚並壟斷親密情感關係的必然過程，它鼓動並強制人們將社會生活的各項資源，無論是物質的或者情感的，全往家中囤積；再把各種需求跟期待都朝家內（成員）投射。而人們在社會生活中所能經驗與接觸到的一切符碼，也都鞏固維繫著這樣子的範示，「我的家庭真可愛，幸福美滿又安康……」。然而，橫亙在家庭幸福與親密情感生產背後的陰暗面，即是那幸福與親密情感生產的（必然）過剩：強烈的情感投注、以及強烈的情感回報需求，家內關係的擠壓與變形，就在這一來一往的過程中油然而生，並展現在各種家內的（肢體／情緒）暴力──那是國家外包再多的家暴防治血汗社工都無法徹底解決的。假使我們單單只把鄒女看成是一個自私的罪犯，那恰好遮蔽了她同時也是一位愛護家庭價值的模範母親，費盡心思愛護自己的子女，讓自己及他／她們獲得公婆更多的疼愛與照顧，而這難道不正是家庭價值鼓勵每一位母親的作為嗎？

拆解家庭情感配置

家庭幸福親密感的生產及其過剩，是一組相互敵對卻又彼此支持的對應結構，對於幸福家庭的熱烈追求，自我內部就埋下了幸福家庭塌陷的根源。血緣的祖輩應當疼愛孫輩，父母急切著爭取祖輩對自己兒女的關照，這種血緣親生幸福與愛的垂直連續，正是家庭所預設的情感配置。

試問，假使各種資源，無論情感的或者物質的，能不再被壟斷並侷限於家中，並摘除上述這類血緣親屬的情感配置，又該當如何呢？倘若不再獨尊血緣關係與親情，祖輩與孫輩的互動相處，也就如同他與隔壁鄰居的孫輩那般，不再有任何特別；這時候，「公婆」要特別關愛誰、要將物質或情感資源分配予誰，拆除了（血緣／親情的）家人愛預設，及其（情感的／物質的）繼承保留份額，將根本上與「弟媳」、「大嫂」無關，與任何一位血親成員都無關，也降低了各種情感及道德爭議，不再鼓動或助長強化家內成員間的彼此眼紅與妒恨。

　　緗緗的死因真相大白後，她的母親仍要出面對大嫂喊話，表示「她（大嫂）永遠在我心中都是我的大嫂」，徹底展現不容切斷的家人連結關係，以及「家人親情之愛」的情感渲染。家庭價值及其強迫親密幸福，先是引發了家人間的妒恨並導致女嬰的死，而同樣的價值及信念，又迫使被害者的母親與加害者破鏡重圓，如此荒謬且諷刺，彷彿一切都只是場意外，而他們也終將再度圓滿於一個幸福和樂祖孫同堂的世代家庭當中。

　　「再把緗緗生回來」，是母親深切的慾望。或許她能夠如願，但下一位緗緗能否再度成功得到公婆的關愛與疼惜，誰知道呢？

重啟性 / 別戰場

關於葉永鋕事件，你還可以多知道些什麼？

賴麗芳

　　蔡依林在演唱會上播放侯季然導演拍攝的葉永鋕「玫瑰少年」紀錄片，新聞媒體大篇幅報導蔡數度哽咽地說：「非常謝謝葉媽媽，因為這位玫瑰少年——永鋕的人生非常短暫，但卻給我們很大的教育意義……」這番話感動了在場無數的同志朋友，指稱蔡依林用流行音樂支撐了「世界上更多葉永鋕」的生命，「葉永鋕」轉化成「玫瑰少年」的象徵隱喻，在此刻的性別平等教育中佔據了重要位置。

　　葉永鋕死於2000年，在他死後，一些民間團體、學者、專家介入調查這個學生的死因，雖號稱民間發起調查，實際上調查委員名單與國家教育部的性別平等委員會學者專家名單多所重疊，訴訟打了幾年終於勝訴。由於這件事捲動了龐大的社會情感與道德力量支持，投入這案的學者、專家、老師、志工和社工不在其數，他們在事件結束後組成了一個團體名為「台灣性別平等教育協會」，也基於延續性別平等教育的初衷，將民間介入調查的過程整理成一本書《擁抱玫瑰少年》。書中詳細記載事件經過，台灣女性主義學界援引西方第二波基進女性主義對父權文化的批判，套用在這個事件上以解釋葉永鋕的「陰柔氣質」受到父權社會壓迫，推測葉永鋕的死實為性別不平等的社會結構所殺，其中也有法律專家指陳學校教職人員官僚不負責任，因此在這個案件上相關教職人員獲得懲處實為「遲來的正義」，這個用法律來箝制教育工作者的做法依舊延續至今，甚至造成嚴重的後果。另外這本書同時也找了一堆

感同身受的教師、同志、志工或社工，寫了些悼念文章，以情感分析而言，這類哀悼情感在後續的性平教育中，將葉永鋕編織成受盡欺侮、可憐又脆弱的性受害者，不管是企圖使用葉永鋕以達成的情感效應、後續聲援者或投書……等，幾乎兒童與青少年不分地認同這個已然被「聖嬰化」膜拜的受害者位置。這種運作邊緣苦難以引發社會關注的作法，雖激發人民對邊緣主體普遍同情的現代公民情感，用來支撐社會改革，然而，邊緣分子卻在這個逐漸獲得關注的過程中，也慢慢被納入現代法律的管制範圍。

這個事件主要有幾個問題：

（一）葉永鋕被符碼化為「玫瑰」，指的是他乖巧、柔弱、「像女生」因而受盡欺凌，這種聖靈化葉永鋕的作為實則穩固台灣性別運動以來常出現的女性受害者形象，將葉這種性別不明的人面臨的處境直接等於婦女運動中所指陳的父權壓迫，一味講受害者多脆弱，侷限其他解讀葉永鋕事件的另類可能；

（二）葉永鋕的形象只能是乖孩子嗎？如果葉永鋕不是乖巧的小孩，而是對國家、家人毫無認同的異議份子呢？社會大眾還是會投注這麼多心疼嗎？還是會說他該死？在臉書上貼清涼照的是玫瑰少年嗎？在火車上口交的也算玫瑰少年嗎？台灣社會傾向心疼葉永鋕這種溫順之人，高舉葉永鋕屍身想像出的一個需要被保護的「　」秩序，也因為有這個無比純真的「　」需要集體保護，把葉永鋕的死推託給「更壞的人」，例如：缺乏正義感或性別平等意識的教師（或學生或民眾），獲得名義得以名正言順卯起來誅殺任何破壞這個秩序的異議份子；

（三）法律介入這個事件的後果，加強了教職員日後對校園性侵與性騷的意識敏銳度，這顯然不是好事，因為高密度的法律規範職責，使

得老師們由於怕被國家處罰，比過去更仔細且嚴格地對待學生們之間的互動，有時學生們只是因為好玩或人際試探而開的玩笑，現在都被認真對待，因為講性騷或性侵等名義接受輔導的學生多了，學校通報校園性平事件的比率也提升了，這都代表台灣校園正逐步邁入綿密的法治監控中。老實說，以前會看到學生畢業前丟水球，生日會玩刮鬍泡，現在由於這些行為很可能逾越身體界線，所以都慢慢被禁止了。

另個方面，性別平等教育的前身就是1990年代的主流婦運，當時主線的女性主義學者逐漸佔據國家內閣、機關部門或學術單位要角，目的就是透過政治奪權，以立法或是教育等方式進行社會文化的性別平等改革。1990年代也是台灣人權運動與西方國際接軌的重要時期。葉永鋕事件後，教育部有個「新校園運動—反性別暴力」計畫，這個運動證明台灣的「國際化」著眼於西方文明先進國，台灣學者參加國際會議，回國後積極在台灣辦活動，主動加入白種中產的女性主義反性暴力論述[1]。

2000年後台灣官方政策逐漸推動性別平等主流化，2004年《性別平等教育法》公佈實施，更確立法治化的基礎，值得注意的是，《性平法》本身是個「友善法」，所謂「友善法」的意思就是一具無法真正應對社會矛盾與衝突的空殼子，「尊重多元性別氣質……」話總是講得好聽，每當遭逢校園性爭議事件時，處置作為則沿用性侵害或性騷擾等犯罪防治類型的法律，兒少性行為合意年齡也一律沿用各項兒少保護相關法律或是刑法對兒少主體的規範。

另一個也須注意到的脈絡是，《性平法》本身也有個從爭取婦女權益到爭取同志人權的歷史變革，從《兩性平等教育法》改名為《性別平等教育法》，實受葉永鋕事件影響。我是這麼解讀這個變革意義的：原先這只是婦權運動，要管制就去管男女行為就好，許多LGBT由於不

被主流辨識倒容易遊走於法律邊緣，甚至因此而獲得一些性展演上的生存空間，婦權運動擴大關注多元性別，實際上是將管制也擴大到LGBT等多元性別身上，這點我覺得反而更值得注意且小心對待，並不是所有「保障多元性別」的法律都是對多元性別友善的。

中央大學性／別研究室教授何春蕤曾主張，校園性／別運動應該高舉班級中最常被看不起、或是鮮少獲得認同的學生，例如：大方談論性的騷貨、或是桀驁不馴的大姐頭⋯⋯等，何春蕤的提法雖不是直接針對葉永鋕事件，卻是針對支撐這個事件背後主流／國家／性平女性主義的論述問題性，與其心疼被欺負的受害者，令受害者陷在無可自拔的自憐情感中，還不如去看見班級情境中，確實存在著不同的邊緣主體，他們面對欺凌卻經常能應付得很好。有一年學校教官給各班學生檢測是否在學校裡受到霸凌，班上有個女生在施測過程中表示自己就是霸凌受害者，教官和輔導老師都站在關心學生立場，盡責地找了時間跟這名女學生談，也將輔導諮商的過程寫成紀錄，在記錄欄中註明學校確實注重女學生（也就是被霸凌者）的需求，密切觀察她是否還有其他需求，學校會盡可能提供協助，同時，教官也規勸霸凌者（一些調皮的學生），希望他們日後謹言慎行。我在那份輔導紀錄上，另外加註了一項意見：「我認為班上尚有其他值得學習的對象，這些對象在班上的處境也備受主流群眾及其價值觀排擠，他們對於這樣的排擠並未產生受傷心理，也因為他們絲毫不覺受傷，而被班上同學批評為『不合群』，這些學生所在的社會位置或許不在一般人傾向認同的位置上，但他們如何應對社會

---

1. 目前台灣一些民間團體也正積極以台灣為亞洲中心，將性別平等大業從台灣推展到其他鄰近的第三世界國家。

排除卻依舊能提供邊緣處境的學生值得學習的典範。」過分單向的強調受害者心態，或是想方設法照顧受害者需求，對受害者百般呵護，很可能反置受害者於風險中，他們長不出力量去應對沒有師長呵護的欺凌處境。

　　身為一個對《性平法》與整個通報系統有所疑慮的教育工作者，我相信第一線面臨通報責任的老師們有許多豐富的經驗，可以說出與性別平等教育與國家政策不同版本的兒童、青少年性或身體的試探與互動，在層層法律的多重箝制下，相信也有些教育工作者已觀察到，受到這些進步法律打壓的兒童與青少年主體並未因此而低頭，有些人已經在被管制的過程中進行反抗。

性平教育審查的難題，莫讓校園師生成為代俎之肉

賴麗芳

　　同性婚姻引發宗教保守團體與挺同婚團體之間的熱戰，宗教保守團體宣稱他們對同志個人的身分認同深表尊重，顯示同性婚姻最為保守宗教團體忌憚的並非同志身分認同，他們反對的也不是同志之間的普世愛。那麼，他們反對什麼？從論戰過程中，平權團體極力闢謠，堅稱同性婚姻仍維持單偶與其忌性禁色的一貫價值不難看出，宗教團體真正反對、因此同婚團體極力撇清的，其實是與同志身分連帶相關的「情慾和性實踐」。同時，同性婚姻從修民法的法治論戰，一路蔓延至校園內，從政治上雙方的尖銳對立，下放至政策上互相檢查敵對陣營的性別平等課綱、師資、教材甚或是行為（檢驗同志教育團體的約炮行為），諸如此類的政治檢驗，使得如今校園內談論性／別成為敏感話題，動輒得咎。

　　雙方淪入政治檢驗，而不是真正做些有益校園環境的貢獻，主要是因為兩造陣營對「學校教育如何可能」毫無了解，錯誤以為只要設計出最正確的教材，就可以毫無錯誤的教育出價值觀最正確的學生與下一代。首先，當校園逐漸改革開放，許多措施都逐漸改得貼近學生多元主體，並企圖培養學生自主可能的時候，課程也逐漸開放，鼓勵老師開發多元教材並跨領域教學，整體大環境不再趨向一個單一的標準答案，而是鼓勵學生去多開發學校教育的其他多種可能。相形之下，在性（或性平）教育的部分卻是回頭去教導最正確的觀念，不管是宗教保守團體認

爲的兩性平等教育，或是同婚團體宣稱的多元性別教育，皆是異口而同聲地試圖灌輸兩方陣營認爲最正確的價值理念，大聲要求檢查老師上課的言行和教材，這種檢查，對教育改革來說，簡直是在開倒車。

雙方陣營的另個錯誤，是低估解嚴以來教育改革在學生身上的作用力。身爲教師，在校園中最常聽到家長抱怨並表達無力的是，小孩越來越有自己的想法，使得親權逐漸低落，如何監控小孩行蹤並適時管教成爲一大難題。教師在課堂上也發現，學生的表現已經不再是傳統「講光抄」的聽訓類型，現在的學生對教師權威有所警覺，時而挑戰，時而依附，這些在課堂上層出不窮，教師面對的挑戰更多，既往按表操課照國定課綱上完進度的老師難以生存。在這樣的教室環境下，不管性平教育是兩性教育也好，約炮教育也罷，學生都不必然精準無誤地且毫無質疑地全盤接受課綱與教材所欲傳達的內容，期望國定版本那「最正確」的課綱與教材，能如實達到毫無誤差的「程式灌輸」效果，實爲天方夜譚和不切實際的運動策略。

然而，若雙方交戰的焦點繼續匯流於性別平等教材與教師言行的審查上，將使得教育部性別平等委員會中的專家學者地位獲得空前抬升，這對學校推行多元性別友善的環境是弊多於利的。一旦國家的性平專業權責與位置高度確立後，校園事件是否爲性平事件？非婚的邊緣性實踐是否觸法？教材是否合法？……等攸關「性」、且常常在第一線必須由教師端付出時間並挪出空間來進行細緻判斷的事件，在如此社會輿論壓力下，預計國家部門做出的回應將「順應民意」，例如保守派要求審查教材裡的非婚性行爲、性平進步派也要求國家出面審查保守言論……屆時判斷權責上移至教育部，委由列席性平委員會的專家學者處理，如此一來，如何列席於教育部性平專家學者席位，並從中獲取判斷、掌握並

監控校園性教材與性互動的權力，勢必成為各派民間團體權力角逐的覬覦之地。

在多元文化的社會裡沒有誰「最正確」，只有哪個民間團體「掌握最正確的裁決權」，在如今國家與民間團體共同治理人民的時代，民間團體總是輪流做莊，今天是婚姻平權與多元性別教育的團體進入政府決策中心，明天就換成是宗教保守團體，其中一方作主的同時，另一方的意見必然獲得打壓與排除。

除此之外，此刻激烈對立與爭戰的同時，為檯面上政治對立付出代價的，永遠不是交火的民間團體，而是此刻校園裡生活的師生。通過檢驗言行來進行的鬥爭，令民間團體在政治上爭奪代理權，使得校園裡的師生與他們的性，淪為民間團體各派系之間鬥爭砧板上代俎的魚肉，這才是目前對立辯論的雙方團體此刻皆應警醒之事。

台鐵小鮮肉的公共性

張峻臺

2013年，高雄捷運男女外套裡的口交事件，曾被媒體建構成「男女當事人權力不對等：女性順應男性的要求才發生口交」，彷彿只要男女之間非常態的性就會被特別檢視其「權力關係」，就算當事人你情我願仍會被大肆質疑。這次的男男小鮮肉事件，「男生的屌（男生）自己吃」終於不用再貼上「性別權力不對等」標籤；但是年齡的差異仍被作為法律判準，很容易被導向成年男性引誘未成年少年出遊——縱使小鮮肉們是如何可能的你情我願，甚至是未成年少年啟蒙了成年人的公共性。

曾幾何時，性慾你情我願互相宣洩的對象竟要被非當事人和制度檢視是否為男女性別不對等、年齡是否有壓迫？一刀切下，而無須聆聽性主體的聲音？

公共性絕非近年來才如雨後春筍般出現，性慾的狂野炙熱衝動撩撥自古以來就一直存在，只是隨著科技和網路發達，影像記錄的複製與流傳才讓不在場的人們能夠一覽各式各樣的公共性。在公共場所發生性行為追求的刺激與羞恥感，以及當下所能引發的場地幻想（例如在空教室做愛，想像台下有很多同學甚至是老師在觀看），或者事後回想自己竟能在某個公共空間性愛所得到的占領感，都不是在家裡或旅館的床上所能滿足的，這是公共性的經驗意義。

公共性的另一個意義是挑戰既有界線，它能讓我們反思，為何性行

為非得在房間的床上屬於「隱私」的地方才能發生？究竟如果在公共空間裡別人發生性行為，具體侵害了我什麼法益？如果在火車上男女親吻可以被接受，那男男或女女親吻可不可以？那麼如果是露出生殖器的性愛可不可以？是什麼事物建構了我們對於「有露點」和「沒有露點」的反應，產生如此巨大的差異？

在密閉的車廂裡，有乘客盡情喧嘩，如果我覺得感官被侵犯到，會跟對方說可否安靜點，這個過程中，存在著我與對方試著互動和相互妥協的過程；或者當別人的喧嘩對我的感受不構成影響時，我們便能相安無事地共存於同一車廂中。同樣的，《社會秩序維護法》第83條第二款也留有「不聽勸阻」的成立要件[1]，表示這個過程中，主體之間存在溝通的空間，也顯示別人的行為對每個不同的「我」而言都是主觀的，要讓我有被侵犯的感受、我才會去「勸阻」。但就算都是勸阻，仍可見到性的特殊高位，亦即人們在面對車廂裡喧嘩的人和安靜口交的人，前者頂多被列車長關切、拒載、以缺乏公德心責難，後者則更加上了法律的作用力。

小鮮肉們既沒有企圖對某個具體他人進行公然猥褻，也沒有讓其他乘客覺得被侵犯、後經協商卻仍不聽勸阻。我們都不在那節車廂上，更是輾轉多手資料才看到影像記錄，哪個人又有資格能夠拿起石頭砸向當事人？或是告訴他們什麼才是「正確的情慾空間」呢？

---

1. 《社會秩序維護法》第83條第二款：「於公共場所或公眾得出入之場所，任意裸體或為放蕩之姿勢，而有妨害善良風俗，不聽勸阻者。」

不家庭挺劉喬安！請還給性勞動者尊嚴

想像不家庭陣線

　　《壹週刊》以「學運太陽花女王遭爆援交」為題，報導「太陽花女王」劉喬安疑似與一名香港男子援交未果的洽談影片，引發大眾熱議。目前，已有消息指出此次《壹週刊》的報導方式，與兩年前《蘋果日報》針對台鐵性愛趴的處理手法如出一轍，都是 媒體單方面逕自設局構陷曝光，再假借「接獲爆料」名義進行報導，因此「新聞倫理」也在此成了眾人關切的焦點。然而，除了這個面向以外，本起事件當然更是個清楚明確的性政治個案，有必要從這個角度切入討論，補足當前公共輿論中難能一見的聲音。

　　在被《壹週刊》曝光出來的側錄短片裡，劉喬安以援交為前提，與「看似客人」的男子溝通價碼時，態度不卑不亢，堅持自己「台灣7萬、出國10萬」的交易價碼，並與男子討論自己的性與感情觀，也因此出現，比較喜歡跟客人談戀愛、通常人家都說我很緊（pretty tight）等對話。姑且不論劉喬安當下是否遭受媒體設局：以為客人只是要買酒，才以提高價碼的方式求退。在劉喬安與男子的對話當中，確實都提到了性工作，以及具體的講價內容，媒體因而直接將「援交」視為炒作話題的新聞爆點。

　　在《壹週刊》的影像報導當中，明言「這事爆開的話，太陽花女王的形象，大概就整個瓦解了」，事實上，這正好顯示了媒體惡意操作手法的社會背景，就是（援交等）「性工作」普遍承受的污名與歧視，換

言之，《壹週刊》在報導當中甚至無需親自對性工作進行道德評價，只需將（疑似性工作的）行為「曝光」，就能夠造成當事人「形象瓦解」的後果。學運學生魏揚在質疑媒體偷拍的同時，曾提及一個關鍵要點：「在無人受脅迫的情況下，『援交』這件事本身原本便不應被妖魔化、污名化」。在個案以外，媒體透過影射報導當事人從事性工作，作為貶損名譽的手段，已經不是首例，太陽花女王不是第一位，恐怕也不會是最後一位。

我們認為，解決這類問題的正辦，是直面性工作所承受的污名，要讓性工作得到平反與解放——至少得到能與其他職業一視同仁的地位。但同時，卻又必須認識到，性工作者平反的阻力，往往不只來自於顯而易見的保守陣營（如惡意操作話題的商業媒體），而經常也同樣來自於表面友善的勢力。

舉例而言，部分女性主義者認為，性工作本身就是父權結構下壓迫女性的社會產物，在這個語境之下，性工作者似乎只能是一種受迫於結構的個體，是「不得已的選擇」，故而策略性地單談「身體自主」甚至「性自主」，避談「性交易」，對她們而言或許是較為安全的策略；更等而下之者，則是將一切性（實踐）與「以性為勞動」的公共辯證議題，全都扁平固著地還原到純粹的「隱私權」上頭。在本次的事件中，婦女新知的聲明仍自動將「性工作」議題消音，忽略「性勞動權」這個基本的主張與申論，也已經成為今日常態中產婦運思維的起手式。

在我們看來，無論是要將劉喬安視為公民，也無論是否標誌出其特定性／別身分，更無論他是公眾人物或者所謂「小市民」，他（都與所有人一樣）具有從事性工作的權利：性／別運動必須毫不避諱的肯認與

支持。性工作目前遭受道德獵巫手法打壓的普遍現狀無法翻轉的主要原因之一，其實正是主流女性主義怯於清晰地支持情慾勞動與性勞動、倡議各種色情再現與實踐的除罪化主張。

「自主」一詞，雖然有著表面上的中性語意，彷彿被聲稱掌握該「自主」的人總能對「自主」之標的任意決定。然而，在未成年人口的性管制當中，這樣的中性面紗便立刻被粗暴地摘除：原來「自主」只能等同於「不」，未成年人的「性自主」亦即可以說「不」但卻不能說「要」。同樣地，我們必須追問，以「性自主」為名聲援劉喬安而討伐媒體的婦女團體，對妳們而言，（女）人究竟是否具有可以從事「性工作」的「性自主」？

假使劉喬安眼下所面臨的具體處境，就是因為「性工作」（乃至於把「性」作為買賣標的）的污名，那麼，單單是對「性自主」表態，卻不說清楚對「性工作」的立場，恐怕太過方便省事，甚至因為這樣的消音，而強化了「性自主」高於「性工作」的性位階。

劉喬安日前曾在臉書對外求援，在此，我們希望向她，同時向其他被溫良社會輿論攻擊，又遭婦女團體弱化定型的性邊緣主體喊話，我們不僅支持你們，也願意與你們的性污名站在一起。

解放乳頭以後，誰來解放劉喬安？

陳逸婷

從冰島女孩到台灣本土4+1女的 free the nipple 行動約略告一段落的同時，《周刊王》第54期又把有「太陽花女王」之稱的劉喬安當做新聞焦點人物，指劉喬安在生日過後與一名光頭男「連闖三摩鐵」，並影射此男是其「新歡」。以下我試圖指出兩個事件之間微妙的關聯性，以及「解放身體」存在男女性別之外的另一種雙重標準。

首先是劉喬安，這次的上摩鐵事件又再次把她搬上螢光幕，令人不禁想到去年（2014）年底爆發的媒體設局，再以爆料形式報導劉喬安與男子進行援交價碼談判的事件。當時進行報導的《壹週刊》在影片中以旁白的方式說了這麼一句話「這事爆開的話，太陽花女王的形象，大概就整個瓦解了」，而苦勞網上的「想像不家庭」寫手群也曾指出，這種媒體的操作方式是利用援交帶有的「性污名」色彩來對公眾人物造成名譽的貶損。

事件後續，針對劉喬安對援交事件說明寫的公開信，蘋果日報接著做了一篇報導，下方有網友留言附上劉喬安被偷拍的完整版影片網址，其他網友也藉著影片中劉喬安在男客面前換短褲時後出的紅色丁字褲，留言表示「在她脫下褲子露出粉紅丁字褲時，再多的解釋都是多餘」、「那當眾脫裙換褲不怕引起對方獸性大發嗎？」……而對於劉喬安在公開信中提到為養育女兒，什麼都願意等說法，也有網友評論「對於一個母親去做援交，我很同情並且欽佩，但對於一個敗金女去做這樣的事

情，只能讓我不屑」。

　　劉喬安發表公開信的時間點是2014年的12月16日，早於 free the nipple 的風潮，而劉喬安也沒露點，只是露出丁字褲便遭網友批評。此外，大概也沒人注意在劉喬安這封七千多字的公開信中，早就出現挑戰性別雙重標準的話語，她說：「今天我是一個女人，人家付十萬塊要跟我上床，我是道德淪喪的敗類。今天我是一個男人，人家付十萬塊要跟我上床，社會會對我豎起大姆指！」現在看來，再多顆乳頭似乎都比不過這句宣稱要來得有力道，女人拿錢跟男人上床，向來被視為骯髒、下流、不守婦道；相對的，性買賣這件事對於男人而言，卻被視為能力的表彰，劉喬安雖然試圖以「買酒」來對抗「援交」的污名，卻也在公開信中清楚的對性交易做出了表態。然而，當時除了不家庭陣營外，並無任何輿論正面支持劉喬安的援交行為。

　　稍早的這波 free the nipple 運動風潮，引發了許多對於身體自主權的討論，例如，有女生公佈露點照後，招來男友不滿，於是開始出現一種「我的身體我決定」的討論，這種討論以個人意志為前提，主張身體的呈現應該有主體自身的自主決定權、女人並非男人的所有物、也並非無意志的客體等等；再者，有另一種聲音在討論情慾觀看，藝人雞排妹在雅虎影音的每週開講，該集談「乳頭解放，臉書封殺」並以「女性解放乳頭，不是為了讓你勃起」為標題，也引發女人可以露之後，究竟如何理解他人的情慾觀看之論戰，後續則引出另一種聲音：「我要露是我的權利，你要勃起是你的權利，只要不互相妨礙即可」。在這波行動中，女性是主角，一些情慾與身體議題也跟著起了效應，形成某種程度上的進展。

　　但這些進展仍有相當的侷限，我們不能忽略，這類能夠獲得支持的

「身體自主」言論，往往必須嚴格建立在「非買賣行為」的前提上。對於女人有沒有「買賣身體、買賣性」的身體自主權的問題，也許從劉喬安在援交事件後，如何從「太陽花女王」成為「援交女王」，以及媒體繼續對其「上摩鐵」事件大作文章，對她造成的各種名譽貶損效應，便可略知一二。

換句話說，在這波 free the nipple 行動的討論當中，解放的對象是拍露點照並在社群網站上公開流傳的行動者的身體自主權，卻沒有意圖解放其他性少數主體，例如台鐵火車趴上因為爽而露的小雨、被以援交設局偷拍的劉喬安、或者是遭警方喬裝到店消費，因玩遊戲「上空」並遭警方以公然猥褻移送的酒店小姐「瞳瞳」和「妍妍」……等人的身體自主權，這種有前提的解放，形成了對身體自主權評價的「雙重標準」，也無怪乎在臉書「靠北小姐」粉絲頁中有人投稿表示「怎麼這樣雙重標準啦，要就徹底解放乳頭啊」，並質問「誰敢解放性工作者的乳頭蛤，誰敢解放小姐的性專業」。

free the nipple 風潮暫告一段落的此刻，更是時候請出這些性污名主體與事件，尖銳地揭露為社運而露、為爽而露、為金錢交易而露等行為實踐，彼此間既存的「性階層」差異，與「性」有關的行為被階層化後被區分出好壞，並受到不同的社會評價，造成了差異，而必須要被強調的是，這種差異造成了什麼樣的困擾與不平等，即便解放了女人在臉書的上空照，連勵馨等婦女團體都發表聲明支持，卻也絕對不等於在酒店裡上空的小姐可以獲得相同的支持與評價。

這種性階層最終極的體現不外乎就是劉喬安事件中，網友說的「對於一個母親去做援交，我很同情並且欽佩，但對於一個敗金女去做這樣的事情，只能讓我不屑」。我們怎麼看待女人上空露點進行解放乳房被

支持的同時，為了個人欲望而進行性勞動換取金錢的女人卻仍在繼續遭到譴責？

　　所以，「解放了乳頭以後，誰來解放劉喬安？」是一個帶有性政治意識的提問，同時也是一個訴求，這個訴求期待消解「性的雙重標準」，而非僅是「性別的雙重標準」。只有在「性的雙重標準」可以得到消解的前提之下，才有可能給予性少數族群更平等的對待，也才有可能讓性交易的討論回到實質的勞動與職場層面，而不再只是受害、壓迫與剝削。

「free (not only) the nipple」
解放乳房及其他

王顥中

理論上，（性）政治跟（性）慾望應該不存在必然的對立，但從台灣本地幾波追隨國外free the nipple運動風潮的拍攝作品與過程看來，我總感覺到一種對於（性）慾望的強烈克制。如果不說那是「禁慾」的話，至少，那並非試圖在照片當中盡量呈現自己的性感，而是剛好相反，照片們不斷重複強調的是，女人的胸部——絕對不只是「性」——而還可以有別的內涵，例如見證了對自我身體的全權掌握、無所拘束、拒受控制等等。

free the nipple的最初問題意識，可以用女性解放的角度理解，例如，最表面可見的，網路上男人可以任意袒胸露乳，女人不行，因此女人要求露乳，追求平等。但是，沿著這道男人可以而女人不行的性別劃分界線，性別的差異其實還值得進一步探究挖深。

性別間最顯而易見的差異，大抵就是「性化」程度：女人的胸部被認為與「性」有著絕對的連結，男人的則否。而既然「性」又總是聯繫上了「猥褻」、「色情」等「危害社會善良風俗」的意象，是故，女人的胸部也就被視為是該要禁絕的了。當然，女人的胸部也不總是與這些負面意涵相連結，例如當她涉及哺乳的母親意象時，則可進行正面表列排除。儘管哺乳作為人類生殖繁衍的一環，其實始終還是脫離不開「性」的，但哺乳的母職神聖光環，卻又可成功為她帶來「去性化」之豁免[1]。

換句話說，如果性別的對待差異，在此是透過「性化」程度來分配正當性與可接受度的高低，那麼free the nipple的活動，既是意味著女性解放，也必然有著性解放的意涵。從這點出發，開頭所提到的有關於運動側重身體的政治，卻又戮力克制照片中反映出（性）慾望或者性感以及拒絕被凝視觀看等等傾向，就值得深刻反思了。

女人身體總是能夠得到相對高度的性化；對照來看，那些籃球場、沙灘、網路的男體，之所以擁有比起女體看似更多的自由，正是男體經常是「去性化」的，他們在現有主流的社會文化腳本當中，不被期待、也相對（於女體）難以成為被慾望的對象[2]。就這個角度，袒胸露乳，男人可以而女人不行的現狀，在一個層次上的確是明顯突出了當前社會對待女體的不公；然而，藉由男體的去性化，社會也同時在另一個層次上表現出了對待男體的不公，兩個層次合起來，恰是社會忌性（sex-negative）文化的一體兩面。

追求平等當然是正確的，但平等主張往往不盡然能真正理解「不平等」之所以發生的深層緣由。free the nipple訴求身體的政治化，這意味著必須真正面對各種不同的「性」之間的權力關係。換句話說，身體的政治化將必須同時是經由「性」的政治化來實現，難以繞道而行。

---

1. 又或者，網路上偶有各地「傳統部落」的赤身露體，也可得到豁免，原因卻不是因為「多元文化主義」的寬容，而是這些「傳統身體」不被當下現代的性別慾望腳本視為可慾的性對象，而同樣成了去性的身體。

2. 正如女性主義者的洞見，女體的「性化」往往是藉由男性的慾望與凝視而完成。那麼，如何恰當理解男體的「去性化」，其中一個重要緣由，正是因為慾望男體的主體（如異性戀女人、或者同性戀男人等）的慾望，遭受社會排斥或者不被看見，因此造成身體「性化」的性別不平等。

劈成一把圓月彎刀

奪回「色情」與「淫亂」發語權

洪凌

　　眼下台灣引以自豪的清純道德進步公民範式，無非是將「性／別」範疇肅清，包含「淫亂」、「色情」、「羞恥」、「打炮」等等實體／議題／主體性，凡是難以滿足乾燥無菌且夠不上協同國家治理標準的，全都被讓渡出去。在色情入罪化的當下，如此讓度則是為了成就人們能對著被公審的色情犯拍案叫好，在公共場域驕傲挺拔地聲稱「這是『他們家』的事」之去政治含蓄快感，以及在如此發語底下，遮掩不住的興致勃勃與幸災樂禍。2014年的幾椿「小卡司」性權議題，例如持續抗爭中的台鐵性愛趴事件、插畫天后彎彎的外遇、未婚作家導演九把刀的非單偶狀態遭起底……清新善良的台灣公民社會大抵都採取了上述反應：要嘛私秘地竊喜與八卦，要嘛堂堂正正地「公開」倡議：這是「他家的事」。然而，值得認真追究之處，正在於「家」從來都不該被如此遮蔽為「非公共」之事。

　　倘若清純進步公民以道德高位動輒扯動嘴角叫罵「都是媒體的錯」，更將性公審的責任全都歸咎於《蘋果日報》等腥煽色「大量發行且閱聽者眾之小報」，這種主體鄙視與歡爽向來總是與「偷吃劈腿者被《蘋果》惡整的不幸就是我的快感」之超我罪惡快悅情結（super-ego guilt-pleasure complex）緊密連結、同舟共濟。更甚者，道德進步公民已經被全副武裝養成到對於淋漓慾望與多樣化猥褻的失語，沒有真正評論的能力，唯獨只能夠在廳堂義正詞嚴地表達「劈腿偷吃者只欠其配偶或

單偶伴侶道歉」的民粹優越，至於在「私領域」如臥室床褥，這些清純乾淨的好公民總難免將這些材料（與被揭露的骯髒性主體）視為自身的催情談資，若說這類一手消費蘋果反性權獵奇報導、另一手又淡然表示受侵害之性主體的性「是個人的事」之公民屬性，當真完全不欠這些外遇劈腿上摩鐵者任何倫理層面的「債業」，實在很難讓人信服。

在這樣的當口，無論是性（情慾）自主女性主義或罔兩性／別政治等不同派系的女性主義政治（社群），無論所屬陣營是否「擁性」或者「支持情慾自主」，甚至「不支持色情」，並沒有哪個派系可以擁有不聞問的藉口與奢侈的餘裕，將常民或「演藝人員」的「外遇偷腥偷吃劈腿」等議題視為無關緊要。倘若女性主義共同體，漠視一則又一則的「小規格」情慾不從事件的發生，毫無介入與評議，不啻於：（一）讓正典男女的性標準繼續維持性階序的最高指導原則；（二）即使只侷限於生理常態異性戀男女的範疇，性別學者集體缺席的漠然與默言，就是贊助了常態男異性戀的「（天生自然化）天下男人都會犯類似罪」的瞎扯，持續協助本質性的彷彿必然（proto-essential）與社會性維穩的類規則。批判道德公民對「偷吃者」的監察整肅（policing and cleansing），絕對不等於幫這些本身毫無性解放意願且性／別思維保守反智的男性情慾「犯行者」（如前勞動部長潘世偉、作家導演九把刀，被指控為摩鐵議員的男政客如吳育昇、王世堅等）說話。我們之所以需要就這些事件進行論述，既不是為特定個人「站台」，也不是「挺他們」，而是把「淫亂的話語權」從正典男主體的方便好用嘴服務（lip service）搶走，重新拾起女性主義戰鬥性與性不從整體性的軍事基進主張。

而近年來，女性主義社群這等攤手不管的態勢，更讓女性不服從情慾已經被壓制到了極點，彷彿「玻璃棺材睡美人」般遭致凍結凝固以保

持「純淨」性別天平的恆持傾斜，鑄造且成就了「兩性不平等」與性別本質化套式的糟糕現狀。個中最顯著的例子，莫過於人氣插畫家彎彎以自信女性主體左擁老公右抱小三的情慾自主事件，照說應該得到女性主義集體性的大力奧援，但事實是：除了平路[1]與王顥中[2]外，並沒有任何具代表性的女性主義者就彎彎「偷吃」事件進行任何公共性發言，而是任由2014年的台灣演出了20年前《豪爽女人》預測的微版本集體狂亂獵巫，放任男性鄉民的大言不慚，彷彿無意介入生殖主義男性想像，迄今仍將女性身體視為「被誰幹」的「專屬特定男人的老婆身體」。奇妙的是，經由國家女性主義協同治理了十多年，我們必須直接面對現實：現狀的台灣對於異性戀女性的情慾壓制與厭恨其自主性，幾乎只擴增了「家馴化」的直女守則，對於照說是性平培力核心的中產階級女性之情慾自主性，其空間與擴權的演化卻是不進反退。

走筆至斯，不禁回想起前陣子潘世偉由於外遇案而下台時，某些工運人士的額手稱慶，表現出任何女性主義者都該仔細閱讀並且不表同意的集體嘴臉：像是有人開始恥笑潘之小三的容貌外表（奇異的是，即便真正憎恨的是潘，卻也不曾見過對潘的容貌有任何訕笑評議）；當性別與性權份子表達不同意見時，有工運份子表示：由於潘自身是性／別保守的，潘對於自身的外遇偷吃表示閃避，於是潘沒有性權；另一位工運大老則逕自叱喝不贊同其額手稱慶的人士「企使」（猜想是「去死」的可愛諧音版本），重申對於潘的下台「只有哈哈大笑，別無其他」。

---

1. 平路〈彎彎的道歉儀式〉，2014/6/6，蘋果日報。

2. 王顥中〈誰欠彎彎一個道歉？〉，2014/6/6，苦勞網；〈彎彎劈腿與多元成家：尋找性／別運動的活水〉，2014/6/30，性別人權協會15年餐會發言。

在此，我認為有幾點值得釐清與追問：首先，追求性與色情的實踐與表達權、或者工人的勞動權等主體性，是某種倡議共同體，從來不該是檢視當事者「夠格」與否。為某個當事人的性權或勞權被打壓而出聲，向來都不等同於某種幫派結社式的「義氣相挺」，也就是說，此當事人可能反性、可能恐同、可能為資本家喉舌，我們會反對這些表達與言論，但不等於我們可以沾沾自喜地取消此人的性或勞動等權益。再者，台灣社運的風氣崇尚自主連線與不同身分政治間的串連，但這回的論戰卻讓我們必須深思：假使某種工運的身分政治，是在需要時就號招性權份子或酷兒相挺，但在意見不合時就毫不直面看待「性權」，並認為酷兒與其政治只是次等的從屬，彷彿得不言自明地委身於工運所設定的「大議題／大義」之下或之內，我們可能得重新回到「公共性」的不留情辯證：倘若「公共性」是為了「自己人」的利益而可隨意更改，工運的目標只為了支持某種路線的成員能夠獲利與得到正當性，我們必須表示：當雙方對於審視歷史與社會改造的激烈視差出現時，酷兒與此種設定運動階序性的意識形態與其載體，似乎是抵達實踐不家庭政治的分道揚鑣之歷史時刻吧。

性騷擾受害者的性解放

王顥中

　　我第一次與異性性器的直接親密接觸經驗，是甫出生時通過母親的陰道；第二次，則是17歲，那時候台北學運社團還時興一股「（經過歪曲而絕非學理意義上的）性解放」，幾次被社團學姐半推半就地，抓著我的手去接觸她的性器，說是夥伴間身體上與私關係的親密、相互敞開，才能夠達到政治上及公領域真正的互信。

　　我清楚記得，在那些時候，我都明確地答了「不」。假使按照今日的性別平等意識回頭去看，無論寬鬆或者嚴謹的標準定義下，那都是一個性騷擾，或者性侵害。但我從來都不這麼說。這個經驗，我曾經在幾個場合試著講述，但都要努力避免各種來自聽者的「受害者」投射朝自己身上撲來。人們善於用一種同情而富有溫暖的眼光望著你，期待你接受這樣的同情，又或者，他們會點點頭，肯定這受害者「走出來」了。我不把那段記憶，定位為一個「性騷擾」或者「性侵害」的經歷，因此並不是對歷史的拒絕、否認；而是藉由自己經驗過的歷史，我要拒絕現在的人們，對我經驗的武斷理解。

　　那些暫時不加以命名的「　」事件，所帶來的困擾（如果不是痛苦的話），對我來說，其實並不是事件「當下」的不舒服、或者意願的違背，而事件的意義總是被大於事件的其它的事物所決定的。已經很常見的一種重要提醒是，「性騷擾／侵害」的「傷害」主要來自社會建構，意即，因為當前社會文化將「性」看得極其特殊，性傷害，故而比起一

般其它的傷害，更爲嚴重、難以復原。因而，越是極端的保護（包含各種防止「性傷害」之措施），就越是強化「性」的特殊、珍稀，更強化「受害者」所受之「傷害」。換作白話，走在路上，被強盜持刀劃破手臂，絕對也是驚恐萬分、甚至會帶來一段時期的心理陰影，但是，社會並不會因而預先將你視爲萬劫不復的可憐蟲，被奪去了一輩子無法復原的那個「　」。

再者，當我重新反思了我的困擾與不舒服，「　」事件之「傷害性」的社會建構，時間點上也並非僅止於事件過後的事後追加，還包含了更早的、更複雜的因素。舉例而言，作爲就讀中學的、未嘗「禁果」的生理成熟男性，感受到在面對比自身更加有經驗、成熟、積極而主動的女性時，所自然表現出來的無力。這個無力，包含了對自己身體的掌握度、慾望的了解、自我期許與實踐能力的落差、以及（傳統上）男性應該採取主動的期待，這個期待無法在自己身上得到滿足。這個反思讓我重新思考「加害者／受害者」的定位與觀念，簡言之，當時我的「不舒服」，假使有其中一部分恰是來自於傳統性別二分意義上所強賦於我的「男性尊嚴」，必須指出，這一部份的「不舒服」，並不能簡單歸責於那「加害者（暫稱）」的錯；又，如果我當時心裡曾有一絲絲感覺到那是我「珍貴的不可回復的『　』（貞操或者諸如此類）」，這份，同樣也不可簡單歸責於特定的誰。

陳爲廷的「性騷擾」事件，讓我關心的當然不是陳爲廷的選情，而是這個社會對「性政治」的認識竟仍極其淺薄。資深記者房慧眞把性慾特殊化並回溯到陳個人的家庭史與成長背景；女性主義大作家平路忙扮心理醫師，作出病態診斷，說陳該作心理治療；有愛狗人士（王丹）說這是私德，無關乎公眾事務；婦女團體則繼續把「性」的問題完全化

約還原到「性別」上，稱「性騷擾」與「性侵害」的根本因素是「性別權力不對等」。

我沒有很在意陳爲廷，但我在意的是，所謂「受害者」往往並非一個人就能令其受害。重複迴圈的「加害者／受害者」敘事，不僅無法眞正解釋定位複雜多樣的身體經驗，反而只會慣性地生產出更高強度的傷害性，並且預演出下一位可能的「受害者」。性騷擾受害者的「性解放」，也就意味著把自己經驗的複雜度與社會脈絡攤開，拒絕那些強加於己身的、連同溫暖同情與關愛保護而來的污名，要求得到眞正的平反。

有種心理諮商話語，會鼓勵受害者從經驗中「走出來」，我從來不相信有這種事，那似乎暗示著人們可能阻斷曾經發生在自己身上的歷史跟經驗。但我們只能帶著這些經驗活下去，並且決定這些經驗在我們身上產生的可能效果，選擇它是令你更脆弱，或者更堅強。

拉肩帶的意義不只一種

黃亦宏

「拉肩帶是一種幼稚無聊男宰制女性身體的具體形式之一，性別宰制的文化從肩帶的細微之處，隨著年齡增長宰制的欲望與形式也漲大，這樣的性別文化形成了強暴犯自覺玩弄、控制女人的身體是沒甚麼大不了的事情。」

上述這種談法，把拉肩帶視爲霸凌與騷擾，而女生被拉肩帶之後，似乎也沒有除了破口大罵、尷尬、臉紅（其實臉紅的意義也多的是，不見得臉紅就是不高興）以外的可能。

如果我們不否認彼此的生活經驗，我也可以提供另一個拉肩帶的其他敘事，就在一個女生被拉肩帶後，轉頭很大力地打了那男的一巴掌，大家愣住之後再也沒人敢這麼做，但她有因此不受歡迎嗎？其實沒有，只是再也沒人敢這麼做；另一個例子是網路上看到的，一個女網友說她被拉肩帶後，找了一群同伴把男生圍起來，以脫褲子做爲拉肩帶的報復手段。如果把被拉肩帶的女人只當成（性騷擾的）受害者，說男人不可以這樣，這樣的故事有辦法培力女人反擊嗎？有辦法讓女人不用等著欺負你的男人改變，就不再被拉肩帶嗎？其實女人自己就可以（組織）行動，給男人好看！

還有一個拉肩帶的故事是，覺得被拉肩帶沒甚麼，甚至你也可以來拉我的肩帶，被拉肩帶的女生是受歡迎的意思；這個邏輯跟畢恆達在研究阿魯巴的論文[1]中談過的一個弔詭狀況有些相似：在中學校園的阿魯

巴遊戲裡，經常「被阿」的是受歡迎的人，而阿魯巴的參與者也並非只有五個人，不是只有「被阿者」與「拉著被阿者四肢的五個人」參與在遊戲當中，旁觀者在遊戲中其實佔了一個很重要的地位，負責喧嘩、炒熱氣氛並且得要小心翼翼的注意整個遊戲的情勢，因為當被抓著的那個人的遊戲結束，另一輪的阿魯巴隨時會重新開始抓人，現宰的旁觀者，以及拉著「被阿者」的那五個人，在下一秒都很可能變成遊戲中的「被阿者」。

在這裡，我們看到阿魯巴非但不是故意要傷害「被阿者」（雖然傷害偶爾會意外地發生），反而是形塑情誼的方式。這其中有個很弔詭的地方，阿魯巴這個遊戲在進行時，從來沒「被阿」過的人反而可能是這個群體中的邊緣人士，因為沒人想跟你玩、根本沒人在玩遊戲的時候想到你！像這樣的邊緣人士，會不會一心想著要怎麼樣才能參與這個「被阿」的過程、參與這個被「霸凌」的樂趣呢？其實，我曾經有一段時間就處於這個期待著「被阿」的位置，相對於有人說他因為奇特而被抓住，太困擾、太受傷，我則是從期待被抓住到終於被抓住，感到太雀躍、太爽了。

阿魯巴在過去被視為霸凌，近期則開始被建構為性騷擾，校園如臨大敵地下令禁止，但禁止哪會有效呢？逾越禁令產生的愉悅感也是形塑遊戲樂趣的來源之一。

在這裡的問題是，參與阿魯巴跟拉肩帶的行為人，被視為一個犯罪者，一個霸凌者、性騷擾者、甚至未來的強暴犯的預備軍；然而行為人

---

1. 參見畢恆達、黃海濤（2009）〈阿魯巴與 "High" 文化：探討一種男性青少年遊戲中的同儕文化〉。社會性別研究國際學術會議，上海復旦大學。

本身其實很可能完全沒有傷害相對人的意思（為了某些讀者，要趕快用「行為人」跟「相對人」的說法，顯示我有性騷擾性侵害法制觀念）。有一種解釋方式是，行為人本身不知道自己的行為對相對人造成了傷害；還有另一種方式是說，這個性別壓迫結構展現的幽微形式導致了文化養成，並不是針對個人，而是批評文化與構成此種文化的社會風氣。

但若從畢恆達對阿魯巴的研究以及我自己的經驗來看，阿魯巴的意義很可能可以脫離霸凌以及（性）騷擾，而是示好、是友誼，透過這個過程，「被阿」的人也有機會跟其他人建立情誼，在遊戲中受到培力。那麼，只用一種敘事模式來談阿魯巴，把阿魯巴單單視為是霸凌跟傷害，就沒有能力處理像我這種因此受到培力，才開始跟大家打成一片的孩子的問題。我的意思是，阿魯巴的意義不是只有一種，拉肩帶也是；但是在這其中，受害者的悲情敘事被搬上檯面並凌駕於其他敘事之上，讓可能有的其他意義也隨之消失，使得人們對於這些事件的反應變得單一化，比如我們可能再也不會鼓勵女生把那個可惡的拉肩帶者圍起來脫褲子、我們也不會再聽到有人期待著被喜歡的人拉肩帶，然後就可以臉紅紅又歡爽的追著他罵、我們也不會有靠著阿魯巴跟朋友成為朋友的機會，因為這一切都是霸凌、都是性騷擾！

另外一個問題是，拉肩帶到嚴重的性暴力行徑之間，究竟是怎樣產生連結的？是怎樣被視為同樣的「性」傷害？這之間的連結往往不需要多加解釋，一句受傷就足夠滑過仔細論證的要求；而解構對於把「性」特別化的受害邏輯時，是不在乎有人被傷害嗎？其實並不是這樣，如果重複地援引社會對於「性」的特殊化視野，無助於解決這樣的傷害，反倒深化了此類關於「性」的傷害感受。如果有一些問題，可以不把性視為這個傷害中的主要構成因素，那麼對於性受傷的感受可能就會降低

或消失。這個性受傷的文化,當然也有性別邏輯在其中,最簡單的就是多數男人相較女人而言,因輕微性騷擾的受傷感受較低甚至根本不受傷,比如黃色笑話、觸摸、不受歡迎的性畫面等等。女人為什麼對於這些性的議題特別容易受傷呢?我主張面對的方式是,女人不要怕面對「性」,要練習怎麼面對這些「性」的問題,這並不是一個空談的高空砲,有些年長的阿婆對於黃色笑話、露鳥的輕鬆自在,就是女人可以仿效的,我們面對它、處理它,可能無法消滅它,但可以掌握不再因此受傷的身心,找到除了受傷、受害然後等著第三方或者權威高位者來拯救妳的方法,可能會比現在更有能力去反抗想要讓妳受傷的人以及背後的結構。

受害經驗的篩子

王顥中

洪凌

經驗不能抵銷經驗，同一件類似的事，你經驗到的跟我經驗到的，可能有所不同，甚至截然相反，這是很正常的狀況。

經驗的篩子

在黃亦宏的〈拉肩帶的意義不只一種〉文章刊登後，引發許多不同意見的討論，這本來就是可以預期的。意外，也不意外，其中也包含了一種，不只是否定黃文的結論，而是連動機都予以全面駁斥。

「你可以ＯＯＸＸ，不表示別人可以ＯＯＸＸ」

「喔，我真不知道在大家譴責阿魯巴或拉肩帶時，說自己其實『被阿』、『被拉』很享受是什麼心態……」

類似這樣的駁斥，展現的其實都是一種經驗的篩子：「經驗」只能有一種，只能篩出滿足並服務於此刻法制化與管制化的經驗，無論是對性騷擾／性侵害防治的需求，抑或是推動死刑執行的需求，那才是合理的、被允許述說的經驗。黃亦宏說，他被阿魯巴後，並不是那麼地受傷，更多是感覺到慾望的滿足；某些人提及曾被「拉肩帶」但事後並不覺得那有什麼大不了的回憶。於是，在此刻的論辯中，他們是「不合格的受害者」，在「阿魯巴」或「拉肩帶」的話題討論中，他們不合時宜，最好保持沉默。

包含黃亦宏文章的正文，以及該篇文章的編按當中，我們並不認為

文字本身否定了受傷經驗的正當性與合理性。這種在我們看來有些惡意的讀法，其實還真不少見，好比支持廢死、不對鄭捷表達同等的義憤情感，就被當成是不願同理受害人處境與心情。高旭寬對《女人迷》那篇備受歡迎的文章〈從拉肩帶男孩到默許強暴的社會：我的身體，不是你的遊戲〉，有很好也很誠懇的回應。他說他對作者被拉肩帶的不爽和害怕一點質疑都沒有。不滿的是作者把自己被拉肩帶的不爽，擴大解釋成男人對女人的壓迫和掌控、男人把女人當玩物，最後還連結到「小時拉肩帶，長大性侵害」！這種無限上綱男人的惡，又無限上綱女人的弱勢和創傷的說法……

確實如此，我們難道不能在不質疑個別經驗的內容的情況下，反對將這些經驗普遍化為所有人的經驗嗎？又，質疑與挑戰構成這些經驗的社會脈絡跟條件，難道就是去質疑經驗者本身嗎？

提出不同經驗的目的，當然不是要去質疑那些「受傷」、「害怕」的經驗「不夠進步」。好比傳播支持廢死的隨機砍殺案受害者家屬的聲明，目的也不是要凸顯另外一些對加害人、對鄭捷恨之欲其死的家屬「不夠進步」。

苦勞網過去刊登〈性騷擾受害者的性解放〉一文評論時，也曾得到過這種令人啼笑皆非的回應。好像論述只是在講，作者自己「看開了」，然後叫別人也要看開點……但問題從來都不只是個人看得開或看不開，而同時是那個讓個人一旦面對到性的「羞恥」就「不可能看開」或「很難看開」，只能一輩子蒙羞的性政治／文化結構因素。而更多加害／受害的僵化區分，趨於更嚴格的人際互動管制與規範，永遠只會使這個結構更形牢固不破。

最令我們不解的是，怎麼會把校園裡兒少對自我與他人的身體探

索、性探索，以及人際界線的試探，一竿子全部當成不可饒恕的暴力了？小男孩如果是基於出生生理性別而與生俱來就有這種暴力傾向，需要從小被教育與預防，在此「父權」已經成爲生物性的概念，而不是社會性的了。這種把「男人」預設成潛在加害人的性別視角，不幸地就是今日性騷擾性侵害防治的背景。

成長過程中，本來就有很多不舒服的經驗，但是承認這些經驗，也不表示同意這些經驗都可以聯繫到某個敵對的巨大結構——至少它們不都是同一個巨大結構。

真正浪漫化「結構」與「行動者」之間的相互關係的，其實是把一切的「惡」歸諸於抽象「結構」，再把惡的對反看作爲「行動者（弱勢者）」的當然具備，這才叫做浪漫化。在此，「結構」跟「行動者」變成一刀切的二分，不再是相互構成相互支撐的辯證關係，知識份子的分析於是輕巧容易，「跟弱勢者站一邊」、「批判結構」，兩句話完了，立場就對了。但現實當然沒有政治正確的說法那樣簡單，人們總是既受惠於、同時又苦於結構的限制，一方面反抗結構，但行動過程中又難以避免地依循著結構所給定的路徑，正是因爲如此，才要反思主體性問題，去打造自身。這不是避談結構而只談個體，恰恰相反，是要從結構在主體身上所銘刻出的痕跡出發，去真正地逼視結構問題。

知識在此如果還能發揮一點點起碼的作用，它的功能應該是去幫助我們指認出這些不同經驗背後的基礎，是在什麼條件與背景之下，人們才可能或只能有哪些感受，而社會又應該往哪裡走，才有助於個人與社會整體的解放。Toril Moi 在批評自由派學者 Ken Ruthven 把女性主義批評論述給「去政治化」的時候，曾說「只有對女性主義批評與理論提供政治性的定義，才能使我們分辨女性主義者與性別歧視者說同一句話

的時候的不同意涵。」強調主體如何在經驗過程裡得到培力壯大，不是「阿Q」，更不是「精神勝利法」，而是嘗試開展打造一個可以使人不再只是受傷的環境之進程，承認性政治的政治意涵，就不會無視這兩者之間的巨大差異。

選擇性能動

眼下許多討論，似乎預設了唯有具備一定知識與現實物質條件的人，才會有從主體出發的「解放（的慾望）」。很顯然，這說法至少有以下兩種缺陷：首先，知識條件的高低，並不能直接等同於現實物質的階序（事實上，打破它們的關聯性本身也是「解放」的慾望所企圖的「思想－實踐」綱領），因而根本不可能形成某種高知識份子或富裕者等於激／基進，而低端者等於「易受傷保守人士」的畫面；再者，在當前的常態性別框架（或說結構）之內，某些「基進」是受到幾乎無條件的擁戴，另外一些則要嘛被看作是「打高空」、「來亂的」，要嘛就是遭指控「與保守主義共謀」。

關於以上的錯誤理解，兩個例子可以清晰分辨進步政治的選擇性「能動」。其一、當一個堅定的、性自主的、女性主義的母親，要讓他的孩子「從母姓」時，這類行動與知識工程，幾乎是受到性別進步人士一面倒的喝采 [1]。在這個例子中，並沒有什麼聲音會指控「妳這樣打高空的激進改姓動作，是要讓那些受壓迫的、孩子『從父姓』的母親情以何堪！？」這時候，大家似乎都在概念上很是清晰澄澈，知道「從母

---

1. 在此順道一提，我們並不贊成只有「母姓」與「父姓」兩種選擇，但在當前現實條件下，我們比較傾向「從母姓」。

姓」的奮戰者，不等於相對於「讓孩子從父姓」的女人們的壓迫者，或者沾沾自喜之惡敵。接著可稍微岔開來提問：「從」（subordination）的意義在於讓下方者順服上方，而性別進步的聲音似乎鮮少設想另一種方案，可以讓孩子不用「從」私有制家長任一方的姓氏，一旦要是出現這樣的政治倡議，似乎「大家」恐怕又不那麼過得去了，就會開始疾言厲色地斥罵這般的倡議者是「打高空，壓迫從母姓者」（但是否壓迫了「從父姓」者則可能不大重要。）

第二個例子，我們或許都可以同意，沒有任何在資本主義體制內的受雇者，是純粹天然開心地「受壓迫」，但反娼女性主義者只認為「娼妓不是工作，是剝削」這件事，似乎也從未得到聲色俱厲的進步聲音譴責。難道剝除了受剝削的娼妓，就等於在這個「現狀」當中再無壓迫？這樣說，時薪僅新台幣120元的各種兼職工、研究與教學助理等等，更是深陷於九重地獄的剝削。把一個人類塞入永恆無償的家務勞動，做到死，然後稱讚她是個「賢妻良母」，更是罪惡淵藪啊！為何上述這些「非工作」，並沒有被同等質量地、義氣凜然地清理與譴責？比起與「性」相關的工作，它們或許更不該稱之為「工作」或是甚無剝削關係的「生活」啊。更直接地說，如果要避免「打高空」，怕傷了單偶婚姻下被剝削一輩子的女性，我們甚至沒有立場提倡（遑論盛讚）任何形式的「性／別自主」啊，因為這些自主的多元的基進（知識與行動），難道不是「壓迫」了前者的創傷與「壞感情」嗎？[2]

再者，倘若我們改寫拉岡（J. Lacan）的後結構語言公式，將「沒有性（別）關係」（There is no sexual relation）的兩造，修改成並非一端為男、一端為女，而是有女有男，但一端堅持著女與男的「同一性」（identity），另一端則試圖闖出一些歧途；或許，如此的改寫後公式

更可能逼視目前身分政治的死結與硬核（hard kernel）。也就是說，在一端堅持「性」的表達與「後果」不可能真正自由多元、只能配合現狀進步範式（而且得由自己來制定這個範式）的前提下，另一端無論再怎麼澄清與說明：有些人並不如同前者這個範式的受傷主體論，但這些人的「不受傷」，就如同從母姓者並未取消或壓迫了「因性受傷」的從父姓者，終究，兩造之間不但不可能對話，恐怕是連「同意彼此的不同」（agree to disagree）都不可能達成。關於這點，讓人悲觀地體認到，正是拉岡所謂的「沒有（匱乏）關係」（No Relation）的基礎

---

2. 很簡單可以複製這類語法填入不同主體提出各種批評：妳倡議女性單身獨立自主，對於那些在婚姻內受苦的女性有什麼具體幫助呢？「你可以○○××，不表示別人可以○○××」呀，倡議者是存著什麼心態呢？

受傷故事的書寫、閱讀和批判

郭彥伯

【編按】黃亦宏〈拉肩帶的意義不只一種〉引起了一系列激辯，其中一支很關鍵性的討論，是針對如何解讀「（受傷）經驗」、以及誰具有提出解讀的正當性。有些人認爲，受傷經驗的當事人（受害人）具有經驗解讀的權威性，提出不同解讀可能者，則被批評爲「不尊重當事人」。然而，本文透過重新閱讀作者過去的書寫的一篇故事，主張人的生命經驗可以展開多種閱讀、承載不同的觀點。

近日關於「拉肩帶」的一系列討論，尤其是苦勞網刊登的〈拉肩帶的意義不只一種〉、〈受害經驗的篩子〉兩篇文章，引發許多對「性權派」立論方式的道德批評。文章被批評很合理，無論是性解放或者其他不同觀點，都只不過是一種立場的便利劃分，無關於解釋面向的完整、周全，好比反同性戀立場的文章在分析同性間的性行爲時，也可能提出很多過去被忽略的面向（即使我們可以在這些面向提出截然不同的主張）。但我所謂的道德批評，是特別指認爲這兩篇文章、性權派或「想像不家庭」的書寫方式，以及回應其他經驗、論點的態度，有道德瑕疵。

這許多道德批評的一致性是可疑的。例如，「當事人意願」並不會同樣拿來要求「拉肩帶是性騷擾」的主張，必須考慮自己經驗以外的意願（請注意，這並不只是說「我遭遇性騷擾」，而是把我的遭遇轉化爲

普遍的「拉肩帶」行為了），甚至不需要限縮說「不舒服的拉肩帶是性騷擾」；當伴侶盟使用各種同志故事來支撐自己的民法修法主張時，也經常不處理當事人是否有要結婚，卻不曾引發眾怒。不是愈多當事人的表態構成了主流的觀點，剛好相反，是愈符合主流的預設，愈可以凌駕當事人意願去詮釋問題而不被察覺，因為那看起來非常「自然」。

然而，我無意一一檢視這些道德批評，而是回應一些常見的批評，例如「性解放不談受傷、輕視受傷者」、「嘲弄受害者不夠進步」、「把責任加在受傷的個人」、「踐踏他人的生命經驗」……

在開始前，先說明我的基本態度：認為沒有人可以壟斷任一經驗，每個人都可以從同一經驗中閱讀出不同的敘事，並提出不同的主張。這都無涉對敘事者、故事中人的尊重與否。甚至，反對別人做出（自以為）不同於敘事者觀點的意見，可能才是一種不尊重與踐踏。就拉非的故事（見輯四的〈拉非與竹科男〉），以及作為敘事者的我來說，認真對待、認真討論、認真質疑拉非或我的詮釋跟經驗，都比基於同情或「捍衛當事人」而不願也不敢，甚至沒興趣挑戰的人，來得更受到尊重。

因此，在接下來的討論，我會嘗試提出很多種對拉非故事的解讀，這些解讀未必是我的實際立場，可能是完全不同的觀點，之間也沒有連續性。但我要強調的始終是，無論這些解讀之間如何激烈辯論，都不涉及前述的道德問題。

在〈拉非與竹科男〉這篇故事，拉非確實是感到受傷了。受傷的過程、時間點難以界定，但仍有一些確鑿的「事實」。拉非受傷的關鍵事件，可以被描述為「在還未成年時與年長的同性網友發生性關係」，儘

管我們可以持續爭論要怎麼編排、書寫事件才更合適。

　　經驗的書寫本身是重要的，但人們從經驗出發要對世界、社會架構提出任何正反面的想法，就不可能僅限於個人經驗、只指認自身的情境，而要進一步提出一種普遍化的解讀，包含去參照在單一經驗以外，（也是經驗積累所造成的）其他社會狀態的認識和分析。說「拉肩帶是一種性別壓迫」，而不是說「我碰到的那幾次拉肩帶是一種性別壓迫」，就已經蘊含了這種普遍化的企圖。

　　從拉非的故事出發，可以有以下一種解讀：拉非的受傷來自一種壓迫關係，也就是成年人對未成年的性交。這不只是在說拉非的經驗，而是以拉非的經驗為一種例證或體現，發現年齡之間的性的壓迫關係。在這個意義下，用「拉非明明覺得跟年齡大小沒關係」，不能充分反駁壓迫觀點。因為我可以說，年齡的壓迫性實際上是超越主觀認知的客觀、普遍存在。

　　當然，我可以完全不同意上述的解讀，提出另一種想法：拉非的經驗恰好凸顯了，受傷的感覺未必在事件當下發生，更難以歸咎於竹科男所作的決定，而是在之前與之後複雜的社會脈絡就已經埋好引信。從竹科男的角度，的確非常不容易產生一種更「合乎性別或權力關係平等」的做法，因為即使用現在最嚴格的「積極同意」說法，拉非都「積極同意」了。年齡更是無法解釋，不僅在拉非的描述中找不到具體的事例說明成年的竹科男更有主見、決定權或知識（或許還相反，他對「同志圈」的了解即使在當時都比不上拉非）。更何況，拉非不到一年就16歲，這之間的時差並沒有什麼神秘的法術可以讓他忽然不受傷。

　　這一連串解釋，當然是一種帶有立場的解讀──我的立場和解讀，不是純粹拉非經驗到的「真實」。我當然能提煉出一些普遍性的解釋：

既不是年齡壓迫、不是性侵，更不是未成年性交無所謂、不會有傷害，而是在（未成年、同性或網路的）性不容易被討論和面對的情況下，許多受傷難以被簡單歸咎於特定人的壓迫或過錯。受傷的感覺既不是來自特定當下，那麼就不是恆常的，也不是逐漸消退的，而可能是在新的遭遇和條件，環繞著過去的事件被創造或消滅。但這只是我的解釋，拉非的故事既沒有唯一的解釋方式，也沒有在本質上排斥年齡壓迫或性侵的解讀。即使我的立場不認同，我也能從故事中找到很多事例來反駁性侵的解讀，甚至批評性侵是糟糕的解讀方式，都不是在說這種解讀不道德。

在〈受害經驗的篩子〉文中，最會被指責是在蔑視、踐踏受害者經驗的一段話是：「更多加害／受害的僵化區分，趨於更嚴格的人際互動管制與規範，永遠只會使這個結構更形牢固不破。」但如果是對於我上面的解讀，生產類似架構的批判：「這種說法在有明確未滿16歲、性交事實的情境下，模糊加害／受害的區分，導致管制與規範無所適從，永遠只會造成更多無法控制的傷害。」很明顯我不會同意這一種批判，但即使不同意，我也不會以拉非為名，說這是在踐踏拉非的經驗。

在〈拉肩帶的意義不只一種〉，作者會被指責「將責任推給受害者」，是因為作者主張女人要面對性、轉換對性的態度和觀感，更進一步說「會比現在更有能力去反抗想要讓妳受傷的人以及背後的結構。」在拉非的故事裡，有一連串的「真實」，未成年是真的、網路交友是真的、同性是真的、性交是真的、受害感也是真的，都是真的。如果是跟同齡的異性同學發生關係，拉非就不會感受到這種痛苦。可是我們不一定要就同意任何一種「事實」的連接方式，例如用「網路交友」去連接「性交」。就算拉非自己這樣主張、就算在拉非的經驗裡，「我是因為

用了『網路交友』所以才會去『性交』」可能非常「真實」，我們還是可以不同意。所以，如果今天我的解讀是挑選了同性性交的「事實」，來指控同性性行為造成的受傷和壓迫感（這確實也是拉非會痛苦、無法言說的關鍵原因），那麼我被批評「應該要改變對同性性行為的偏見或預設，而不是把同性性行為當成壓迫的根源，才能真正碰觸到背後造成受傷的結構性因素」就一點都不奇怪了。更重要的是，這個批評的對象是我，不是拉非。是我要改變解讀拉非受傷的方式，從而認識真正的結構因素，才有可能做出有效的行動。當然我不一定要同意批評，雖然批評說了，拉非受傷並不能充分說明同性性行為是壓迫的，反而也可能說明參與同性性行為的人是被歧視的，我也還是可以進一步主張同性性行為如何根本地跟拉非的受傷有關。可是這些辯論都不會變成「你怎麼可以質疑拉非」、「為什麼拉非要改變」？

我還會進一步說，拉非當然是可以質疑的，甚至是覺得自己受害本身，我們也可以挑戰他為什麼會從受傷、傷心到覺得「受害」。拉非在某個時刻的確是感覺被性侵，但我可以說，他的「的確被性侵」，是循著法律的規定從而感受到了極端的不尊重、受傷。或者說，過去一直存在，不知道怎麼面對的極度壓抑、不滿、不知所措，在學習法律後，有了一個指認和歸咎的方向。這是一個對拉非有效的質疑，但不是對拉非的不尊重。

這是我最終要一再強調的重點。在上面無數種詮釋、解讀，我們當然不用盡數同意，也可以大力批評解讀的不合理和糟糕，例如「同性壓迫」來解釋顯然很糟。但這之中沒有哪個解讀以及對解讀的批評，是不尊重拉非。即使，拉非自己心儀的解讀被批評時，可能也會很不爽。事實上，如果有人說上面有任何一種解讀是在「嘲弄拉非不夠進步」、

「踐踏拉非的生命經驗」，那才是對拉非的不尊重。這些說法小瞧了人的生命經驗可以展開的多種閱讀，以及能乘載的不同觀點。

當然，還可以回到老問題、老答案——為什麼要這樣持續教化人們：別人對你的經驗如果有不同的解讀，甚至根本打翻你自己解讀的前提，你就必然受傷了、被嘲弄了、被踐踏了？難道我們要陷入這種經驗的極端保護主義：我的經驗就只是我自己的經驗，我不同意你怎麼樣說，你就一個字都不能那樣說？為什麼我們不能既同意別人可以對我們的經驗有不同詮釋，但又保有我們對他們詮釋的不同意見？哪怕，的確，詮釋彼此不同、經驗碰撞時，有時會有喜悅，但也更常會有痛苦跟不爽。

塞不進主流化思維的跨性別人生

高旭寬

　　台灣的跨性別運動大約是在1999年到2000年左右從同志運動中「長出來」的，集結幾個「變性」、「扮裝」等自主性團體而成立「台灣TG蝶園」，這倒不是同志開始關心跨性別，而是早期同志社群本來就是混雜的，其實連變性或扮裝的群體也是混雜的，成員的屬性或認同差異很大，後來有一段衝突爭議的過程才慢慢辨認出彼此的差異，把同志一詞擴大成LGBT四大族群。我記得大概在2001年到2008年期間，LGBT雖然也指涉性身分認同，但是比較不像是四大族群，比較像是四大議題，可以跨族群串連很多人的經驗，例如女跨男在學校不想穿裙子，可以串連到不滿意性別規訓的女同志T和一般女性，因此全面檢討制服的意義，也討論強制裙裝對女性身心的箝制。又例如，2001年開始媒體上出現很多跨性別者被警察臨檢[1]，懷疑偽造文書移送法辦的新聞，2002年全面換發新式身分證，男跨女姐妹因為照片上的樣子不像男的，被拒絕申辦身分證和護照[2]，我們就開始討論身分證照片的意義，到底照片是要辨認我真實的樣子，還是要辨認我的性別？因此我們不只要求警察認識跨性別的存在，並且大動作要求限縮警察權限，不得任意臨檢，當時候同性戀一樣遇到警察臨檢被迫曝光的問題，性工作者也被大舉掃蕩，我們知道，公權力在性與性別上的檢查並不是跨性別獨有的經驗。過去運動對付的是全面性的制度，不是個別族群的需求。

過去的同運及跨運進度很慢，而且著重在社會對話，例如我們曾經要求教育部修改國語辭典上對於「娘娘腔」、「人妖」的輕蔑解釋，後來陸續找了第三性公關現身說法，設法翻轉主體身上的羞恥感，跟現在《性平法》「要求全面禁止說別人娘娘腔、人妖」的做法很不一樣！過去我們挑戰醫療上獨厚變性人改造身體的機會，也在社群內分享改造身體和扮裝的各種方法，以前有很多墊胸、墊臀的工具，吸引式隆乳器、壓平雞雞的扮裝技巧、自製站著尿尿的工具等等，不過現在大多變成荷爾蒙治療吃藥搞定，這部分的演變很值得進一步探討。過去我們挑戰精神科評估的合理性，認為不應該把跨性別病理化成認同障礙，也不能憑藉刻板狹隘的病理化描述來界定主體的性別認同，然而，近幾年竟然有人權團體主張變性手術是酷刑，主張由精神科評估換證資格，甚至要求政府應該給我們與外型相符的性別身分，以便能夠找到工作，跟2002年身分證照片事件時我們要求「法律性別與外表裝扮不必相符」的訴求完全相反。到底台灣的跨性別運動是怎麼走到這一步？

---

1. 2001年蔡東成著女裝無故被警察臨檢，發現蔡將身分證影印本上的號碼由1改成2（當時候身分證上沒有性別欄，男女除了身分證字號的差別之外，就只有顏色不同，影印本都是黑色，看不出性別，而且容易塗改），即將他逮捕並通知家屬。後來我們知道蔡與許多朋友都是為了生活上方便，才塗改身分證影本的資料。

2. 2002年蔡雅婷已經全時女裝多年，外型早已女性化，換發身分證時提供當時候女性化的照片被戶政人員拒絕，要求他提供一張像男人的照片才給予辦理，蔡雅婷寫公文向內政部陳情，結果內政部回函說明身分證有辨識性別的功能，因此認為蔡應該提供男性化的照片，跨性社群內也有不少朋友發生同樣的問題，對此，「台灣TG蝶園」與其他性／別運動團體舉辦聯合記者會抗議，內政部隨即修改規定。

就在跨性別運動緩步開展的同時，台灣政府爲了拓展國際空間，2005年開始積極推動與聯合國世界婦女會議相呼應的「性別主流化」工作，站在「強勢男性壓迫弱勢女性」基礎論調上，檢驗各項公共政策是否具備保障弱勢女性的性別觀點。近年來隨著同志運動蓬勃發展，跨性別主體現身、遭受歧視的敘事也陸續浮上檯面，然而，原本應該對抗男強女弱二元性別思維的跨性別運動，卻在認同政治的操作下被獨立出來變成另外一種被壓迫的弱勢性別，意即把「多元」性別的涵義只看成是不同認同類型的主體（LGBTIQQ……越來越多，TG也分成很多種），而「歧視」也被簡化成因個人無知而產生的惡意行爲，性別主流化的工作因此擴大範疇，把跨性別納入亟待被保護的弱勢名單中，弱勢女性也是男女二元結構的一部份，原本應該是跨性別運動要對付的，卻被理解成跨性別和女人一樣受父權壓迫，這是很奇怪的。

　　搭上性別主流化的列車，LGBT很快上升爲政治正確的議題，進入政府施政的項目，確實增加許多性少數的能見度，但是卻也很快地淪爲專家學者爲弱勢代言，把複雜的議題簡化成法條進行修法作業[3]（一般人不懂修法技術，政府也多仰賴專家學者的意見，草率代言和政治磋商的情況非常嚴重），並由上而下推動標準化的友善對待，例如校園內反性霸凌「禁止罵別人娘娘腔和人妖」，另外也爲了防治性騷擾，嚴格禁止學生開玩笑或談論性、情慾相關的語言，表面上好像是保護性少數免於霸凌，但實際上性少數在青少年時期正是需要很多「性探索」和「性實踐」來獲得關係和自我了解，嚴格禁止這些，反而剝奪了性少數的發展機會和資源，性少數越沒有機會發展自己和處理關係，就越會依賴公權力掃除刺眼的人事物。不只有校園，公務機關也鋪天蓋地推動性別友善課程，目的是教公務人員如何對待前來洽公的跨性別民眾，最近又在

推性別友善醫療環境，教醫療人員認識性少數的需求，怎麼講話才不會冒犯跨性別……等等。

然而，把運動集中在政策面由上而下的教育改造，能否改變我們每天都得面對格格卡卡的關係？快速掃除看起來像是歧視的阻力，是否也同時將主體可能用力推進／翻轉關係的墊腳石給拿掉？甚至讓人更看不見複雜的結構性問題？以校園霸凌來看，在學校會搗蛋欺負人的學生經常被標定為對性少數懷有惡意的加害者，進行懲處，但是以我在國中當輔導老師的經驗看來，學校混幫派的、送感化院矯正輔導的、常常觸犯《刑法》227條的學生們，本身就是在經濟和教育制度下被排除的弱勢族群，而且其中還有不少人就同性戀和跨性別，他們對於弱勢處境的理解與涵容往往更勝於乖乖牌的學生，刑罰和懲處真的符合正義嗎？

再舉個例子說明躁進的政策有什麼後果，2009年「人民老大開開團」嘗試推動「性別友善廁所／不分性別廁所」，提出很多共用廁所的需求和想像，我記得當時還談了很多在保守年代性少數如何在廁所裡找到慾望出口的故事，企圖挑戰男女授受不親的身體界線和空間區隔，當然也面對許多民眾質疑共用廁所會提高女性受到性侵性騷擾的機會等等豐富的社會對話，可惜，性別友善廁所的概念很快又被專家學者拿來當成政策推行，但是目的變成解決跨性人如廁的需求，有的單位開始討論經費夠不夠多蓋一間不分性別的廁所，也有人開始討論性別友善廁所要不要跟殘障廁所結合，最常發生的狀況就是幫跨性別學生或職員安排

---

3. 《性別平等教育法》，《性騷擾防制法》，反歧視法（反性霸凌、反性別歧視全面在校園裡執行）。

一間專用廁所，原本希望挑戰男女區隔的廁所運動嚴然變成怪胎隔離政策，完全走樣。

最近兩三年台灣的跨性別相關倡議多是主張以「性別認同」取代「生理器官」作為性別認定的要件，例如免術換證事件，主張不用動手術，只要經過心理評估就可以變更性別登記，這看起來有一種性別表達自由的進步意象，但是「性別登記（法律性別）」如果足以影響人的生存，例如有了一張「對的」身分證才容易找到工作，那就表示社會上男女的秩序依然是壁壘分明，男女兩性仍然有權利義務和管理上的巨大差異，如果男跨女必須取得女性身分證才能上女廁或穿女裝上班，這樣跟過去以生理器官決定性別有什麼不同？Dean Spade和Amber在文章中都提到美國性別運動圈也有階級問題，並不是所有LGBT在平權運動中都能得利，台灣也不乏許多外表就是不男不女、扮相不佳、行為舉止不靈巧的跨性別者，他們很難憑藉「對的」身分證件而免除異樣眼光，免術換證的倡議勾引許多底層辛苦的跨性別者被主流接納的想望，大家奮力支持，但是實際在修法的政治磋商下，訂定更嚴格的審議標準，而且要求外表不pass的男跨女不可進入女性空間，以免引起騷動和不安。很清楚，這個看起來進步的修法，第一個要犧牲的就是這群不男不女的人。

讀Dean Spade的文章，感覺台灣跟美國有些國情和文化上的差異，也有很多雷同：

1. 美國性別身分的法律文件有分層級（例如出生證明、駕照、護照等等），每一種身分文件的管轄單位以及變更性別登記的規矩都不統一，導致跨性別者很容易遭遇身分不一致的麻煩，相對來說，台灣換證規定就很統一，以身分證為主，用身分證可以更換所有證件。

2. 台灣的監獄、看守所或勒戒所，雖然也是以生理性別做區隔，男女服裝顏色不同，不過倒是有機會為跨性別者爭取頭髮長度和單獨空間，強暴或性侵的情況可能過去比較常見，但是現在沒有特別多。和美國一樣的是，收容中心或安置機構同樣也是強制以生理性別做為區隔、而且確實有高比例的底層跨性別性工作者，因為接客和用藥被警察釣魚，判刑入罪。

3. 美國荷爾蒙治療的藥品取得必須經由正式的醫療管道，不然就得上網非法買賣，台灣則很容易在藥局自行購買，而且價格比起其他國家相對便宜。

另外，我覺得台灣的跨性別沒有高比例流落街頭或極度貧窮，很可能與華人社會家庭關係緊密有關，家人之間互附照顧義務，一輩子跟父母親住一起的大有人在，這樣很好嗎？不！由於家庭關係緊密，台灣的跨性別者得花非常大的力氣處理家人接納的問題，連荷爾蒙治療或手術，醫生都會要求家長必須知情同意，台灣的家長為何有這麼大的權力介入小孩的人生決定？因為整個社會都會把小孩的問題歸咎成父母親沒有生好、沒有養好、沒有教好，無論小孩幾歲，只要出事，父母親就會被社會輿論逼出來負責，例如：鄭捷殺人案，父母親出來當眾下跪，還有人要求他父母親賣房子賠償給受害者。阿帕契事件，勞乃成八十幾歲的父親在媒體前面老淚縱橫向大眾認錯。火車趴事件，女主角小雨本來不覺得跟17個男子開性愛趴有什麼不好，媒體找上小雨的媽媽，小雨在媽媽悲傷的哭喊聲中，公開道歉說自己做錯事。我們跨性別社群過去面對家長溝通的問題時，多是讓家長互相認識形成支持團體，但是後來發現大家很常說一句話：「愛孩子就要接受他，你不愛他，還有誰會愛

他？」聽起來很溫馨是吧？！但是這種「真愛」的邏輯也適用於父母，爸媽也會說：「你不能自私只想到自己，都不為家人著想，你知道我們有多痛苦嗎？」「真愛」的論述其實蠻可怕，會讓親子之間綁得更緊，永遠解不開情感勒索的魔咒。

最後我想講一段很個人的經驗，接續之前提到的，讓大眾認識跨性別，能否改變我們每天都得面對格格卡卡的關係？我認為教育還是重要的，但是目前跨性別講「性別認同」、講「歧視不被接納」的敘事都非常單薄扁平，而且過於簡化抽象，我自己從小到大很少因為性別而遭受打罵或欺負，但是不男不女的外表仍然讓我很難有順暢的人際關係，以前常有人問我：「你是討厭當女的，還是真的靈魂裝錯身體認同自己是男的？」大家都知道最方便而且可以快速讓對方閉嘴的回答是：「我從小就認同自己是男的。」但是我知道這並不是實話，我確實討厭當女的，我討厭女性化的教養和身體羞恥感，不過，以前我也不知道怎麼當男的，多是自己想像摸索和模仿學習，畢竟中學六年都讀女生班，大學住女生宿舍，很少有實際的男性群體的生活經驗。我回溯過去，身為一個跨性別，心裡的鬱悶和創傷不是因為別人說了什麼，而是我被評論之後竟然連一句話都說不出來，男女二分的鐵律壓得我毫無回應的能力，內在的性別慾望和壓力扭曲淤積成憤怒的情緒，對外又害怕衝突的對話會破壞關係讓我懊惱失落。

我父親是一個很會哈拉逗女人開心的男人，四兄弟裡頭他跟我祖母的感情最好，我媽原來是店裡的員工，被我爸勾搭上退伍後就結婚，父親在西門町開小吃店，每天都跟隔壁賣衣服的小姐打情罵俏，我小時候在店裡，就聽過隔壁賣衣服的阿姨笑呵呵地問我：「叫你爸爸給你找新媽媽好不好？」我講這個是讓大家想像我爸的樣子，我也是這兩三年

才勾勒出我爸的圖像。在我三個兄弟姐妹之中，父親最偏愛我，我從小跟父親很親近，在店裡會趴在他的工作台上親暱的聊天撒嬌（天阿！很難想像我這種人也會撒嬌吧！），我爸也會跟我細語呢喃，我知道他把我當成女兒，但我並不排斥這種互動方式，蠻喜歡跟父親的親近感，我想這可能是我喜歡勞動的原因，跟父母親一起勞動也同時享受親暱的互動。然而，在我決定變性之後，除了溝通手術的事情相當困難之外，我也不知道怎麼用一個兒子的角色跟父親互動，不知道該用什麼表情和語氣講話，就開始變得跟我弟弟一樣跟我爸講話都不帶情緒、也不廢話，只講重點，我爸應該適應得很辛苦，要改變過去看待我的方式，唯一相同的是我們都經驗到關係的斷裂和失落，哈哈！現在我爸跟我妹妹比較好，常常會打電話去細語呢喃。我越理解父親，也就越看得清楚我自己安頓身心的來時路，完全不是眾所週知的那種堅定認同的故事版本。

如果性別像光譜一樣分很多種，而性別又關乎到人的關係，那不就表示每一個關係都是獨一無二必須重新認識和經營的嗎？性別友善當然不可能是「SOP的性別教育」或「反歧視的法律」所能撐起來的。

《流氓燕》

性工作與「成年界線」間的矛盾

陳逸婷

　　《流氓燕》的故事由2013年正讀紐約大學新聞系研究所的導演王男栿拍攝而成，跟拍時間長約三個月，以中國維權人士葉海燕爲紀錄片的主軸角色。導演自陳，一開始是因爲想拍攝跟性工作者維權議題相關的紀錄片而接觸了葉海燕，但是實際上導演在2013年5月跟葉海燕接觸的時候，恰巧發生了海南省萬寧市一所小學校長陳在鵬被控性侵六位女童的事件，於是導演的鏡頭就跟著葉海燕與其他幾位女權人士一同踏上了海南島。

　　以及，後續因爲這次維權事件引起的被驅趕經歷，葉海燕、其女雅欣、其男友、再加上導演，在記錄片當中不斷的尋找可以落腳的地方。透過導演的視角，我們看見一個廣受社會輿論注目的女權異議份子、一個不怎麼「稱職」的母親、一個老家在農村的普通婦女，導演的成功在於呈現了葉海燕的多面性。

支持性工作合法的流氓燕

　　自陳曾經在俗稱「十元店」的性交易店家提供過農民工「免費性服務」的葉海燕，其實從2005年就創建了「中國民間女權工作室」，除提供婦女健康援助外，也關注其他女權議題。後續一張「免費提供（農民工）性服務」的照片，讓她的維權行動更廣爲人知，除了透過提供保險套來宣導預防愛滋病以外，葉海燕也主張性工作是工作，應該要完全合

法化。2011年，葉海燕又成立了「浮萍健康服務工作室」，同樣提供女性健康諮詢與推廣等服務。

葉海燕對於性工作者的想法，在紀錄片中一行人被驅趕回葉海燕老家之後，她大致上是這麼說的，因為自己的農村身分背景，從小在農村裡面看到許多女人為了解決經濟問題進入婚姻，跟一個不相愛的對象過日子；同樣的，也有許多農村婦女是因為貧窮的處境，不得不透過性工作賺錢，她認為在這樣的婦女處境之下，怎麼樣讓性工作者有更好的勞動環境，是最為重要的。

支持廢除「嫖宿幼女罪」的葉海燕

同時，站在海南省那所發生性侵事件的小學對面，喊出「校長，開房找我，放過小學生」以聲援被害少女方的葉海燕，也是支持廢除「嫖宿幼女罪（幼女指不滿14歲者）」、改以最高可處死刑的「強姦罪」來「嚴懲」加害人的葉海燕。支持性工作者維護權利的葉海燕，卻認為應該廢除針對未成年人的嫖妓罪名，全數改為強姦罪名，這個碰到未成年就轉彎的維權訴求，很是引人好奇，到底這廢除與否的辯論，在中國大陸的討論如何？

在討論爭論二方的意見之前，其實在影片於台灣放映的此時，「嫖宿幼女罪」已經成為過去式。2015年8月29日中國全國人大常委會表決通過《刑法修正案（九）》，取消了「嫖宿幼女罪」，往後，此類罪行就直接以中國《刑法》第236條中關於「姦淫不滿14周歲的幼女的，以強姦論，從重處罰」來論處。

1997年之前，嫖宿幼女一律歸入強姦罪，是在該年《刑法》修改後「嫖宿幼女」才與強姦罪分離出來，成為單獨的罪名，因「嫖宿幼女

的行為嚴重損害幼女身心健康」需要對此類犯罪行為嚴重打擊，才另立「嫖宿幼女罪」來加重處罰，這部分就修法的角度來看，並非像片中女權人士說的，「嫖宿幼女罪」為較輕的處罰方式，唯不若「強姦罪」最高可判死刑。

不過，「強姦罪」最高可判死刑是有條件的，只有在「特殊狀況」下，例如造成被害人死亡、輪姦、公共場所強姦等，強姦罪才可能判處無期徒刑甚至是死刑，其他一般狀況的量刑部分，「強姦罪」是3到10年有期徒刑，「嫖宿幼女罪」刑期為5到15年有期徒刑，所以就量刑而言，「嫖宿幼女罪」確實是加重了罰則。

廢嫖幼法的兩方爭辯

對於是否廢除「嫖宿幼女罪」，中國大陸內部一直也有不同的聲音，支持廢除方認為一律以強姦罪重罰，可以提高打擊此類犯罪的力度，並且妥善保護幼女權益，也能夠避免近來涉及官員、校長教師的性侵案件時，常會以「給幼女錢」的方式逃避「強姦罪」的最重處罰。澎湃新聞〈除嫖宿幼女罪后，刑法如何保護幼女的性權利？〉的作者陳璐則提出廢除此罪的法理意義在於，不滿14周歲的幼女在性生理與心理上都沒有發育成熟，「無法保護自己的性權利，更無法表達自己性意志」，在中國《刑法》上屬於「絕對保護」。幼女表現出的「自願」在《刑法》被認為沒有任何效力，幼女沒有能動性、是絕對受害者，而一旦侵犯這類受到「絕對保護」者的權利時，應一概以「強姦罪」論處。

杭州京衡律師集團董事長，兼法學教授陳有西自稱持中立立場，他認為，兩種罪有實質的不同：強姦罪是違背婦女意願，但也有些幼女的性交易是願意、並以金錢作為交換的。常見的反對方則認為從立法技術

而言，廢除「嫖宿幼女罪」並不科學，因為「嫖娼畢竟不同於強姦」。

在另一篇針對廢除「嫖宿幼女罪」以後，應該深思的問題進行討論的文章中，作者朱雪琴則提出了一些數據來支持他的論點，他援引中國人民大學教授潘綏銘2010年對全國14到17歲青少年做的抽樣調查結果，當中少女的部分有34.7%認為貞操並不寶貴；發生過性交行為的少女達8.3%至11.9%；有7.2%少女有過買性行為；有3.5%的少女有過賣性行為。朱雪琴強調，中國青少年對性的「開放程度」早已超過「某些衛道人士的想像」，然而成年人卻始終認為兒童可以被隔絕於這一切之外。

朱雪琴也提醒，網路上面因個別社會案件，便開始訴求廢除「嫖宿幼女罪」的聲音並不一定代表主流意見，而人們所擔心的「嫖宿幼女罪」發生率也並不如想像中，被加害人廣泛地蓄意利用來的那麼高，實際上平均每個省一年只有一件案件發生。

回到本片，雖然我們尚不確知導演對於葉海燕僅支持「成年性工作」的立場與紀錄片的安排是否有特別的意圖，然而綜上所述對於中國大陸社會的討論，或者回到台灣脈絡，當「性議題」遇上「未成年」時，「剝削」的可能性往往遠大過於「合意」，與葉海燕一同聲援海南性侵案的女權人士在記錄片中，將事件的理解與「保護自己孩子」的情感相連結，並感到憤怒與不捨，在這種情感過程中產生出來的保護兒少心態，實際上與最初反對性工作的婦女團體陣營意圖「保護弱勢女性」的心態可能相去不遠。

我們可以說買賣性發生在成年人與未成年人身上或許不同，可是那個依據生理年齡劃分出來「成年與否」的界線，要怎麼面對隨著社會變遷，而不斷改變中的青少年個體與他們的慾望呢？如果在中國大陸，所有與14周歲以下幼女（法律意義上強調加害人「明知」的狀態）發生性

行爲就只能被認爲是「強姦」，抹除所有幼女的自主意願，還強調這樣的年齡劃分「只能是鐵板一塊」時，我們就不可能聽見未成年者在這方面的任何聲音，他們只能是靜默的，如同被認爲是遭到海南校長性侵的六位「受害」女童一般。

自主且無所謂／畏的雅欣

相對而言，記錄片中的另一個少女卻意外地展現了未成年人的自主性，也是我很欣賞的一個角色、葉海燕之女：雅欣。雅欣也許是因爲從小跟著葉海燕，有相對多的經歷以及面對危機的能力，在好幾個氣氛危急的片段中，卻意外的表現得相當冷靜、沉著，不但在葉海燕因維權事件遭拘留後返家時，只淡定的對葉說：我這幾天在家挺好的，有電腦玩。當葉海燕一行人遭到公安追捕，雅欣也表現鎮定，也在片中告訴導演自己遇到這種狀況其實不害怕、「只是很無語而已啦」。又，當雅欣回憶起與葉海燕等人一同被丟包在高速公路上時，表現出來的「無所謂」。當葉海燕提及露宿街頭的可能時，雅欣也以「不要有生命危險就好」淡然帶過。

如此對於生命或者危險的處境處之泰然，人們或稱她「勇敢」、「堅強」，但是肯認青少女如此對於自身處境表現自主性實際上是有限制的，那就是不涉及「性與權力」交錯的議題，在《流氓燕》呈現出來的女權辯論命題裡面，雅欣的「自主且無所謂／畏」，不可能發生在一個逆境中成長、未成年的性工作者身上。甚至於任何人面對廣大且嚴厲的「未成年如何性自主」、「未成年如何自願性交易」最後到「兒少性剝削」等問題時，想要表達不同的意見，都是相當困難的。

可是，雅欣帶給觀影者的形象與姿態是那麼獨特鮮明，即便對她的

認識受限於紀錄片的呈現，我還是不由自主地想像那是一個即便處於困境中，仍然對任何方面都能展現自主的人，而不是談到「性議題」時，就無論如何需要受到保護的弱者。

這篇文章大概不怎麼像影評，而是藉著紀錄片中的主題與社會辯論，延伸出許多作為觀眾的疑問跟想法，是希望透過紀錄片的故事書寫，引起更多的討論，導演作為一個紀錄者，留給我們最珍貴的或許莫過於就是這些討論與再詮釋的空間。

殘毒餘生
居無定所、毒品與流鶯

王修梧

　　【作者按】以色列導演妮里・阿羅尼（Nirit Aharoni）的紀錄片
《殘毒餘生》（*Strung Out*），拍攝於特拉維夫城的南方貧窮社區，以
庇護所「天堂之門」為中心，勾勒當地流鶯在移民限制、貧窮無依與
藥物傷害中失落、掙扎、抗鬥的總體圖像，同時，也是導演個人的生
命追尋。此片獲得2015年耶路撒冷影展紀錄片導演獎後，在世界各地
引起討論，討論範圍不宥於內容情節，譬如在今年英國「廣角紀實」
映後座談，導演便與「轉變藥物政策基金會」（Transform Drug Policy
Foundation）創辦者Danny Kushlick等人集中商議成癮問題。適逢近日女
影協會將映此片，本文試介影片座落的時空背景，簡析涉及的性／別地
景等種種議題，商議所述方法與內容之洞見與未見，冀望此片也能在台
灣公共輿論中激起一波漣漪。

特拉維夫——同志友善之外

　　畫面盪晃，街道徐徐後退，《殘毒餘生》在粗顆粒的黑白影像中
開場，車柄時而入鏡，旋復隱沒，騎乘單身手持鏡頭的即以色列導演妮
里・阿羅尼本人，這部獨立製片獲得2015年耶路撒冷影展（32屆）最佳
紀錄片導演、最佳配樂，並在今年受邀為英國影視協會「廣角紀實」、
台灣女性影展策展片。

　　影片拍攝於導演家鄉，以色列第二大城特拉維夫，關注性／別議題

者對這地方應不陌生，從每年中東世界最浩大的同志遊行新聞、基本書坊旅遊書《同遊特拉維夫》到非異性戀電影《愛，悄悄越界》以色戀人相遇酒吧、《泡泡公寓四人行》的單身公寓及文青咖啡廳都一次次把這個（地理上，更是文化上）遙遠之城帶到中文世界的我們眼前，不過，這並非城市全貌。特拉維夫可分爲北、中、東南與海法（Jaffa）四大塊，同志聖地集中在最富庶且現代化的北方，以及城中密佈的宜人地中海灘、咖啡館、旅館與購物天堂。而《殘毒餘生》拍攝場景座落東南的Neve Shaanan社區[1]。

特拉維夫──新移民、毒販與流鶯

當蘇聯於1991年瓦解後，從俄羅斯、庫爾多瓦、烏克蘭等前蘇聯國家湧出大量難民，其中超過70％進入以色列，從1989到2003年間，自前蘇聯國移入的猶太與非猶太移民達95萬之多[2]，其中有61％聚集於南方地區（2013年統計）。大規模移民潮，在以色列歷史中頻繁可見，其建國與富強之路，便仰賴計畫性猶太人口移入，僅1949年一年，即有24萬人入境定居。然而開國後不久頒訂的《回歸法》、《國籍法》，則大力限縮非猶太人入境跟公民權取得，而不具公民身分，便也喪失合法工作、財產承繼、醫療照護等各式權益，本已身無長物的逃難者，在法制規劃下又更難脫離窮困命運，爲謀溫飽，性工作與毒品交易等非法工作

---

1. 此地是特拉維夫交通樞紐，建有新舊中央客運站，社交中心則是新移民眾多的Levinsky Park。

2. *Former Soviet Union Immigrants: The Impact on Israel, Israeli Politics, and the Arab-Israeli Conflict.*

常常是命懸一夕之擇。

影片中，有名時為23歲的少女表示自己是貝都因（Bedouin），一群早期在敘利亞、阿拉伯一帶半游牧生活的阿拉伯人，進入21世紀後慢慢定居於各民族國家，在以色列南方內蓋夫（Negev）便遍佈20萬多人口，然而，當中一半以上（據2016年統計約有16萬人）所居城鎮不被當局承認，土地與房屋隨時有被政府強徵之可能，少女說她16歲時逃家，不知是否便從內蓋夫奔來特拉維夫呢？

這些新移民、毒販與街頭性工作者（下即稱流鶯）流竄在城市最貧窮與頹瓦所在。影片中，流鶯提及曾在寒冷風雨中，跟十個蘇丹人擠在公園管子裡，這應該就是Levinsky Park，數百名尋求庇護者往返來去，在此夜渡，對新移民的社福資源跟攻擊都頻繁施於此，2015年8月間，極端正統猶太教徒在耶路撒冷同志遊行中刺傷多人，一名16歲少女不幸過世，數日後，30多人拿著「左翼賣國賊」、「滾去敘利亞」等標語到公園示威，他們認為棲居在此的非猶太移民促成對立激化，並導致刺殺事件發生。

暫居天堂

妮里·阿羅尼片頭便在這些貧民窟巷弄馳騁著，從她身邊徐徐後退的並非酒吧、單身公寓與文青咖啡廳。單車移動軌跡最後停在一家地下室的路面接口，往裡走便通進「天堂之門」（The Door of Hope）。

2004年，戴夫（Dave Firquette）從美國佛羅里達遠道而來，在當地志工協助下，創建這向流鶯們開放的200平方公尺空間，好讓漂泊無定者能喘口氣，梳妝、沖洗、進食、睡眠、包紮傷口、讓心靈暫時得著安穩寄託，影片中，娜塔莉（Natalie）對著鏡頭抱怨「有人偷了陪我睡覺

的大泰迪熊，Dave知道我不能沒熊熊抱，所以給了我兩隻小的，我愛他們」，話繼續說著，話語間明顯難過起來，「泰迪熊比男人好，比任何東西好，我可以抱他一起睡覺，哭泣時候，悲傷之時……」。

以天堂之門為中心，導演保存人們在此空間互動身影，並透過訪談，紀錄來返此地的流鶯們各自生命敘事，這構成這部電影主結構線，另條支線則是妮里·阿羅尼的個人追尋，她在英國廣角紀實對談會上表示 拍攝此片，是想嘗試理解親生母親，「她在假日或情緒不好時打來……有需要時打來，但我沒聯繫她的任何方式，這讓我很難理解其往事」，兩人互動過程，也被導演紀錄到紀錄片裡，並巧妙跟其他流鶯們的故事纏結交織，這暗示了她母親及自己，是如何與街頭工作者們分享著相似生命經歷，這一切在原文片名中被更清楚點明：《娼妓之女》（*Daughter of a Whore*）。

流鶯們長期漂泊下，身心俱疲，渴望安定，有人吃蛋糕一半睡著，整顆頭埋進蛋糕裡，有人寄託小熊、有人期望愛情、有人沉浸於回憶與無盡懊悔。但什麼促使他們居無定所呢？

居無定所──法律

『「家」對你來說是什麼？』導演問著。

「很難說家是什麼，因我以街頭為家……我24歲，14歲流浪……」

『你最想念什麼？』

「家人，這是我第二個家，現在開始是第一個家。」

娜塔莉在片中跟導演如此一問一答，這個沒熊熊就難入睡的女孩說自己無處可去，她對「家」的想像便是「每天來此吃飯，睡覺，洗一下」，並表示約50個女孩有相同狀況；另據志工Tamar Dressler觀察，每

天往返有30名流鶯，從2004至2009年間，共服務250至300人左右。

要說這地方宛如天堂，倒也浮誇，為利監控管理，嚴禁性愛與用藥，各角落置放多面鏡子，廁浴亦不置鎖；且因經費有限，只在白天（流鶯們多執職於夜）開放。儘管如此，它提供了短暫安定，「人們可在真的床上就寢，不必懼怕被強暴、盜竊或者謀殺」，這對連生存都艱困者來說，彌足珍貴，一民間組織者在2015年表示「過去七年間有30人逝去，每三個月便聞噩耗傳來」。去年8月，Jessica自縊身亡，工作、休息乃至死去都在與朋友們共同承租的煙花樓中，孩童時從前蘇聯國入境，茁為少女便開始從娼，朋友兼同行說她一天工作12小時，一禮拜六天，但即便這麼高密度勞動，也無法解決財政困境，當長期支援她的姊妹因故不再供應如昔，一段時日後，便毅然離世。

Jessica在營生困厄中死去，兩個月後，法院下令為利犯罪偵查，該煙花樓需暫停營業90天。在以色列，性工作早於1948年除罪，但新移民性工作者仍可能在日漸嚴苛的人口販運與非法移民驅逐等法規下被迫離境，除此，媒介與容留性交易均屬犯罪，特拉維夫地方法官Hermelin認為這種規定「將迫使性工作者謀生街頭，處境更劣」，因此2016年5月，透過法律詮釋，判定在「自有自營」、「共有共營」、「自有邀營」三種情況下，並不觸法，Hermelin認為這樣性工作者們便「無需離開房間，移到讓人畏懼的街頭」[3]。

居無定所──地價

戴夫會下禁性令，或許也怕觸法勒歇吧。天堂之門逃過法律箝制，但躲不了地租繳催。2009年底，市府威脅如不償清9萬新錫克爾（約77.4萬台幣）[4]，將在12月1日凍結經營者銀行帳戶，雖然早於前一年，

市府便通融每月只需償還3萬新錫克爾，還特予六折折扣，但在天堂之門一切均需自籌花費的情況下，Dave仍舊無力付還，諷刺地是，與限期凍戶同時，市府為興建性工作庇護所而投入700萬新錫克爾預算，闢劃藍圖中的床位數還少於天堂之門（12比14）。

天堂之門最後被債務壓垮，然而不只戴夫繳不出房租。

有研究者便觀察到，城市南方的流鶯們並非自始即漂泊街頭，先是，1975至1983年間，性工作者成了腐敗跟沉淪象徵，在現代化的市政規劃中被逐步排除，1978年時市長Shlomo Lahat便曾公開說過：「有品質的生活包括不再忍受暴力、犯罪、塵霾與娼妓」，被驅離者只好往南方地中海岸一帶繼續討生活。

1995年，新移民帶來的人口壓力，驅使市府鼓勵性工作者承租公寓等私有空間，10年後，許多貧窮社區被捲入都更浪潮，地租日昂，尤以Neve Shaanan附近的Gan Hahashmal park為軸，將許多土地承租給年輕設計師、咖啡館等經營業者，這帶動周遭地價上漲，譬如10年間NeveShaanan公寓的平均租金，便從每平方公尺27,000（約7,100美元）上漲到30,000謝克爾（約7,900美元）。

即是，經1970年後一系列市政安排，性工作者越難尋覓遮風避雨的方寸之所，只得浪蕩街頭。然而以個人敘事編織而成的《殘毒餘生》，不易讓觀影者理解這些結構性歷史淵流，及其對個別流鶯之影響，如

---

3. 即a. 在自己承租或擁有的空間中，自營為娼。b. 在共同承租的空間中，共營為娼。c. 在自己承租或擁有的空間中，自營為娼，並邀他人入夥。

4. 以色列貨幣，依2016年匯率計算，一新錫克爾約等同0.2614美元，等同8.5新台幣。電影中提到的貨幣單位亦均為新錫克爾。

此，可能讓人們誤將法律箝制、國族本位、公民權限縮、市政仕紳化等造就的生存困境，單純歸結爲「性工作就是不好」這一簡單答案。

邁向減害

天堂之門永遠關上大門後，來過的許多流鶯陸續亡故，貝都因女孩被謀殺，另名少女死於用藥，她使用了什麼藥物？純粹是藥性作用？抑或？……紀錄片未進一步追蹤這些問題，或許，死因將永遠成謎，但透過妮里・阿羅尼的鏡頭捕抓，仍能試著探問哪些情況最危險？哪些傷害能避免？

特拉維夫衛生部門在清潔針具計畫上，或有不錯成績，研究者便推測當地性工作者的HIV低盛行率（1.6%）肇因於保險套被普遍使用及廣泛的清潔針具[5]，但施用海洛因一類的靜脈注射藥物，針頭並非唯一所需器具，譬如貝都因女孩會使用沾滿塵埃且破洞的瓶蓋盛裝海洛因，但這可能導致結晶體大量栓塞於肺動脈，促使肉芽組織增生、肺實質慢性纖維化，最壞情況下會呼吸衰竭身亡[6]；抑或傷口感染，進一步引發皮下膿瘍、蜂窩組織炎、壞死性筋膜炎，在某些特殊案例中，壞死性筋膜炎患部如未清潔，甚至會長蟲蛆，影片末段，Janet因天堂之門白天關閉，只好斜倚牆面，屈伸坐在有老鼠屍體與蒼蠅盤旋的街廊上，她提到稍早被送上救護車的經過，「我身上有蛆，它們爬遍全身，我的腿……他們說『你有壞血，所以長蛆，我們不能治療你』」。

混藥跟不潔器具都會帶來用藥傷害。有名流鶯進入美沙酮療程（一種海洛因替代療法）後，因緊張與害怕，開始混用甲基安非他命、海洛因、酒精、甚至美沙酮來堅強自己，但混藥（包括酒精）常比單一藥物追加劑量更危險致命，一份台灣法醫研究顯示，191起海洛因死亡案例

中，混用酒精佔31.7％，且因酒精會降低身體對海洛因的耐受性，並與「海洛因之代謝物嗎啡同屬中樞神經抑制劑」，兩者併用，在較低嗎啡濃度下便可能死亡[7]。

　　有些傷害雖不至於死，但可能徹底打擊精神與自信。譬如唾液有著清除牙菌斑、為牙齒補充鈣及琺瑯質等多重作用，當施用甲基安及海洛因而讓唾液量減少時，但未暇補充水分與保持口腔潔淨，便有很大機率造成猛爆性複數齲齒——短時間內，多顆牙齒忽然爛光光[8]。有一幕，Janet舞動身軀，自信端詳鏡中自己，但提及往事，悲傷神情重返籠罩：

　　「剛來以色列時，我像是一朵花，一朵花！

　　那時從未嗑過藥

　　……

　　現在看著鏡中自己便感難堪

　　我失去牙齒」

5. Sexually transmitted infections among brothel-based sex workers in Tel-Aviv area, Israel: high prevalence of pharyngeal gonorrhoea

6. 建立靜脈注射異物動物實驗詮釋藥物濫用致死案例之肺栓塞與藥物使用型態及病理毒理學分析研究 。

7. 台灣桃園地區2008年至2013年濫用海洛因死亡案件分析。

8. 一份2015年研究顯示，在571名甲基安使用者中，96％蛀蝕，這當中有58％未曾就診。

【置疑權勢性交】系列之一

試問「權勢」的認定邊界

陳逸婷

【編按】作家林奕含的事件與最新司法進度，再度引發有關「權勢性交」的社會激辯。在批踢踢等網路討論中，就有部分網友戲謔指稱，未來是否該立法禁止所有年紀有相當差距的人、禁止有錢人與窮人之間發生性交，否則一概都視爲強姦罪？當然，這種戲謔說法無助我們理性思考未來方向，但卻未嘗不是讓人們開始警覺，所謂「權勢」或者「權力不對等」等種種分析框架，其認定標準、劃分界線究竟爲何？

此外，當人們言必稱「主體性」、「身體自主」的同時，卻又經常透過各種「權力不對等」的分析框架，把各種被分派到「弱者」位置的人，簡單視爲是無知的、被權力者玩弄的客體，兩相對照之下，這難道不是一種自我悖反的主張嗎？以下四篇文章都在試圖探問「權勢性交」的邊界，透過「以下犯上」的敘事，質疑台灣20年來的性別建置系統，所可能導向的生命治理結果；並探究圍繞著整個事件，動員出來校園性平機制，當中的情感與性政治樣貌。

女性主義法學學者麥金儂（Catharine MacKinnon）在1987年便提出世界是由「男、女」兩個社會性別構成，而男／女間的權力不對等的「性別差異」則是這個世界的運作基礎。她透過數據顯示，性別權力關係往往表現爲「男加害女」。例如85%的職場女性在工作場曾遭受過性騷擾，60到70%被殺女性是遭到其丈夫、愛人及前愛人之毒手。不僅如此，麥金儂更在意女性從事性工作的狀況，她指出美國女性有12%曾經

或者正在從事賣淫（prostitution），色情與模特產業則是女性唯一（透過男性的付費）可以賺得比男性多的行業。麥金儂提出的「男加害，女受害」這樣的權力論調，在三十年後的台灣受到婦女團體與女性主義法學界的重視，在最近數起「性爭議」案件所引發有關「權勢性交」的討論中，也不難看出其深刻影響。

　　2017年作家林奕含自殺的事件，啟動了坊間對於「權勢性交」的討論。就法律而言，這是根據《刑法》第228條：「對於因親屬、監護、教養、教育、訓練、救濟、醫療、公務、業務或其他相類關係受自己監督、扶助、照護之人，利用權勢或機會為性交者，處六個月以上五年以下有期徒刑；若是猥褻行為，則處三年以下有期徒刑」。而勵馨基金會執行長紀惠容認為，這個法條雖在，但在法律實務層面並沒有被「善加利用」。她投書媒體指出，社會應該「重新檢視所謂『雙方合意性行為』」，只要與權勢有任何關聯，「誘姦就是性侵害」，而所謂「權勢關係」則遍及師生、上司與員工、成年與未成年、名人與尋常人等等。紀也引用美國與瑞典的範例，認為美國法界對於成年／未成年、師／生關係性行為的嚴格法律規範值得台灣借鏡。

不斷擴張中的「權勢邊界」：負面表列

　　這套論述說起來並不新，與多年倡議「北歐模式」的婦女團體對婦女賣淫的看法如出一轍。在北歐模式當中，女性在賣淫產業中受到男性嫖客的「性別與權力宰制」，因此提倡「罰嫖不罰娼」，把嫖客變成性交易當中的加害人（罪犯），娼妓則成為受害人（合法）。北歐模式認為，這樣的懲治方式可以控制性交易的需求端，來使賣淫這個「女性為男性所宰制」的產業逐漸消失，最終達成「解放婦女」的目的。

婦團對於「權勢性交」的負面表列範圍遍及師生、上司與員工、成年與未成年等各種人際關係，不僅相當廣泛，也正在不斷擴張其適用對象。例如，在司法實務的層次宣導加強司法人員的「性別意識」，以提高移工遭性侵的起訴率；透過全面的「性別司改」來影響司法界的執法方向。負面表列的定義逐漸擴張後，「權勢性交」鋪天蓋地的涵蓋許多主體間的性行為，雙方只要有差距，都可能被納入範圍。令人不禁想問，在如今資本掛帥、中產階級逐漸消失、貧富差距不斷加大的現代化社會裡，還有什麼關係能外在於這個負面表列範圍呢？

　　隨著權勢關係適用範圍的擴大，婦女團體也開始宣導「積極同意」的要求，意圖透過女性對自身身體權的「保護、小心翼翼、拒絕」，來否定「yes」以外的所有情慾互動。雖然就目前而言，司法實務上尚不能以「積極同意」與否來判斷性行為的「合法性」，但這種倡議的策略跟北歐模式很類似，都是透過將一方的行為「罪犯化」以降低需求量。未來兩人發生性行為之前，都需要將對方的「貞操」像「放在地上的私人財產、例如錢包（此比喻可以參考苦勞報導〈移工遭性侵起訴率低婦團批司法人員性別盲〉裡後半篇的說法）」那樣小心視之：若是沒有經過對方同意而自行取之，便可能有「違反意願」竊取之風險。

烏托邦式的「合意性行為」：正面表列

　　「權勢性交」的說法，基本上否定了個人意願，只要雙方地位和條件有差距，就被視為不符性別正義原則。那麼，紀惠容所強調的「雙方合意性行為」若要正面表列起來，指的又是什麼呢？兩個年齡、財力、身家背景相當、沒有階級之分、也沒有師生關係，他們之間的性行為才會有了「合意」的基本條件嗎？這聽起來倒是有幾分傳統社會男女嫁娶

要求「門當戶對」的意味。因爲門當戶對，就沒有任何一方有可能對對方進行「權力不對等」的控制行爲；最好這段關係還是同性戀關係，如此一來便可擺脫性別權力的不平等關係，成就「烏托邦式」的「雙方合意性行爲」。

　　權勢性交與合意性行爲聽起來在定義上很清晰，但是放在現實裡卻可能使性行爲越來越難發生。先不說以後發生性行爲之前還要檢視對方的各種條件背景，根本是一種缺乏誠意的表現；就算是現在非常常見的親密關係，也都可能有問題了。例如，學長與學妹間的性行爲可能有年齡差的問題，本地女生與外來男生間的性行爲可能有地利優勢的問題，月收入40k的男性最好不要找月收入22k的女性上床以免被控訴「權勢性交」。簡而言之，性的發生條件和規範將會越來越強，到最後恐怕只有避免性交才是最安全的出路了。

「婚內」性交：權勢還是合意？

　　上述權力關係，其實正是多數人組成「婚姻」後的實際狀況：年長的丈夫負責賺錢，扶養在家帶小孩的無業妻子，賺錢者掌握家庭這個機構的發言權，成爲家長兼雇主，妻子卻成了包辦家務、看丈夫臉色、向丈夫拿錢的員工。那麼婚姻中的性交，到底是「權勢」還是「合意」？

　　說穿了，婚姻其實就是「權勢性交」的實施場域，充滿著「權力不對等」。經濟差的一方，透過嫁娶經濟優勢的一方來獲得生活改善和保障，本來就是婚姻的常態，這種「階級躍升」需要被譴責爲「權勢婚姻」而禁止嗎？當丈夫提出性交的要求時，妻子當然可以拒絕，但是一再拒絕之後，難道不用擔心丈夫尋芳出軌嗎？如果妻子爲了避免丈夫出軌而答應，此時的 "yes" means yes嗎？更不要說，許多已發展國家的男

性不被本國女性青睞,只得花錢「娶」發展中國家的女性,但是跨國妻子卻包辦了家中所有的家務與照顧工作,甚至日夜勞動幫忙經營家庭的小生意,這些男對女(以及女方家)的經濟援助,不就是受「權勢」所迫的「婚家人口販運」案例嗎?

貧窮女性例如身家普通的平面模特兒或通告藝人,透過嫁得一位年長、事業有成的男性達成「階級躍升」,此刻成了「權勢婚姻」要加以消滅,婦團的烏托邦預設了人人都應該經濟自主並且完全的「身體自主」,卻鮮少直面資本運作邏輯底下,既有的「生產關係」以及家庭中的「再生產模式」如何主宰了也侷限了所有人的「自主權」:人們的生活仰賴不斷的工作、獲得固定的月收入來支付他們的房租、學貸、食衣住行。

在這樣的社會現實裡,如果我們不去思考如何改變既有的經濟結構,也不去挑戰包裝為「性自主」的待價而沽和矯情,卻把弱勢者在現實條件中自己發展出來跨越差異鴻溝的性關係說成是「不自主」、「不平等」,甚至透過倡議與修法以罪刑化來截斷弱勢者改善自我狀態處境的有限管道,這樣的倡議,往往只能暴露出自己的保守與侷限。

這一次專題文章的發表,還是企圖開啓如何直接面對上述問題的討論,如何在既定的社會現實中,發動出實際可以解決貧窮問題的方式。例如,如何推動有酬勞的再生產勞動,達成資源的重新分配,目前我粗淺地認為,這些至少應該包含(不分家內外)如何給薪育兒、給薪長照、給薪性交、以及對前述行為除罪化(包含性交易還有通姦)……的討論。

破關・反攻：下位者的「權勢」

洪凌

　　在近年某次同志大遊行，目光逡巡著無以數計溫情款款新常態語言、婚權是（唯一）人權的大旗飄揚之餘，有個標語讓我不禁莞爾，繼而感到快慰。在遍野溫馴降伏於同志正典的愛與淚水當中，生猛不從地標舉出權力與性的「恐怖」真實：「我想幹我的教授！」在此，我所閱讀與詮釋的恐怖並非負面或否定等質地，而是直指慾望如同一盤在六合八荒無止境廝殺博奕的棋局，棋手必須面對自身與周遭瀰漫的亂迷與騷動，坦然進入戲局來經營自身的美夢與惡魘。若是拒絕凝視這番總是帶有創傷質地的操演與攻防戰役，等於將自身的主體性與反轉上下主從位置的各色花招給抵銷殆盡，讓渡給家父（母）長制的（貌似）溫柔生命管理系統。

　　對於「兒少」的蘊藉照拂與精細身心管控，堪稱本世紀以來主流性別治理最具代表性的偉業之一。然而，經由以下的故事與論證，我將闡述「兒童與未成年者」的創構就是對於這些類型最強大的金箍罩。反過來說，在兒童必須「無性」而且不被允許喜愛「不潔的性」的概念撲天捲地、甚囂塵上之前，許多溢出理所當然想像的踰越性情慾敘述，也就逐漸被消音於「聖／勝后」的母姊女性主義範式。在這將近二十年的細膩週延保護主義（但也高舉著自由主義標誌的「自主性」）之滋潤栽培，逐漸生養出了一大群由多元文化主義背書的、無所不用其極被特殊化的性受害者：任何攜帶配備著非常態性經驗的生命，只有一種被許可

的表述方式。若是不呼天搶地使用極度懺情悔恨的姿態來自我曝露，就會被視為沒有「性別」意識，或是其性／別的實踐與思想已經侵犯到目前這個親密關係民主化的最終邊疆，必須將之抹除，甚至入罪化。

值得深思與玩味的是，許多年輕酷兒的深切痛楚、深入肌理刀刀見骨的血疤，就在於他們不同於常規所核可的性經驗，被視為「壞掉且可悲」的東西，被圈禁與養殖在這個無法不認為自己是殘弱又可憐兮兮的小東西，被巨大的「上位者」侵略性地調養為白種烏托邦女性主義小說《她鄉》（Herland）的整齊劃一去性化格式，成為連叫春都沒有能力的被馴養生物。在這篇文章，我希望以兩則田野敘述，企圖論證在「進步」尚未包抄裹脅所有性與性別罅隙之前，被視為權力下位者（如：年幼、非男性、非「師長」等）的主人翁，是如何從「上了你所慾望的上位者」，將棋局的縱橫交叉態勢拉往嬌小生嫩的幼海棠，而非那株等著被攻略征服的巍峨老梨樹。

在七月性別人權協會的論壇上，為了「破關」這個概念，我略為提及了零星皮毛的真人真事小故事。然而，有限的時間總是緻密敘述的大敵，只能含糊講個非常溫和初階的「研究生迷戀年齡大自己一倍的教授」這個慾望模型：前者將後者視為最珍貴的小客體，如同博奕與槓桿，每下一子就是與一切爭寵。在這兒，讓我用對位法來講兩個小樣本，關鍵字都是年（份）。前者是三十年，後者是十年。

距今三十年前的解嚴時刻，1987年，薔薇的花苞開出燦然血豔。在這之前，他尋覓狩獵誘捕吃乾抹淨的對象，都是棄之可惜的雞肋型同年異男。長到三十歲，來到經驗值需要突破既往現狀的臨界點，他生命最驚豔的邂逅是一組花與蛇的雙重交叉：他既是威廉布萊克筆下的Rose，也是鑽入這朵花最內裡的蟲。解嚴這一年，他開始上博士班，也開始橫

徵暴斂深情款款地軟硬兼施上他的博士班指導教授。對方與他的年紀差，正是他自己當時的年紀，他30歲，他老師60歲。而現今的薔薇，就是三十年前的他的對象，承歡取悅每個血氣方剛的年輕攻略者，他是蟲質地的花，他是花模樣的蟲。

在對我敘述這則過往時，薔薇意猶未盡地舔舌，舌如蛇信，我可以設想他強而有力的雙腿是如何夾緊那個毫無活路可出的嬌弱老教授，只能委身於對方傾城滅國的隧道，在命運交叉的火熱小穴「失去」自我。我告訴他這陣子主流女性主義的詮釋權力套路，他煙燻色的睫毛如同被激怒的觸鬚，一個不被認可的年下攻略高手對於這些心甘情願被治理妥妥生命體的輕蔑與，一絲悲憐。最後，我的薔薇給予狂喊受害者身分政治的小回報，在於重述這樁雙重三十的never ending，如同經血書寫於黑絲絨的大寫真實之歌：「吾愛吾師，吾更愛幹吾師。要我做自己，我就把自己做成黑山羊之母：太古的陰性神獸，擅長操弄規矩的恆星與愛人，讓他們逐漸蘇融崩壞為黑洞。」

第二則敘述來自1997年，剛滿20歲的A與年紀小他一半的小女孩。這樁把酒聊天時不經意透漏的往事，發生在狂野燥動的世紀末，某個青少年與幼女處於事件地平線的治外法權境遇。

類似但又「背反」，二十上下的A大概就是不家庭另一篇文章的「竹科男」的踢版本。而且，當時的A絕非後來他在老青年時那種機歪跋扈擺明輕蔑整體人類還刻意要屢屢「meta異男」的嘲諷滿滿德性。當時的A頗為文青，自閉孤僻又生澀，偶而被熟女形容為「可愛踢」。要好之後，他以為與這個對象（約略比「拉非事件」時的拉非更小兩三歲）維持了細膩美好的真摯身心交換模式……（深淵傳來群魔笑聲）只可惜，到了幼女迎接高中階段或更年長時，她開始（被）「覺悟」自己

的「性自主」。各方神聖勢力偕同千秋萬載的去歷史性平大軍，痛切地處罰了被誤以爲張揚但非常自閉生澀的A。

這幾天我故作漫不經心詢問A，要是當時的幼女現身，無論是道歉或斥責或「要」什麼，他會作何反應。A的反應大概會讓爲這個故事眞摯感傷的讀者都難以反應，他挑一邊嘴角淡淡微笑說：「沒事，哥就看在隨便啥的分上啓蒙他，當時他這樣玩哥，是有代價的。來講法啊：法律條文規定，表親死活不甘我事！」

原來，幼女是A的母系表妹！當時21世紀伊始的某一年，2002年吧，家族確定債務多於財產，於是在祖代都去世後，每個人都爽快簽署了放棄繼承單。奇異的是，那個妹妹的「家長」竟和好幾家持有債權的銀行達成協議，半哄半誘地讓那個妹妹當「債權人」人頭，換取「她們這一家」（小表妹，小表妹之母與小表妹之兄）長期承租原先的透天住宅而不被驅離。好幾億的債務就這樣堆在她頭上呢！除非在她的有生之年，A在內的某些人試圖達成的共產主義理想實現，小表妹就到死也擺脫不了這筆「家族遺產」。

A的語氣並沒有絲毫幸災樂禍，但也無甚感傷。他不緊不慢，爲此事下了個暫時的告終註腳：「要是小表妹當時沒把我當下三濫登徒子，我的話她如何都聽不下去，我是有不顧被她長期鄙視的恨意，有警告過的，她哪會理我。這是最後一筆善意。距今都多少年啦？剛好20年，要是她冒出來啥的，我只會告知，我對她沒任何義務。既然法律認爲我就是個惡劣的變態，法律也明載著沒有任何幫表妹任何事的義務，生死隨她去，如今我們是徹底的陌生客。」

看佰們當知，十幾年前的這位妹妹，若沒有從20世紀末以來瘋狂上綱的性平「洗禮」大業，約莫是不會走到這地步。即便A竟是整個家族

最在意這妹妹被剝削且爲對方抱不平，盡可能提出勸告，但你曉得，異己的好意總是比不過母上兄長的諄諄剝削。

約略從本世紀以來，台灣的主流性別政治投注於性別保護主義的力道不僅強大悍然（拒絕與不同觀點博奕），同時也在意識型態國家機器與文化霸權的種種層面，積極佈署並招喚出可供採用其生命故事的受害者——當然，對於這樣的招喚，被招喚者的性與性別一定要具備許多合格的條件，最重要的，是要將「性導致的受傷」視爲無比劇烈且摧毀人格的絕對災厄。現今這個「聖后性平」系統對於性受害者這個位置近乎狂迷熱愛的情緒，究竟是來自於何處的性（情慾）驅動力？符合大多數設想模本的受害者，彷彿是某種祭司（shaman）與祭品的雙重化身，既驅使群眾熱切憐憫地膜拜，又彷彿讓群眾掏出囤積在經濟壓迫層面無法抒發的情感投資，豐厚慷慨地丟擲給值得被關愛的受害者，因而雙方都自認得到無與倫比的釋放與滿足。

最後，我們必須直面看待：在台灣這二十年的性別建制系統中，這股龐大的憐愛弱者情感，無論是遭受性攻擊的人類受害者（尤其是當前的這幾位），或是被「非人」凶手所殘殺的（大家熱愛的）馴化街貓，這些死傷者帶來給我們的教誨，究竟可能會導向如何的制度與生命治理？我的初步想法是，這些死傷的例子不但拒絕讓各種位置的生命盡可能培養剽悍粗野的街頭智慧（streetwise capability），系統的裁決反而朝著類家馴與精緻嬌貴的養成步驟前進。養成最晚近現代性的人口管理術，其關鍵字就是：呵護、嬌貴、細緻經營（足以成爲模範的）受害者。從這個趨勢來預估，未來不但會有許多承接這些受害身分的後繼者（而且同樣過於溫馴且拒絕「張牙舞爪」），而且即將（或已然）創造了結合新道德主義與新自由主義與性「自主」論，也就是宛然

形成的「溫良精緻受害者公民」（the docile and the delicate victim-cum-citizen）。這些形形色色、倍受呵護的溫潤軟嫩下位者，連同她們義正詞嚴的守護者，再現了無所不包的細膩性／別階序。這個階序模式一方面治理著大部分心悅誠服的新良民，更重要的功能是驅離無法從爛壞狀態力爭上游的不合格者，諸如拒絕正向的憂鬱酷兒，拒絕不BBES的性愛酷兒，拒絕一對一擁婚單偶的性／別壞分子，拒絕力爭上游的娼妓與淫行者。

性平賞析：權勢如何構成性交？

賴麗芳

性別平等的龜兔賽跑：比「誰最可憐」

現下普遍爲人所知的性別平等意識，便是對性侵害／性騷擾等言行深惡痛絕的厭惡、乃至亟欲排除的情感，以「性」爲名來伸張正義，不分男女，跨越黨派，即便是兩組看似對立的敵我陣營，援用的也只是同一組「性別平等」的性知識邏輯，來互相攻擊對方侵害或騷擾到我方。

即便邏輯相同，然，現下性騷擾／性侵害俯拾皆是，往往簡化複雜面向，使辯論侷限於正反對立，刺激人們選邊站，進而互相攻擊、互相傷害。舉例來說，在2016年底，挺同婚的性平教育團體與反同婚宗教團體正激烈對立之時，一位暱稱四叉貓的網路名人常混入反同婚的抗爭現場中，擷取敵對陣營的影音畫面，上傳至網路上供同路友人訕笑、批評。某天，四叉貓在麥當勞偶遇敵方陣營中的其一團體，打算以「捕獲野生護家盟」的方式，將正在用餐開會、名爲「滿天星」的基督教團體聚會「不小心」攝入自拍背景中。經發現後，該教會團體裡的女性成員歇斯底里地在公共場合怒吼尖叫，宣稱「被變態偷拍，覺得不舒服」、「現場有小女孩要保護」，用的便是盛行的性平反性騷話語。另一頭，四叉貓顯得一臉無辜，自述「只是路過」、「沒有偷拍」，並舉起手機錄下「被包圍」、「搶手機」的畫面，畫面裡呈現的護家家長怒吼、包圍、叫囂的模樣，四叉貓當下的處境使網友聯想起玫瑰少年葉永鋕於廁所遇害、孤立無援的模樣，許多挺同臉友紛紛表示擔憂並前往聲援。

性受害的語言可挪移使用於任何人、任何階級、任何地理時空中，當人們開始說起自己的性經驗時，那些不安、不確定、危險、不舒服、歡愉……等感受，都成了（也只能是）性騷擾／性侵害，在性平機制溫和柔軟的輔導諮商語言中：「別怕，說出來，我來保護你。」每個人——不分男女、不分異同——彷彿都是躲在牆角哭泣的小女孩。換言之，在個人經驗的層次，可以不必具備被性侵的經驗，也可跨時空、跨性別的成為性受害者，「現代人」的情感基礎之一，便是：只要有性之人，人人都是可能的性受害者。「受到性騷／性侵」的經驗是現代人共有的情感結構，成為差異主體間可以互相「溝通」的共同點，遇到與他人有所爭執的時候，已經內化性平意識的身體，採取並發動的便是受害的可憐人位置。

既同為受害的可憐人，理應能夠互相同理，以尋求一個互為共存的世界，但是在反同與挺同的對立中卻看不到這樣互相照見的對話，遲遲不見對話有所交集，究竟是為什麼？性受害的話語權凌駕了實際例子中的受騷擾女性和受侵害同志，「性別平等」四個字成為認同受害的人紛紛爭奪援引的象徵符碼，用來比賽誰最可憐，誰受害更深。

性平的「權勢」結構

有人會說，誰管他挪用了什麼，受害者爭取到資源最重要，然而，最大的問題就在於：性平法律／政策真的讓最可憐的人「奪權」了嗎？

近幾年來性侵／性騷事件的社會輿論引爆，往往藉著受害者說出口或是經由正義使者代為轉述的故事做為賣點，受害故事為人所知、被人閱讀、詮釋、認同，有人受到故事感召而有所行動（肉搜、懲凶……），有些則是一邊閱讀故事一邊灌注內心情感（憤恨、同情、心

疼……），受害故事便是乘載高度文學性的「作品」，讀者一連串的閱覽行動中形成了權力分布：「弱勢」（底層）──「管理觸手」（中層）──「性平專家」（高層）。權力最底層是廣大需要被關懷的「弱勢」：女人、幼兒、老人、同志、愛滋帶原者……等，他們的人生是否獲得「救贖」取決於最高階層的性平專家學者、保護兒少的法官是否能伸出援手、釋出資源，結構的中間階層往往被稱為「第一線」，主要是一些實際接觸得到「弱勢」的學校老師、機構行政、醫師、社工……等。中間階層被認為需要具備高度的性平意識，方得以揪出有問題的性言行，但是他們的權力又基於「與弱勢族群的權力關係，上下不對等」的理由而不被直接信任，他們必須掌握事件卻又不能問太多（有調查之嫌），也不能基於社交網絡近於被害者而給予心靈支持（有不專業的輔導之嫌），不能過分干涉、重新教育、重整或陪伴被害者的受創經驗，有許多事都不能做，唯一能做的只有：無論被害者是否同意，都必須「認真看待，嚴肅處理」（如學校端的處理：逕行檢舉或通報）。中間階層被剝奪的權責往上傳到高階層人士手中，由高階層人員來調配資源、主導調查、判決、輔導與矯正教育。性平機制的權力金字塔最高層，於是擁有雙重權力，一個是來自他們自己階層本身調配得以的能動性，另一股力量則來自限制中間階層之後獲取的讓渡之力。

　　網路上正義鄉民的閱讀認同位置，或多或少地誠實暴露出性平情感的真正目的。鄉民從校園外部觀看校園裡發生的性平事件，不自覺地在上述性平權力金字塔的「底層─中層─上層」結構中，經歷一個把「他者」（故事）變成「我身」的閱讀過程，從「於我無關」變成「……讓我想起……的創傷經驗」的感同身受。換言之，閱讀五花八門的校園性平事件，帶給性平讀者某種程度的「精神洗滌」，藉著認同受害的弱

勢位置，去感受並從中獲得自我心靈的提升，情感上完成了同情／同理他人的儀式，道德情操更顯得高尚。當情感游移在最底層與最高層之間，有時感同身受地認同受害者（如：描述類似受創經驗），有時則是認同專家、學者、法官的權力位置，急公好義地評論事件對錯、究責懲兇。其實不管認同哪一個，永遠都不會認同中間階層，對於故事裡底層位置的認同（或共鳴）最終導向「只有專家才能做出正確性平判斷」的結論，顯示認同的內核情感其實並非底層，而是權力最高位，鍵盤鄉民化身成為拯救渺小人類的變形金剛，才是此類閱讀舉動所欲產出的「力」，也是此類觀看視角的權力（甚或是暴力）最終通往之處。

原《性平法》挑戰權力不對等的精神，反打造出一個巨大的權力機器，獲取的雙重權力不僅施加在中間階層要求權力讓渡，更施加在「弱勢」階層，時時劃分「底層」為「弱勢」還是「邊緣」。「弱勢」可為政策關照，「邊緣」的偏差性則應矯正或排除，不管你是需要被排除的邊緣，或是需要被關懷的弱勢，被標記出來的「底層」都不會是奪權的主體，反而永遠成為權力治理的客體。

該死而永不死的「性交」

性平教育成為國家主力政策，影響所及，教育部舉辦無數性別平等教師培訓的研習，研習中擔任講師的看起來組成分子多元，實則背景單一，清一色深受國家女性主義與性平主流化影響的學者、（同婚）同運人士、法律專家，另還有列席教育部性別平等委員會、數度擔任性平調查人員的主任、輔導老師，最特別的便是中央警察大學在其中扮演的角色，不走國家女性主義的套路去談性別意識與權力壓迫，而是從網路與新聞媒體製造社會動盪與暴力的著眼點切入，本著培育警察維護社會秩

序的精神，來訓練教師成為維護性平秩序的儲備軍。

　　要想成為「性平專家」，便不是隨便上了誰的課，也不是隨便請哪個民間團體來上課都可以，如此用盡心思的機制，哪怕是稍微偏離了性平邏輯的正軌都不被允許，正洽是性平機制漏接校園師生的開始。某位教育部性平專家在培訓現場請在座受訓教師辨識圖片中的人際互動是否構成性騷擾，其中許多圖片全然省去互動的細節與實際脈絡，令人難以下定論。儘管辨識上有難度，講者仍清楚地宣導：「這就是性騷擾，不要懷疑」。值得讚賞的是，在另一場講授性平案例的課程中，同一位講者向受訓教師分享他擔任性平事件調查人員的種種案例，他前後不一致地透露每個事件都有各自的事件脈絡和背景，不能根據表面上的意思妄下斷論[1]。這位講者表面做了政令宣導，實際做的是貼近個案的細緻理解，但是，他身為專家的判斷是否能被性平機制所接納？答案是否定的，貼近個案的細緻調查往往被駁回，於是不應該成為罪犯的人，在《性平法》與性別平等教育大張旗鼓的台灣，成了眾矢之的的性罪犯。性平機制將「性」劃分出高低優劣的階序，性受害的處境堪憐而值得同情（大家競相爭奪），不幸淪為性罪犯的那一方，哪怕誅殺個千萬遍，

---

1. 例如在一個案例中，男老師學習任教學校的學生相處文化，感情好的男同學以互抓生殖器的方式打招呼，為傳達「與學生像朋友般親切」的訊息，這位男老師也伸手抓了男學生的生殖器，學生覺得不舒服而檢舉老師，家長並對老師提告「強制猥褻」（等同「性侵」）。講者對這個案例進行調查的時候，也覺得老師的行為有其脈絡可循，認為這個事件不是什麼罪無可赦的性暴力事件，因此在調查報告中判定該事件屬「性騷擾」，解除老師聘職以示處罰，以調查委員的角度來看，這種寫報告的方式已經算是從輕發落。然而，不幸的是，該案件走入司法程序後，性平調查報告遭法官糾正，改判該教師「強制猥褻」，有期徒刑三年。

也死不足惜。

　　值得欣慰的是，死上幾千遍的，沒那麼容易除盡，死不透的殘餘跌進不斷擴張的巨大黑洞裡，在性平機制眼前，時時召喚著人們前去。筆者在三天的性平培訓課程中，不只一次地從講者身上看見如此近乎著魔的表達，往往表現於他們講述親身調查過的案例，講者／調查委員對案例所投射的強烈情感，表面上是在告誡「這種性不正當」、「這種行為不平等」，充滿厭惡與拒斥，卻又熱烈地閱讀著他人的性事，代替當事人的身體、性、器官去傳達感受，在每一次重述調查報告的時刻，進入每個微小卻鮮活具體的性場景細節中，以如此代入他者的方式，「同情／同理地」體驗著「我」所沒有的異質性經驗、情感與慾望。在成堆的調查報告中，以及無數個性平培訓課程中，當事人沒有自己的聲音也失去自己的性與身體，身兼調查委員及性平課程的講者們將他者的生命、慾望、性、情感與道德全數佔為己用。既便面對每調查一次便義正嚴詞地譴責一次的大量的「不對等的不倫戀」，卻還是掩飾不了調查委員（或執著於校園性平事件的法官）慾望不倫戀的事實，每一次性平事件的爆發、檢舉、通報、調查、判決，對性平權勢階級來說都將是一次新的體驗契機。

　　林奕含自殺後，我在咖啡店裡聽見一位白領大叔指著新聞痛罵狼師，細數著自2000年以來相關新聞事例，心疼「受害女孩兒」的模樣，如同點算陳列於玻璃櫥窗裡的精緻陶瓷娃娃，這現象正好顯示性平機制自體再生產了它最厭惡的非性平物種。一體兩面的是，一再否定的背後透露的是極其慾望，如同坐在咖啡店裡捧著精緻的「林奕含」們細數的那位大叔：人們對非性平不倫戀的情慾渴望，沒有比此刻更強烈過。

【置疑權勢性交】系列之四
沒有「被害者」的校園性騷擾

王修梧

日益膨脹的校園性平機制

作家林奕含自縊後，由於生前出版的長篇小說《房思琪的初戀樂園》，被解讀爲作者親身經歷，書中關於女主角被補教老師長年「誘姦、強暴、性虐待」之陳述，迫使人們再次思考師生間，因社會位置差異而可能造就的性暴力問題，勵馨基金會執行長紀惠容統稱爲「權勢性交」，指的是「加害者利用自己的年長、職權、照顧身分等讓受害者與其發生性行爲」，「受害者」則常常因權勢關係而被壓迫意願，「不敢反抗」，因此，「表面上貌似合意的性行爲，其實屬於妨害性自主的範疇」。以維護性自主、嚴懲「加害者」之名，民間團體及民意代表們展開一連串針對「狼師」該當何罪的訴訟攻防與法律行動。

其中之一是訴諸司法，擴張既有法律，即《刑法》第228條「權勢性交」適用性，然而在台南地檢署公告「陳O星妨害性自主等案件」不起訴後，這條路徑難以爲繼，偵辦檢察官透過新聞稿指出陳並非學校老師，在校成績與未來升學「並無任何決定權柄」，且兩人首次性交時，林早結束補習班課程，「彼此應無任何監督權勢、服從配合之關係」。

另一則是透過修法，擴大「校園性平機制」[1]的適用範圍，如尤美女等立委所提《性別平等教育法》（下稱《性平法》）修正案，便想讓補教師資，適用該法處理性平事件時啓動的「建立檔案及調查、通報機制與追蹤輔導、各種保護救濟措施等」種種規範；該提案目前已交付委

員會審查，另個已三讀通過的《補習及進修教育法》修正案，則仿擬校園性平機制的運作邏輯，將補教師資納入「全國不適任教師通報與查詢系統」[2]，並要求業者應解聘、解雇「有性侵害、性騷擾、性剝削，經判刑確定或通緝有案尚未結案」的教職員工。

在相關立法工程或甫落成，或正如火如荼建置當下，讓我們先回過頭來，以政大洪燕梅案為主要討論事件，省視現有校園性平機制是如何面對並介入師生間，因身分不同、權力差距而糾結複雜的親密關係難題？在各校性別平等委員會一次次介入中，師生權力及關係如何變化？誰被懲處？誰受到保護？

自我啟動的調查小組

2011年9月，任教於政大中文系的洪教授控告校方，表示該校性別平等委員會（下稱性平會）所做決議，害她無法依年資加薪等明顯造成「言論自由、講學自由及任教權」之類非財產損失，更尤甚者，還將姓名資料、案情細節洩漏給《蘋果日報》記者丁牧群，而以名譽受損名義請求國賠170萬元[3]。記者寫了什麼？「政治大學驚爆女師生戀情糾紛」，報導如此開頭呼應〈政大師生同性戀女教授被控性騷〉這聳動主標，接著提及「某名女學生指控與中文系副教授」相戀一年多，想分手時卻收到對方「我恨你」等恐怖訊息，「飽受煎熬」的女學生於是向校方申訴遭到性騷擾。

事實上，女學生未曾申訴。

事件起源可溯至2007年，張姓女學生在上學期選修洪開的通識課，依其自述，因對洪「充滿師長崇拜與良好印象」，而從下學期開始常常傾吐「感情、家庭等」心事，「雙方多有情感交流及互動」往來；不

久，女學生更被聘爲研究室助理，雖然教授表示雙方不存在「異於師生或長輩與晚輩者之關係」，學生仍堅持兩人正在交往。一年半過去，據女學生追憶，先是因「難以承受該無法公開之情感」等原由而離開研究室，之後卻「難以負荷此分離後之情感上傷痛」，遂告知家長，並「向心理諮商中心尋求專業輔導與協助」[4]。諮商中心成員依學生陳述判斷雙方爲交往關係，並知悉她被洪聘爲教學助理，判定「已涉及師生間權力不對等、違反專業倫理」，因此向性平會通報[5]。

至此，調查程序尚未啓動，因爲性平會接獲通報後，還要再判斷是否受理並召集調查小組。判斷標準之一爲檢舉人是否具名，然而女學生既無意願申訴，誰提申請呢？洪教授狀告政大的理由之一，即是性平會無檢舉人仍發動，屬程序違法，校方代表則回覆說該事件「具有公益性質」，因此「學校之調查權原則上不受當事人意願之拘束，學校爲維護校園安全，可指定校內人員爲檢舉人」[6]；在教育部一份2014年發函中更明確指出，就算校園性平事件「被害人或其法定代理人不願意申請

---

1. 在本文中，「校園性平機制」意指《校園性侵害性騷擾或性霸凌防治準則》（法原則是《性別平等教育法》）中，規範各公私立各級學校在預防、面臨與處置校園性侵害、性騷擾或性霸凌問題時，應採行的種種「處理機制、程序及救濟方法」，包括如何啟動與組成調查小組、如何及由誰來懲處被害人等等。

2. 衛生福利部家庭暴力及性侵害防治推動小組第2屆第7次會議記錄。

3. 台灣高等法院民事判決102年度上國字第17號。

4. 新店簡易庭民事判決99年度店小字第855號。

5. 台灣高等法院民事判決102年度上國字第17號。

6. 台灣高等法院民事判決102年度上國字第17號。

調查」，只要涉及多人受害、多人涉案、師對生等「具有公益性質」事件，性平會依職權，仍應指派檢舉人來啟動調查小組[7]。回到洪師案，校方代表在法庭即辯陳既接獲心諮中心通報，且家長亦表明要學校處理，「如A女家長不以書面申請調查，即以性平會名義檢舉」，無違法令[8]。

更荒謬的是，此案「被害者」不僅無意調查，甚至不認為遭到性騷擾。

沒有被害人的校園性騷擾

讓我們將時間回溯到2013年4月，洪教授為證明決議不公，乃在台北地院的法庭辯論上表示「並無發生性關係或肢體接觸，且無違反他人意願之與性有關之行為」，以此駁斥並無師生戀，遑論性騷擾，更出示學生親書「洪老師沒有對我性騷擾、威脅、利誘、恐嚇」等句為證[9]。但洪教授敗訴了，為何法庭不採納「被害者」的書寫陳述？這便涉及對「性騷擾」的理解與界定。

台北地院法官先是以「被害者」的主觀感受為判定基準，指稱性騷擾是「撫摸頭髮或肩膀、提出要求發生性行為或服務」等種種「被害人所不喜歡而與性有關之接觸」[10]，接著引述《性平法》所載第二條立法理由：「性別平等教育之內涵不只是男女性別的平等對待，更是多元性別觀點的包容……」，此段話寫於2011年修法之後，修法歷史背景則是諸立委「有感於校園狼師問題的嚴重」，並且「在台中校園發生男老師性侵男學生」等非「男師 vs. 女生」的典型性暴力事件[11]，回到本案，法官會特引述之，或許要強調性暴力也可能發生在「女師 vs. 女生」等非兩性對立的「多元性別」關係中，以間接回應「雙方均為女性」，不

可能發生「師生」、「長輩與晚輩」之外關係的陳述。

接著，法官話鋒一轉，引述《校園性侵防治準則》[12]第七條立法理由，表示師生間「多隱含因行使專業職責所導致之權力差異」，所以教師「更應謹守專業倫理，以避免引發」性平事件爭議，何謂「專業倫理」呢？觀諸判決內容，似指師生間應迴避任何能聯想到「性」的肢體接觸，因此法官在單憑女學生口頭陳述，即判定雙方「有性意味之身體接觸」後，直指這些接觸「不論是否達到強暴脅迫之性侵害程度，仍係性騷擾定義中所謂不受歡迎且具有性意味之言語或行為」[13]。然而怎樣算「有性意味」呢？高等法院法官的界定較為明確，係指與「性有關之身體接觸（包括擁抱、接吻、性關係）[14]」，顯然不以性器媾和為限的各種親密互動都在禁止之列。

綜上所述，我們能觀察到法官在界定性騷擾時，判準滑移且前後扞格，先以「被害者」的主觀感受為判定基準，後卻不考量性自主的受「侵害程度」，亦不採納「被害者」認為未遭性騷擾的「主觀感受」，

---

7. 台教學（三）字第1030902914號

8. 台灣高等法院民事判決102年度上國字第17號

9. 台灣台北地方法院民事判決100年度國字第60號

10. 台灣台北地方法院民事判決100年度國字第60號

11. 立法院公報第100卷第40期委員會紀錄

12. 全名是《校園性侵害性騷擾或性霸凌防治準則》

13. 台灣台北地方法院民事判決100年度國字第60號

14. 台灣高等法院民事判決102年度上國字第17號

僅考量雙方所處社會位置，臆測不同的人處在類似的社會位階上，必然產生一致的權力不對等問題，於是乎，兩位當事人的意願與感受被全然忽視，性平會對洪所作之不利決議，獲得再次確認。

那麼，性平會究竟做了哪些決議？

被懲罰的「狼師」們

2009年11月10日，性平小組完成調查報告，並做出洪師應「簽具切結書，明確切結不得再干擾或接觸甲生，一個月內未簽具切結書，應予解聘」等六項決議 15，決議內容不僅對教師極為不利，對張姓學生來說，恐亦難慰原本「難以負荷此分離後之情感上傷痛」；而洪面臨之行政懲處尚屬「情節輕微者」，在其他案中，不乏被「申誡、記過、解聘、停聘、不續聘」者 16，而這還僅是《性平法》所列之罰則，尚未涉及通姦、未成年性交等其他罪則。有學者便分析2006年到2009年間的48則師生戀新聞，發現其中29起（佔61%）的教師均官司纏身或慘遭解聘，甚至一名教師自殺 17。

譬如2009年間，桃園治平高中的王姓音樂女教師曾與男學生短暫交往且發生性關係，數年過去，昔日男學生另結新歡，跟楊姓女友交往，孰料，楊女得知過往戀情後，醋勁大發，要求老師離開教職，先是傳送威嚇性手機簡訊，繼而在治平官網上刊登留言，透露老師曾與「男同學發生師生不倫戀，兩人有多次性行為（在老師車上）」等情節。王不堪其擾而提告，雖然官司勝訴，楊女因恐嚇取財未遂等案由需面臨牢獄之災，但老師應該一點也不開心，因為該校性平會已受理調查她在2009年2月到8月間跟男學生之所為，並於2014年聖誕節做出「行為不檢有損師道」之認定，復由教評會在隔年決議不續聘等處分 18。

透過上述事件，我們看到教師的情慾生活如何在多年後仍成為受人脅迫的工具，在其他案例中，甚至成為他人恐嚇取財的提款卡。譬如2006年間，成大潘姓教授為與短暫交往的張女斷絕往來，表示願給付包包，熟料張女簡訊回應「10個LV（沒有Fendi Chloe……也可以！）」，教授斷然拒絕，遭拒的張女遂開始透過手機密集傳送「切掉你陰莖」、「老陰莖」、「基賣」、「老睪丸」、「老激邁」「不要臉老睪丸」等威脅及侮辱性訊息，乃至於2014年10月間「打電話或至其任教之辦公室騷擾至少7次」，透過辦公室員工傳話表示「東森新聞王先生希望能夠拜會教授」、「匯款或物品還未寄出，請教授盡快處理」，教授不堪其擾而提告，張女最終被認定觸犯《民事》侵權、《刑事》威脅等罪刑[19]。

---

15. 六點決議內容如下（甲－張生、乙－洪師）：（一）乙師應對甲生書面道歉，一個月內未完成書面道歉，應予解聘。道歉內容應以對甲生發生有違專業倫理的親密關係為主；（二）乙師應簽具切結書，明確切結不得再干擾或接觸甲生，一個月內未簽具切結書，應予解聘；（三）三個月內至少接受十次諮商，並經諮商師評估有確實接受諮商並配合。未如期完成諮商，應予解聘；（四）乙師應留原俸級兩年；（五）乙師五年內不得擔任導師及論文指導老師；（六）乙師如再受相關通報經查證屬實者，應予以解聘。

16. 《性平法》第25條。

17. 李真文，〈師生戀——浪漫的自由或倫理的禁忌？〉，《教育與多元文化研究》第6期，2012年5月，頁123-166。

18. 台灣高等法院刑事判決104年度上易字第1475號；台灣桃園地方法院刑事判決103年度自字第8號。

19. 台灣台南地方法院民事判決105年度訴字第1342號；台灣台南地方法院刑事簡易判決103年度簡字第835號。

在法庭上，潘教授表示很怕該事件會影響教職生涯：「一旦學校知道、媒體公開，我就會被學校師生議論紛紛，且我要升等時也會遭到質疑」，同樣地，張女也供稱因曾看過「某位立委因與女學生有不倫之戀，受到輿論批評而離開教職」的新聞消息，明確知悉自己若「透過媒體或向該大學師生指述我與潘oo有性關係及造成我身心傷害的話，可能會影響潘oo之教職」[20]。這起事件很快被各家媒體以「教授想斷師生戀／女學生討10個LV包封口」、「不甘被甩討10個名牌包／女學生傳簡訊恐嚇『切掉你陰莖』」等各種聳動標題。同樣見諸媒體的，還有「師生不倫案外案／老師勒索老師」、「（恐嚇爆料師生戀）高職生向女老師勒索15萬」等發生在台灣各地的校園事件，不勝枚舉。

結語

在婦女運動勃發的1990年代，陸續傳出大學教師性騷擾、乃至性侵學生事件[21]，其中多起，當事人雖非知情同意的師生戀情，但與「陌生人拿刀架在脖子上，被害人抵死不從」，的典型強暴敘事仍有距離，以師大國文系強暴案為例，女學生曾發表聲明，追憶「如果黎教授是一個陌生而又『兇惡』的男人，事情也許會簡單得多，然而，他在對我毛手毛腳的時候，沒有一點點像是他覺得在做壞事的樣子，甚至會問『喜不喜歡老師啊』」，但基於師長權威，以及相信憑藉自己「就能應付、逃脫」的「自負」，她除了用手阻擋、護衛衣褲外，始終未大聲叫喊，兩人相持一段時間，最終反抗不成，並非「力氣不夠，我踢他踢了非常久，他都無法得逞」，而是教授「使出一招」，假裝放棄，待學生緊張又分神時，「他突然又把我推下，強暴了我。這真是一件醜惡的強暴案，我不知道還能怎麼說」[22]。

或許便是因為人們有感於在師生關係中，常因類似權勢問題，而讓「知情同意」與「典型強暴」之間充滿許多難以劃開的灰色地帶，因此在修訂《性平法》及其衍生的各行政命令規範時，才將定義「性騷擾」（及其他性平事件）、決議何時啓動校園性平機制的最主要判準，從被害人主觀意願及行爲人意圖，漸漸挪移爲兩造所處的客觀社會位置。譬如2011年，教育部增修《校園性侵防治準則》第七條，要求教師在教學、指導、訓練學生或提供學生工作機會時，不得「在與性或性別有關之人際互動上」，發展「有違專業倫理」關係，如有違背可能，主動迴避與陳報學校的責任落在教師身上[23]；而在六年後，林奕含自縊，台北市政府發公文給各級院校，更明指「師生戀」亦屬「有違專業倫理之關係」[24]。

　　洪燕梅案便是這種判準挪移下的明顯例子。在該案中，我們看到女學生本因「難以負荷此分離後之情感上傷痛」，才跟心諮輔導員尋求協助，熟料在「權勢性交」視野下，被輔導人員通報，促使性平調查小組自我啓動，最後做出剝奪自由、限縮薪俸、有條件解聘之決議，這一整

---

20. 台灣台南地方法院民事判決105年度訴字第1551號。

21. 「依女學會1994年4月發佈資料顯示，十二年間曝光案數約有17件左右」，簡余曼，〈性騷擾近17年來曝光17件　立委指責未見處理〉，《聯合晚報》，1994年4月30日。

22. 〈師大校園強暴疑案　女學生公布"事實經過"〉，《民生報》，1994年4月16日。

23. 校園性侵害或性騷擾防治準則修正總説明。

24. 台北市政府教育局106年5月17日北市教中字第10634977500號函。

個從通報到決議、對簿公堂過程，未曾採納教授「無性騷擾行為之主觀感受」之說法，也不採納學生認為未被「性騷擾、威脅、利誘、恐嚇」之親筆自陳，唯一被考量的是雙方所處社會位置。

至此，我們應能斷言，在校園性平機制中貫徹僵硬的「權勢性交」論述，勢將製出一個個沒有「被害者」的校園性騷擾，如真有人在這過程中受傷，或許便是一個個被視為跨越了師生位階鴻溝的「狼師」，及其無端受罰遭脅的性與勞動自主。

叩問新正常與唯婚權同志主義

蔡康永與同志隱身的倫理

王顥中

　　蔡康永在大陸《奇葩說》節目上激動落淚[1]在同志圈內外都引發熱烈討論，台灣媒體與同志社群特別聚焦在他一句「我們不是妖怪」的發言[2]，反映的或許是台灣同性戀社群追求正常化，渴望被當成「正常人」、而非「妖怪」的情感，在蔡康永那兒得到了共鳴。但是，我們有必要將蔡的談話放回大陸近年來同志運動話語發展的背景，才能更全面地理解它所引發的各種效應與情感張力。

　　從談話脈絡來看，該集《奇葩說》節目主題是辯論「該不該向父母出櫃」，正反雙方選秀人馬各陳己見，蔡康永則擔任節目「團長」角色，負責提供點評意見，在這個主題，他選擇站在反方立場，主張可以擁有不必向父母出櫃的空間。

　　其實，從題目以「該不該」定名，已經暗示一個倫理性的課責問題，亦即，關注的不僅只是跟不跟父母出櫃，對於同志將有什麼具體正反影響這個層次；另外一個層次，這「該」字還聯繫上同志自身的責任，例如對父母的誠信責任等等，其關注的是應然面而非實然面。這一點，從節目中另一位「團長」音樂製作人高曉松，在節目破題後的首句「該！必須告訴！」鏗鏘發言，可略見端倪。

　　正反雙方選秀參與者在節目提出的論旨，多在前一個層次上打轉，諸如探討出櫃的選擇，在具體的同志生活處境，可能帶來或好或壞的結果云云。總的來說，「出櫃」本身是個策略問題：說或是不說、把話給

說白了或是維持模糊，聯繫的是個人的生存謀略與選擇，好或者壞，是相對於不同社會文化的條件差異以及變化而隨之轉變，不存在固定標準答案。

然而，其中值得認真反駁的，是第二個層次的意涵——即同志「該」出櫃，有向父母坦承的責任與義務之論。這裡至少存在了「強」與「弱」兩種版本的反駁論述途徑，蔡康永的發言應屬於較弱版本：因為社會壓力大、對同志不友善，所以，同志可以不出櫃以求保護自己。這個發言不能說「錯」，卻引來許多同志維權人士的不滿，例如大陸的同志團體「同性戀親友會」組織者阿強，就批評蔡康永的發言是一種「用為你好的名義做『恐嚇』的事情」，導致「很多同志在這種自我想像和放大的恐懼中，一直生活在櫃子裡」[3]。

如前述，出櫃的效應聯繫上的變動因素極廣，無法一概而論，但光是從同志維權話語來分析，當論述聚焦在反對「強迫出櫃」話題上，其實經常是將出櫃的結果描述為十分恐怖、後果不堪設想，藉以反證「強迫出櫃」之不堪。然而，當同運要訴求出櫃的身分政治時，出櫃好似又成了喝白開水般輕鬆——從這個角度看來，蔡康永的發言只是更凸出了同運話語在出櫃難題當中的擺盪游移，也恰好顯示「出不出櫃」不該有固定標準答案。

---

1. 節目請見 2015年7月11日的《奇葩説》，主題「該不該向父母出櫃」。

2. 此一事件傳遞到台灣的過程，幾乎只對於蔡所謂「我們不是妖怪」之說特別關注，例如台灣《蘋果日報》的報導，就直接以〈蔡康永出櫃14年孤獨矛盾泣訴「我們不是妖怪」〉為題。

3. 參見阿強〈若蔡康永遇上庫克：你的內心是否足夠堅強？〉。

不出櫃不是欺騙

蔡康永在節目上的發言，一定程度上給予了同志「隱身」的倫理正當性，這值得肯定，然而弔詭的是，同一個蔡康永在同一集節目的稍後，卻批評了形式婚姻（形婚），強調「我絕對不贊成你不出櫃結果卻走向形婚，這是欺騙，這個你也不快樂，你爸媽也不快樂，對方也不快樂……」。

在當前大陸的同運討論中，形婚（基於策略而結合的婚姻，有時發生在女同與男同伴侶之間的合作）與同妻（與同性戀結婚的異性戀女人），經常都被簡單聯繫上個人誠信的問題，彷彿形婚就是欺騙、進入異性戀婚姻的男同就是欺騙了異女。這些說法都是把社會性的複雜問題化約為個人的倫理問題，即便蔡康永在面對該不該向父母出櫃的討論時避開這樣的化約，一旦論及形婚，卻仍然犯了這個毛病。

蔡康永面對該不該向父母出櫃的問題時，採取了反方立場，但他的說法卻更類似於：雖然不出櫃是欺騙父母，但是因為種種社會歧視與不友善，這欺騙是情有可原、其情可憫。這樣的說法雖然最終導向了「可以不出櫃」的結論，但卻在前提面滑向了「出櫃才是講誠信」的正方邏輯。從這個角度，該不該出櫃的倫理問題，廣泛來說指的是同志可否選擇「隱身」、身分可否隨時抽換、可否只向他人展示自我的片段真實。

事實上，無論該不該向父母出櫃，或者其他的人際交流（情感／性伴侶、朋友、同事、同學），人永遠都是在特定的時間與條件下，向他人展示自己的片段真實。沒有人能夠真正全觀地知道另一人的所有，而總是知道一些、不知道另一些；熟悉一些，陌生另一些。

但是，不同於其他部分的欺騙或隱藏，「性（傾向）」的現代

性，基本上被放大成爲了同志人格跟自我的最重要核心或本質，此即性（sexuality）的建構：當你隱藏了性傾向，你就是隱藏你的全部（自我本質）。同志運動以出櫃爲策略，也是延續這個放大跟建構的反向操作：我的性傾向就是我的全部，而我爲此感到驕傲。這是隨著污名與歧視而來的身分政治維權路徑。

這種身分建構，當然無法處理個人身分的動態混雜，例如「性（傾向）」的多樣化、曖昧不明與變動的可能性，還有性與其他社會關係（如階級、族裔等）的勾連。當形婚與同妻的討論，多直接聚焦在當事人個人的誠信與欺騙上頭時，人們無法解釋，爲何總是只有「性（傾向）」的坦承或隱瞞，才會刺激出如此龐大的社會情感張力？爲何同志「出櫃」與否成了此刻最首要關注的倫理問題？假使隱藏性傾向，就好比隱藏自己的階級出身、血緣族裔，同樣都是特定生存策略下（只）展示自我的片段真實，那麼，同志之「不出櫃」爲何又必須要另眼看待？

如果說，（只）向他人展示自己的片段真實，其實是人際互動的通俗常見模式，人們或多或少都是展示一些、隱藏另一些，你的朋友可能只熟悉你特定時間年齡的樣貌，不清楚你所不欲人知的童年；你的父母只瞭解你的家庭生活而不明白你的職場表現……這些都是再常見不過的社會生活現實。那麼，同志的「不出櫃」，無論是父母或者婚姻等問題，同樣只是展示自己的片段真實，不能簡單地被診斷爲「欺騙」[4]。

---

4. 必須強調，我在此無意對於大陸同運組織的運動策略提出臧否，要推廣出櫃、並藉由出櫃打造身分政治的維權，這不是本文所要反對的，我這裡的反對只侷限在——將「出櫃」聯繫上個人誠信，並課以個人的責任與義務上頭。

如果我們討厭法海，那為何愛蔡康永？

黃亦宏

　　蔡康永在節目《奇葩說》動人的一段演說，談著自己出櫃的孤獨感受，哽咽流淚無法言語的那幾秒鐘，蘊含著人生多少悲苦、哀傷、孤獨、憂愁與自恨，短短時間就把沉默不語的力道發揮的淋漓盡致，多少人看了影片為之動容，更召喚了一波台灣同志社群的出櫃與再出櫃。在書寫接下來的分析時，我原本排斥看完完整的短片，知道自己無法不被這樣強大的情緒渲染，看完影片怎麼會不感動、怎麼能夠批判這樣的蔡康永？但撇開被牽引出來的內在情緒之外，我試著從節目中的幾段談話，來談潛藏的規訓力量。

　　節目中，第一季參賽者馬薇薇在辯論中提到「倖存者理論」，也就是特別優秀的人才出櫃的狀況（比如庫柏、庫克等成功人士的出櫃，只有如此成功的人才敢為同志形象代言）；但倖存者理論在蔡康永講來特別怪，他說「演藝圈只要有人想出櫃了，會先來問我，而通常我會攔一下」，他希望這些人先別出櫃，因為保護不了他們，若從演藝圈再延伸到有些同性戀因為受影響而出櫃，但在農村、學校卻因出櫃被欺負，「我的手伸不過去救他們跟保護他們」，雖然蔡康永的擔心是跟社會歧視有關，所以先等個半年一年再商量要不要出櫃，但要等到什麼時候才出櫃呢？

出櫃門檻

蔡康永說「像馬薇薇所說的，你走到了這個行業的頂尖的時候，你讓那些爸爸媽媽放心就是了。『原來我的小孩有一天也可以這麼傑出。』可是問題在於，好多人走不到這一步。」或者這就是為什麼每一次談到這個題目，只有他一個人成為代表的答案，也就是說，只有成功的頂尖人士可以被亮出來、出了櫃不會死掉、可以很好地活著、不會被社會逼到陰暗角落。走不到這一步的同性戀，仍得面對巨大的社會／家庭壓力。

這段談話當中，「先等等」的意思除了讓未能自保的同性戀暫時免於社會壓力，同時呼應了什麼樣的同性戀才有出櫃條件（倖存者）。我並非主張同性戀非得出櫃不可，而是認為這個說法不但沒能解決社會歧視的問題，反倒將壓力落回個人身上，塑造一個「出櫃門檻」，同性戀得要成為傑出的頂尖人士，才足以讓爸爸媽媽放心。

《白蛇傳》：妖怪與社會秩序

即便人們在想像活得很好的「頂尖人士」，充滿個人判斷的差異，然而在文化意義上，哪些行為甚少被視為「傑出」卻不難分辨，譬如說樂衷於公共性、藥物性愛、雜交派對。並且，這些異端行為者實際上就是蔡康永被媒體放大的發言：「我們並不是妖怪」，這句話中的「妖怪」。這個「妖怪」並非指同性戀的外表猙獰與常人有異，而是指出妖怪與社會秩序之間的關係，讓人不禁想起中國著名民間故事《白蛇傳》：

《白蛇傳》有許多流變的版本，故事主軸圍繞在白蛇與救命恩人許仙的愛情遭住持法海所拆散[1]。《白蛇傳》書寫了一種畸戀敘事，然而在不同時空環境解讀，畸戀敘事中的白素貞成為對社會秩序、權力的

控訴化身，追求戀愛自主並反抗代表迂腐傳統的法海。從女性主義的視角閱讀，則控訴父權社會如何將女性化為玩物，一旦試圖超越體制即受苦難。不少的劇作家、文學（電影）評論者將此畸戀視為同性戀的隱喻[2]，認為是邊緣者（白素貞—妖—同性戀）愛上中心族群（許仙—人—異性戀）的故事[3]。

在雷蒙・威廉斯（Raymond Williams）的文化理論中提到了三個層次的文化——優勢文化（dominant）、殘留文化（residual）、新興文化（emergent）[4]——優勢文化占據了文化領導權的位置[5]，但它會隨時間做出調整，對殘留文化與新興文化進行吸納與整併，這包括分析、鑑別、認可與接受其中有益於鞏固其文化領導權的成分，反對和壓制對立性的成分，並將後者斥之為純粹個人性的東西、極端的社會反常[6]。因此，同性戀（運動）在追求主流社會的認同時，若僅以「平反性傾向污名」、「拿掉標籤」做為唯一取徑，可能的結果是無害於優勢文化的同性戀主體被吸納，而同性戀文化中的其他部分仍被斥為反常。

化妖成人才能出櫃？

蔡康永的發言「我們並不是妖怪」切斷了同性戀跟妖怪的關聯，這跟法海指認白素貞是妖怪，拆散白素貞跟許仙是在說同一件事：人妖殊途。人妖相戀是對社會秩序的破壞，妖不受人類社會控制，同性戀既然不是妖，就得融入人類社會建立的正常秩序，不做（妖）怪、不干擾秩序方得救贖。

但是，蔡康永此句話「洗淨」妖怪離經叛道的力道更甚於法海，法海抓妖是體制打壓、迫害不從者，蔡康永的泣訴反倒要妖怪自廢武功，向體制投誠宣誓效忠，不再對體制有所反抗，化妖為人後才能出櫃。

1. 這個流變的故事情節可參考范金蘭（2003），《「白蛇傳故事」型變研究》，國立政治大學中等學校教師在職進修國文教學碩士學位班碩士論文；張清發（1999年6月），〈由《白蛇故事》的結構發展看其主題流變〉，《雲漢學刊》第6期，頁35-57；賴芳伶（1999年6月），〈《白娘子永鎮雷峰塔》〉，《興大中文學報》第12期，頁43-58。

2. 田啟元的白水便是著名的改編。蔡康永也曾在2002年的認識同志手冊當中，提過白蛇傳的隱喻，他在其中一段說：「每個人都同情白蛇，討厭法海，但如果白蛇大方的晃著蛇尾巴逛大街，還是會被大家拿掃把追著打吧。我們只同情美麗又委屈的白蛇，我們可受不了白蛇現出原形，住在我們樓上。會不會有一天，世界真的友善到容許同志都自由自在的現身呢？應該會吧。」

3. 紀大偉、洪凌（1995），〈粽浪彈：身體像一個優秀的粽子〉，《島嶼邊緣》14：89-92。

4. 同性戀是從過去殘餘下來的文化還是代表新興力量的文化，這個問題非本文主旨需另文處理，但至少較為清楚的是，同性戀並非目前華人世界主流的優勢文化。

5. 雷蒙・威廉斯（Raymond Williams）對文化霸權／文化領導權（Hegemony）的詮釋指出，領導權的爭奪與戰爭不再是強制屈從，而是轉向認同跟從。也就是說，統治階級通過學校、教會、家庭和媒體等機構，把自己的意志散播於社會的各個角落，把自己的利益說成是整個社會的利益，從而使整個社會認同並內化統治者的意志和利益，把統治階級的統治自然化為習俗、習慣、自發的活動，使之成為常識和天經地義。此外，文化領導權並非靜態固置不變，它是一個動態的過程且有意識地在不損害整體的情況下，作出某種調整、刪除、更新某些陳舊不合時宜的部分，適當地考慮被統治階級的利益和傾向，作出某些必要的妥協或讓步，目的是為了使自己的領導權適應時代的變化，獲得被統治階級最大可能的認同和支持。傅德根（2000），〈威廉斯與文化領導權〉，《外國文學評論》，中國社會科學院外國文學研究所，第四期，頁127-134。

6. Ibid.

一旦「妖—同性戀—置疑秩序」的關聯性被破壞，僅留下同性戀的身分卻不如妖一般的置疑現行秩序，這便如同Lisa Duggan在 *The Twilight of Equality?* 一書中對於新同志正典（new homonormativity）的批判。她認為新同志正典做為「一種政治路線，卻未對於異性戀正典的思維、體制提出挑戰，反倒扶持、助長、加入這套預設的價值」[7]。同性戀若是以新同志正典的路線，欲求成為異性戀霸權的夥伴來脫離苦海，那麼拒絕被壓迫的弱勢便搖身一變成為壓迫者，維護壓迫結構。

當妖怎麼啦？

同性戀做為一個污名化的性（身分），經過一段時間以來的努力已取得一些成果，讓某些同性戀現身、出櫃，社會的主流文化面對挑戰，性傾向的歧視結構開始鬆動。然而，在這個重新劃定主流文化界線的時刻，同性戀社群若以新正典路線回應，不對這樣的體制提出根本質疑，那麼就近似村上春樹「雞蛋與高牆」的比喻：雖然看似雞蛋，但在撞上牆之後才發現，原來蛋殼裡裝的是水泥，撞上牆之後跟高牆融為一體，繼續鞏固那堵高牆。

相較於主張「我們並不是妖怪」，毋寧反問主流社會，「當妖怎麼啦，妖難道就不值得活了嗎？」

---

7. Duggan, Lisa (2004) *The Twilight of Equality? Neoliberalism, Cultural Politics and the Attack on Democracy*, Boston: Beacon Press.

平等的幻象

王顥中

「平等」本身是一個沒有方向性規定的辭彙，對於平等的追求往往無法保證改革是趨向進步或者相反。我們可以觀察到一種對稱的美學、輕鬆仰賴直覺便能提出的平等口號，正在許多領域中蔓延，取代並排擠了更深刻的分析與視野。

在2013年幾乎已被證實為鬧劇一場的「勞保危機」當中，這股對稱美學作用在勞工對軍公教的妒恨心態，更多大眾在2012年裡投入並關注這項公共政策，卻沒能將政策方向推往更好的社會保障制度，遺留的結果最終只是將新進軍公教人員的社會保障改惡。在過去有關通姦除罪的討論，追求平等的動力在部分婦團內部醞釀，發展出既然女人通姦會被嚴懲所以男人也該被嚴懲的聲浪，結果是造成不分性別的所有人都被剝奪情慾發展的空間。性工作的問題約莫如是，對《社維法》只罰娼（女）不罰嫖（男）的批判，表面平等的呼聲遮蔽了對整體社會管制緊縮的檢討，最終只取得娼嫖皆罰的「成果」。

這樣子的對稱美學以及相應的平等口號，在各個領域中都無法避免頭痛醫頭腳痛醫腳、見樹不見林的毛病。2013年6月26日美國聯邦最高法院宣告婚姻保護法（DOMA）及加州Prop.8違憲失效的裁決，似乎已經跨海引發台灣同性戀社群廣泛地表以興奮之情，四處瀰漫著「何時能輪到台灣」的期待情感。然而，真要進一步評估，恐怕同時得要思考究竟如何能避免上述的對稱美學及平等口號，再度以諸如「異性戀能結

婚、同性戀也要」的形式，在運動中起到主導作用。

婚姻平等運動作為嗎啡

2013年4月，美國聯邦最高法院在上述案件的審理過程中，《苦勞網》曾刊登Scot Nakagawa的〈同性婚姻是公民權，但不能作為挑戰結構的戰略〉。他從婚姻作為一種基督宗教的價值觀與原型出發，認為同性婚姻的開放無助於挑戰此一原型的結構及其衍生的各種繁雜效應，只是孤立出特定身分，將它從歧視、壓迫的清單上劃掉（而非挑戰這清單本身）。因此，單偶同性戀未來更要像是「正常的人」了。他們循規蹈矩、建立家庭、傳宗接代（領養）、乖乖繳稅，藉此交換得與單偶異性戀共享婚姻及其帶來的特權。

「『我們』不應遭受歧視，因為『我們』和『你們』都是一樣的，而同那些和偏見與歧視聯繫在一起的『他們』是不一樣的。」

Nakagawa在文中用這句話，標定了美國部分同性戀運動與移民運動的論述策略。它們不再根本地挑戰社會階層劃分，只是希望躋身上層、共享資源，成為那個「我們」的一部分，而不再是（被歧視的）「他們」。

這種狀況在台灣並不陌生，同性戀社群中主張乾淨化、正常化的聲浪從未間斷。每逢同志遊行前後，總有各式以同性戀角色位置出發，要求遊行不要出現性工作者、伴裝者的主張，甚至像同志諮詢熱線等主要的同志團體也經常遭受「太過招搖（如打扮太妖嬌、赤身或者標語太露骨等）」的批評——「我們」和「他們」是不一樣的——這些希望社群乾淨、正常、主流化的社群聲音，往往也正是同性婚姻最穩固堅定的群眾基礎。

對稱美學的主要特色在於避談深層結構因素，而平等則經常成了緩解壓迫及剝削的嗎啡。勞工的日子事實上還是一樣苦，然而一旦軍公教給拉了下來，好像就能感到舒服些。同性戀如若異性戀般被允許通過婚姻組成家庭，後續效應除Nakagawa所指出，強化鞏固既有婚姻體制的特權與不公，加深對被婚姻排除在外、不（能）婚的各種人等的壓迫，作為嗎啡，它更是再度轉移了人們對於社會保障制度闕如的注意力。

　　婚姻及家庭價值，向來是整體性社會保障制度建立的絆腳石。台灣從戰後至今的殘補式（residual）社福性質，大抵立基於仰賴家庭的各種龐大功能。1992年，時任行政院長郝柏村直接在施政報告上提到「我們的社會福利制度，必須建立在國民勤儉與家庭的孝道之上，使社會福利勿影響勤儉與孝道的傳統美德」。正是在這樣的「國情」之下，社會福利必須讓道給家庭價值、傳統美德，各種幼兒、年老、臥病、殘疾的照護需求，持續由家庭（特別是其中的女人）取代國家擔負起責任，社福只保持最低限度對於失能者的保障，並以不取代家庭功能為前提。施寄青在郝柏村發表上述談話的隔年出版《婚姻終結者》，當中便指出婚姻家庭對社會保障制度的阻礙，並諷刺「傳統婚姻制度的作用除了傳宗接代以外，更是一種變相的社會保險制度」。

　　婚姻家庭與社福的互斥，並不僅只及於台灣本地。在美國的運動討論當中同樣浮上檯面，作者Anders於DOMA與Prop.8裁決出爐的當天，在一篇題為〈Why I Oppose Marriage Equality〉的文章中寫道：

　　「婚姻平等運動就像是婚姻制度本身那樣，轉移了我們對於政府拒絕承擔社會福利及公共資源縮減等焦點的關注。」婚姻與家庭不僅是嗎啡，也是改革的阻力。現在，離婚率高升、衛道者不時高喊「家庭倫常」崩解，顯示不少異性戀藥癮退了的跡象，讓結構出現部分鬆動的可

能。這時候，同性戀——一群過去不被允許施打嗎啡的族群——卻急著排起「追求平等」扎針注射的隊伍，這便是如今我們所見到的景況。

解放或者幻象

前陣子，一張圖片在網路上流傳並獲得許多網友共鳴，內容是強調婚姻中的女人是如何以低廉的價格從事各項清潔打掃、生孩子帶孩子等家務勞動，並告誡男人因此該要珍惜其婚配女性。對於這張圖片，有些人從性別的角度予以批判，意思是說，家務勞動不能只由女人來做，也該由男人來做，圖片因此維持了父權的觀點。但我卻認為，這張圖片意外地呈現了當前資本主義體制下婚姻家庭所扮演的重要功能。重點應該是，家務勞動何以如此廉價呢？

我們不妨這樣理解，當前資本主義體制的維持，本是透過資本家持續剝削受僱勞工的勞動剩餘，而僅僅負擔勞工的「最低生活所需」。這個「最低生活所需」之計算，卻不曾計入合理的家務勞動力的支出，換言之，被嚴重低估的廉價（無償）家務勞動力，其實被當成是體制鞏固的前提：資本家每僱請一名（男）工人，預設的就是會有另一個（女）人無償幫他打理家務、維持勞工自身與新生的勞動力再生產。因此，資本家除了剝削所聘僱勞工個人的勞動力外，也剝削其配偶的家務勞動力。

「在布爾喬亞成員眼中，妻子只不過是種生產工具罷了。」——《共產黨宣言》

國家法律所保障的制度性的婚姻，以及單偶浪漫愛的穩固意識型態，確保大批這樣子（自願）投入無償家務勞動的（女）人，進入家庭支撐起體制的維持。我們便也不難理解，為何許多企業都願意給予已

婚者（相對於未婚者）更好的待遇（或更好晉升的潛在邏輯）。這種對於已婚者的佳惠，有些人覺得是體貼（因為已婚者可能有較高的生活必須）；有些人批評為歧視（對單身者不利），但背後真正反映的，是資本家清楚知道工人進入婚姻有助於使他成為一個「更好利用的工人」，所以才會提供種種誘因。

更根本地來看，當代婚姻家庭向來都是資本主義存續的一個環節，扮演著財產積累與繼承的單位：「……現代的家庭，布爾喬亞的家庭奠基於何種基礎呢？是建立在資本、建立在私人所得上的。此類家庭唯有在布爾喬亞中才得以充分發展而存在……」（《共產黨宣言》）

這也解釋了同性戀無法透過婚姻組成家庭（無法繼承財產）之不平等的來源。婚姻家庭與私有財產制的內在聯繫如此深重，所以，對公共性的追求必須同時解構婚姻家庭。

然而，如果部分傳統左派認為情感、意識型態與社會制度是被經濟結構所決定，因此革命的路徑必須改變經濟結構、破除私有財產制之後，才可能帶來上層社會制度的動搖；與之相反地，當代更多酷兒的日常抗爭，正是要凸顯情感以及意識型態，與經濟結構之間事實上是相互決定的過程。換言之，不是在經濟領域中鬥倒了私有財產制與資本主義生產方式，家庭就會變革；因為後者正是前者之所以穩固的決定因素──那些被轉譯為浪漫與感動、兩人廝守終身、白頭偕老、長輩為後代留下田地祖產等等，經年累月為自然化的濃厚情感，往往是最厲害且難以抗拒的意識型態武器。當婚姻家庭同時濃縮了性／別與階級的宰制關係，這樣的雙重性質就是性／別解放與階級解放運動相互接合（articulate）的物質基礎。正因為如此，酷兒的不婚、拒婚，總是具有高度政治性與批判蘊含。

對於婚姻平等論者而言，開放同性婚姻，在既有的男—女單偶婚姻家庭外，多開放男—男、女—女的婚姻家庭，即便只是意味著整體無償家務勞動力的擴充，國家鞏固婚姻合法性的前提不變，單偶浪漫愛的意義與價值也不被挑戰，只要促成同性戀與異性戀的相對平等，都算得上是一了心願。

然而，平等論者又經常以這樣的對稱美學混淆人們。他們會說，婚姻或許無法解決同性戀的所有問題，但至少可以解決一部分，所以同性婚姻與性／別的根本解放是在同一條道路上的不同階段。我必須說，不是的，這兩者事實上不只是不同階段，更是位於不同道路與不同方向上。我試著提醒，單單只從表面上平等的角度出發，拒絕放眼更廣闊的整體社會結構問題，永遠讓貌似推動改革的努力變質為替保守派敲下叩門磚，令自己沉醉在注射嗎啡後的幻象。

與幻象對話
論反社會酷兒與台灣同婚訴求

洪凌

閱讀了台灣同志家庭權益促進會秘書長吳紹文的文章〈毀家廢婚？保家廢婚？保家保婚？〉，有些辯論與不同意見必須儘快表達，茲以此文當作一系列「酷兒不家不婚」論述的第一部曲。以下段落，我簡稱吳紹文為「吳君」，而其文章則簡稱「吳文」。

在吳文的鋪陳，有一種鮮明強烈的非辯證屬性。此屬性隱然呼籲的是：只要舉列特定的例子（尤其是原住民女同性戀「成家」與跨性別原住民的存在），就足以讓讀者枉顧其餘可能、必須全然肯認與支持同志新正常（LGBT New Normal）。亦即，吳文明確表態的是，任何位置與任何狀態的同志都別無他種出路，唯有在體系內打造不遜於（也不多於）正典人類樣態的「家」與「婚姻」，才可能好好存活。

在這樣的想像內，吳文提出的原住民例子不但：（一）不成比例地以部份覆載且代表了全體；（二）更沒有考慮到其設想的時空悖論。也就是說，這幾位義結金蘭的女同志，之所以成功挑戰部族的性／別固著性，最強大的動力是不要傳統制婚配結構的驅力，從而營造出非典型居住情愛模式，而非服順地塑造出除了生理性別差異、其餘與常態部族婚配等同的居家成婚模式。自從有同性戀／同志／酷兒等生命型態以來，諸多顛覆出格的「非家庭／反婚姻」情慾共生組合比比皆是，許多精彩的生活與書寫無非是從原生家庭婚姻連續體的宰制範疇脫出，創造且滋生讓文化政治如此激烈基進（intense and radical）的樣本與視野。若說

同運發展到現在，同志（與酷兒）被看見的方式居然縮限到只是「唯獨是同志，所以不能結婚成家」的平板僵硬型態，這宣稱不但抹除了同性戀光譜的諸種色相與戰鬥性，更漠視此光譜逾越「結婚成家」的侷促，反過來將非正典生命群還原（reduce）為一堆找不到配偶與體制收容的嗷嗷待哺（或嗷嗷待生育）敗者。此預設不但拒絕肯認（recognize）向來都無意進駐家庭婚姻系統的各路異者，也忽略即使在複雜的尋常現實版圖，早就具備各種與成家結婚無關的生活配套與活生生格局。

吳君認為苦勞網的一系列批判婚姻宰制性文章，只針對（想結婚的）「同志」，而且看似優惠地對待別種他者，例如新移民、外配、保家衛地的運動實踐者等等。誤解之大，讓我倍感詫異與震驚。或許，從吳文的立場來解讀同婚倡議的政治無意識，我們反而更可以理解到王顥中在〈平等的幻象〉一文所提及的糖衣式毒藥。平等與權利等修辭被現今的社會運動不假思索地運用，到達了自身系統內在矛盾重重也不在意的地步。

首先，吳君本人即是數種保家衛地的運動成員（最近期如苗栗大埔保家事件）：就這個運動位置，我認為吳君應該可以體會參與的酷兒雜種之發聲不能，更精確地說，即使正式書寫批判溫暖正典家園的可議性，亦很難在內部達成意識衝擊與起碼的對話。最清晰的例子，如我從2012年至今，就士林王家與保衛大埔的文宣戰所書寫的文章與論文[1]，在這些文章中，對於種種正典性別與性的資產擁有批評，絕不少於對正典同志主體加入中間階層慾望瀰漫的再閱讀。對於高壓性的家園溫情論述，酷兒的靜默與終於出聲表達異議立場（如工傷協會劉念雲在818拆政府行動上的發言）。這些行動一方面說明正典同志與常態性別政治的緊迫壓制，再者，更是表達出酷兒罔兩群希冀的並非核心家庭與體制施

捨，而是複數性的反生殖反未來路徑。

至於吳文念茲在茲、認為苦勞網系列文章獨獨苛待同志主體的想像，我在此先提出某種簡化後的耙梳。吳的行文理脈預設「人權」與「權利」的居間不變與自我擁有（self-owned, in-itself），是以，這樣的假設會導向近乎荒謬的公式：凡是有結婚權利者，都是比不能或不願結婚者更具備「人權」。如果此公式成立，我們竟然要毫無批判地認定一名優渥的中間階級女／男同志在台灣都會的美好小確幸生活，比一名只能透過跨國婚配來取得生存資源的外籍配偶來得「更沒有人權」。就吳君這篇文章的觀點，有種對「人權」與「平等」的直線進步且靜滯呆板想像。例如，每個人只要被賦予了結婚或組織家庭的「權利」，就是人權的實現。然而，即使在某些時候需要此種話術，在話語策略之外，這樣的宣稱與呼籲之問題性非常強烈，以下先列舉其中一些無法解釋的論述矛盾：

如果任何個人唯獨到了（被）結婚才能生存的地步，無論這個人是否是同志，都很難說他擁有「人權」。也就是說，吳君非常在意某個外配可以結婚但同志不能，卻無意去看到此外配已經到了不結婚就活不下去的處境。而且，外配難道都是貨真價實的異性戀？更進一步說，就算開放某些結婚權讓同性戀新移民與生理同性得以結婚，同樣沒有處理階級與國族與資產分配不均的巨大問題。

吳君的人權想像似乎包山包海地預設：沒有誰是真心地想要獨自

---

1. 請參照a.〈論居住權、罔兩傳承（的可能性）以及正典社運身分證／政治的不可欲〉、b.〈誰／什麼的家園？——從「文林苑事件」談居住權與新親密關係（1）〉；c.〈誰／什麼的家園？——從「文林苑事件」談居住權與新親密關係（2）〉

生活，充滿樂趣的獨自生活。然而，現實就是，確實有非常不少的個人在無須配載結婚壓力的情況，充分發揮了迷人的生命品質與單獨生存樂趣。若某些原本不結婚不單偶（實踐多偶或無偶或一夜情等）的個人，被強大驅策、鐵板一塊的意識形態與政策剝奪了自身的生命模式，吳君陳述的人權想像的極端性或許會一口咬定，這些原先不婚不單偶的人們被迫結婚，因而（反而）「擁有人權」。

「人權」是一連串的鬥爭與交涉與共構與「變形」，不可能只是純粹地失去了什麼或得到了什麼（一段戀情，某些資產，工作位置，法律條款等），就全然抵達了歷史目的論終點的「擁有」或「喪失」人權。吳文不遺餘力舉列了原住民酷兒孺慕家庭與氏族，我同意確實有熱愛家族的酷兒（正如有不在意原鄉的原住民或非原住民酷兒，厭惡痛恨原鄉的酷兒等等），但以「原住民酷兒」為免死金牌的陳述，很難不讓我聯想到Homi Bhabha在著作《文化地域》（*The Location of Culture*）中論及多元文化主義的迷思。某些論述立場會以近乎戀物僻（fetish-like）的姿態，將另些被認定為傳統固有原鄉的事物挪用（appropriate）為後殖民現代性所控制的生命治理技術。意思是說，確實是有熱愛家族與部族的原住民同志，但這樣的位置不應在任何特定的物質時空結構被輕鬆視為範本，更不適合被別種主體借用為良好生命的優良暨「原始」普遍模型。

走筆至此，不禁聯想到向來與「同性戀」貌似誓不兩立的當代基督教。但若我們對基督教身為意識形態有些基本認識，會發現在較早期的歷史文化脈絡（如羅馬帝國時代），所謂「始出」（original and primal）的基督教主義相當不同於當前的基督宗教——尤其是世俗化（secularization）之後，對於非正典生命的排擠與打壓——之意識形態

與構造。尤其有趣的是,在羅馬帝國時代,基督教成員的集結與活動,既類似那個世代的去帝國邊緣份子,也屢屢造反宰制系統證成的婚姻家族結構[2]。就現今的反性／反同志基督教而言,沉浸於唯一現實與歷史話語權的幻象,其效力強大與顚頂灌頂的病徵之一,莫非是無條件支援資本主義與主導正典性的共構。藉著變身成優良上進公民爲交換條件、以成爲婚姻架構新成員的同志主體,是否該稍微設想這番意識形態的遞移,絕非只是策略佈署,而是讓渡了豐富淋漓的邊緣能量與各世代酷兒的象徵介面資產?

姑且粗略並比,倘若反社會酷兒與原始基督教主義有稍許契合處,並不是馴化的當代教士集團型態(貌似獨身,卻支撐了現代核心家庭契約的種種),而是後者已然不復存的基進性:拒絕囤積私產、背對唯利商業主義、對抗金字塔構造的統治與被統治系統,以及對於生殖異性(再)生產公式的批評與逃逸。如此,(已然滅種的)基督教主義者(絕非目前的基督教徒)與(目前還活生生的)非婚不家酷兒,這兩種位置,對照著吳君所強調的美好原始(以台灣原住民酷兒爲金牌範例)與直線未來歷史終結論(婚則活、不婚則魔),未嘗不讓我感受到馬克思在《路易‧波拿巴的霧月十八日》所言的陰慘歷史循環論。身爲第二度出現的預言(寓言)劇場,無論是存在於集體無意識或意圖明確的政治操作,與主導意識形態共構的中產婚權同志隱隱發展著現世基督教格局的「第二度喜鬧劇」。

---

2. 關於這點,波蘭作家Henryk Sienkiewicz著名的小說《汝往何處去?》(*Quo Vadis: A Narrative of the Time of Nero*,改編電影翻譯為《暴君焚城錄》)可以讓我們認識一些初步的羅馬世代基督教主義結社狀況。

親密關係平等運動的階段性實踐

郭彥伯

【作者按】本文試圖回應在婚權運動當中,兩種有關「階段性目標」的誤導性修辭,並重新提出實踐親密關係平等的可能作法。本文將「婚權運動」放置於「親密關係與社會制度」的運動軸線上理解,而非同志運動的脈絡。換句話說,以下所談的「願景」和「理想」,是指「親密關係與社會制度」的理想。無論是本文作者或者伴侶盟等婚權運動主力,在勾勒運動的「最終願景」時,基本上都會同意以「任何親密關係,都能享有平等對待,不受到特惠或責罰」為目標,本文也就以此為討論的出發點。

在運動當中,不同群體間經常存在著矛盾,設想「最終願景」的目標也經常不同。而在另一些時候,運動路線間的差異取決於「階段性或策略目標」的不同,卻共享著「最終願景」。我認為,當前運動中存在著兩種誤導性的修辭,不僅無助於「最終願景」的實現,甚至是有害的。要真能促成目標的實現,乃至於設想過程的階段性目標,我們有必要先揭露當下的偏誤。

理想≠局部加總

第一種偏誤,是簡化地將實踐理想的過程看作拼圖,誤以為任何「局部」的實現都是在朝理想邁進。

事實上，我們不能夠簡單把「理想」分割看成「局部的加總組合」，因為理想的社會制度，往往就是一環緊扣著另一環，無法分割。舉例來說，假使在一個能有效、平等分配生產所得的理想社會，或許可以支持少數人取得資源並大量生產；但若在一個無法合理分配所得的社會狀況，發展出讓特定人富足的體制，卻只是創造特權，不能視作朝著理想邁進。

　　其次，在追求理想實現的過程，每個環節間不斷發生著動態變化。在親密關係平等的前提下建立區別，和先創造取得資源的階序，然後再期望可以達成平等，這兩者的順序不同，所造就的後果也截然不同。

　　在親密關係平等的理想下，移除所有「性傾向歧視」的法律當然是必要條件。但是，如果以國家為單位對關係進行「認證」的法令（無論是婚姻法、或者伴侶法），本身就是追求親密關係真正平等的阻礙。那麼，去創設一個「沒有性傾向歧視的婚姻法」，究竟如何能夠算是一種「階段」，這是需要爭議的。

　　第二種偏誤，是誤將僅僅有利於部分人向上爬升的，當成是整體朝向願景的「階段」。當今天婚權運動已經碰觸到社會制度的種種問題，像是多元成家的三套法案，本來就宣稱「不只是為了同志」，那麼運動就不該在遭遇批評時，以「（只是）推動反恐同、（只是）推動同志權益」等說詞逃遁。

　　既然提出了「親密關係平等」這樣的願景，並以此示人且召喚、代言群眾，就必須面對爭論，說清楚自己所提出的「階段性目標」，如何可能朝向這個「最終願景」前行。面對「親密關係平等」的理想，現在運動所推動的同性婚姻或者三法案，真的是我們所有抱持共同願景的人，都能同意的「階段性目標」嗎？

兩種「階段性」設想

以下我舉兩種「階段性目標」。在一般運動中，如何以「整體利益」的考量下，去設想其「階段性」，其中包含了「策略性」和「迫切性」的「階段性目標」，藉此凸顯出當前婚權運動聲稱的「階段性目標」，往往只是以口號，去迴避甚至悖反理想的修辭。

所謂「策略性」的階段目標，就好比楔子，是在運動中先去找尋一個容易入手、開展的突破點，更關鍵的是，接著還必須撐大這個突破的縫隙、進一步開展社會的更多矛盾與衝突所在，協助其他原先沒名沒份的人都能進入。當目前被視作「保守」的代表，都已經鬆口表明同意實質權益的修法[1]，持續推進與開放這個戰場，讓所有人的需求都能夠持續被納入、被看見、被討論，這是「策略性」的階段目標所可以採行的。

此刻，代表同性伴侶的群體，如果想擴大宣稱自己代表「多元親密關係的群體」，就必須面對以「身分認同」為核心的運動，實則造成了極大的排擠性。當一項具體權益成為特定身分的「特權」時，同志必須抉擇：宣稱得不到權益是因為同志沒有名份，因而主張同志要求名份；還是把握現在具有的政治能量，作為所有沒名沒份的關係中的其一，共同爭取主張權益向所有的人開放？如果真當「親密關係平等」是最終願景，那麼唯有選擇後者，才可能稱之為是「策略性」的階段目標。

「迫切性」的階段目標，就是從當前最急迫、最需要被處理的問題下手。對許多運動來說，最直接首要對抗的就是「罪刑化」，罪刑化不純粹是刑法條文本身，而更象徵國家合法暴力與更廣泛的社會暴力。除了常被討論的通姦罪，太多的相關刑罰不斷致人於罪卻不被看見。好比

說，傷害直系親屬以及殺害直系尊親屬，是極其重罪，然而也正是家庭從來都不只是愛與承諾的所在地，所以常是所有社會矛盾集中收攏、極大化之處。這樣經擠壓而成的傷害，卻必須被施加更重的刑罰（相對於一般傷害罪／殺人罪），來服膺某種「家庭」與「家人之間關係」的和睦理想。

又或者，針對緊扣著親密關係的「性」，好的、合法的、忠誠的性，依然同壞的、非法的、隨意的性之間，存在巨大鴻溝，社會褒揚前者而懲治後者。近年來，許多人在親密關係中發生性，然後因為親密關係的矛盾與衝突，反過來又以性為由而告上法院，要求國家懲治。國家暴力施展的兩面性，正是透過一面教導「性」應當被呵護、另一面又提供懲戒「性」的武器，而制定、推動、執行與宣揚國家法律的力量，卻又隱身在「人民」之後。

台鐵性愛趴民事訴訟，以及針對《刑法》231條的釋憲，更突顯「親密關係平等」仍然遙遙無期。親密關係真要邁向平等，當然也就包含「長期」與「短期」親密關係的平等；「兩人」與「多人」親密關係的平等；以及「不經過中介」與「經第三者媒合、或者提供空間等協助」的親密關係，也該要平等。

這麼說來，台鐵性愛趴難道不正是「親密關係平等」的最佳代言嗎？一群人等短暫相約聚在一起，既謹守事先承諾，且紀律嚴明、保護彼此隱私。這樣的實踐卻遭到媒體與社會的圍剿和獵捕，這不正是所有

---

1. 不只是此刻法務部的表態，2013年在公視〈有話好說〉節目上，性別人權協會秘書長王蘋其實也曾逼出類似的表態可能（http://youtu.be/LidGc5W2CbY）。

推動親密關係平等者必須大力聲援的嗎？而這樣已經遭到司法迫害定罪、迫切需要平反的人，任何宣稱要推動親密關係平等的運動，難道可以迴避，不將此類生命放到運動的議程當中嗎？

連結的對象

當然，以上所提僅僅是作為一種參照，希望重啓有關「階段性目標」的辯論，重新界定我們所要邁向理想，其可能的路徑究竟是什麼，而非簡單把這些當成標準答案。不同意以「親密關係平等」這項願景的人，應該持續對這願景本身提出異議。同意這個願景的人，則必須認眞且現實地思考，什麼才是眞正可行的實踐，什麼又只是口號，甚至將我們推離目標。

試想以下三個常見的案例：

> #1 一對同性伴侶，無法找到經濟可負擔、又願意租的居住空間。

> #2 一對同性伴侶，總共月入百萬，很快買了合適的房子。

> #3 一對年老的異性戀夫妻，無法找到經濟可負擔、又願意租的居住空間。

這時候，我們該是如目前的婚權運動，用「關係認證」去爭取名分，將 #1 與 #2 串連起來，然後說，社會問題是在於 #1 和 #2 的親密關係沒有「合法化」，不能像異性戀那樣申請房貸優惠？還是應當要把 #1 和 #3 串連起來，去主張一個合理的、非市場價格邏輯的居住空間？將這三個案例並置，考驗著追求「親密關係平等」的運動，究竟如何設想應該要使人陷入不利困境的結構性因素。運動又該如何打破造成這種不利的問題核心、追求更好的生活？

這也凸顯了，當前將 #1 與 #2 連結追求名分的婚權運動，恰好遮蔽了社會上真正亟待挑戰、激化的社會衝突所在。在這個意義上，參與發展基進的居住可能，遠比任何倒行逆施的實作更能促進親密關係平等。

歷史的時刻早已到來。在追求親密關係平等的路途，我們不難發現，極度迫切的台鐵性愛趴訴訟案，聲援人數比彩虹圍城少了千倍，後者甚至還超過爭取具體社會權益的巢運。任何關注運動的人，都必須在這個情勢下採取決斷：究竟是要為自己爭取一個比較容易取用權益的名份，或者要同所有沒名沒份的邊緣一同抗爭。此刻的任何選擇與行動，都必將被看見與記錄，並影響運動的未來走向，最終也要負起歷史的責任。

婚權運動至今，「多元的同運」怎麼了？

郭彥伯

『為什麼有些人無法接受「多元」的可能？我認為，其實不見得是那些人自己古板、可惡，而是因為我們整個社會的教育與文化，長期以來太過強調整齊與秩序，使我們有機會面對「不一樣」的時候，只能學習到用各種方式排除異己、恢復秩序，而不是嘗試去擁抱各種可能性。』

——許秀雯

　　這篇文章跟左派或酷兒，乃至毀家廢婚的議程都沒有太大干係，而是在同志運動、多元成家運動的議程和綱領底下發問。

　　長久以來，同志運動一直致力於肯定差異、看見關係的可能性、挑戰各種對「親密關係」的刻板印象，尤其針對異性戀總是被推往的單偶愛情——婚姻關係。多元成家運動一開始，強調婚姻以外的各種關係該如何被善待，如何同樣被肯定跟重視，最後選擇以修法作為推進上述理想的策略。這些運動的初衷或願景都很美好，但我們有朝這個方向在前進嗎？不管對於未來社會有沒有相同的藍圖，這個問題都該被想清楚。

越來越保守？

　　跟朋友討論類似話題時，我常進行一類實驗，挑選一些跟伴侶權益有關的法規，問問他們覺得可以怎麼改。以探監或受刑人通信、同住為

例，現行法規基本上僅限直系血親、配偶這類主流社會認定的關係人。當我提起，有個人在坐牢，結果竟然不能跟男友、同居人見面或通信，該怎麼辦？多數的朋友會覺得既然想見面，情侶或同居人為何不能見面。可是當我今天特別提示這受刑人是男性，或者彼此是在婚姻平權的語境討論這問題時，我就會得到「婚姻平權」這種答案。

　　類似的問題在我閱讀各種批評現行制度的論述時，總會不斷出現。我們知道，無數現行的法律或社會規範，基本上都預設了單偶的異性戀婚姻關係。但預設並不等於嘉惠，很多時候也是懲治或管制對象。同時，被排除的也不只同性戀，其他種生活型態也總是會被排除，例如多重伴侶的異性戀。最困擾我的問題是，為什麼號稱是進步的同志運動支持者，在類似問題上，總會給出最限縮、最無視親密關係多樣性的法條解讀或答案？

　　這是一個尖銳且嚴峻的問題，我們必須誠實思考：多元成家運動至今，同志群體有更發展出對於多元關係的重視嗎？有在想像親密關係時打開更多的可能性嗎？還是在往反方向走？甚至，我們不要問群眾，問問長期參與運動、理當清楚這些難題的人，我們有在前進，有對關係的想像更開闊嗎？

狹隘的想像造就偏誤的解讀

　　2015年夏天發生了八仙塵暴。一位男同志想了解男友傷勢和醫療狀況時遭遇重重困難，伴侶盟借用這個事件發表聲明，推進自己的婚姻平權議程，完全無視最根本的問題：故事中的男主角從來沒有表達過他和男友有要結婚的意思。婚姻平權如何能幫助到同志情侶？儘管這是傷心、令人焦慮的故事，但就跟任何異性戀情侶一樣，關心女友病情的小

王也很可能被女友丈夫阻擋在外或不敢現身。而我們也要問，兩年前還在解釋和倡議多元成家三法案並行的伴侶盟，說得出這種話嗎？看得出三法案裡跟此案例最沒關係的就是同性婚姻修法嗎？

日前曾因為參與抗爭而入監服刑的王鐘銘，注意到自己沒有辦法跟男友通信或取得接見權益，開始批評相關制度，最後爭取到同性伴侶可以「同居證明」辦理接見。這些爭取都非常好，但是被理解為婚姻平權一環或片段就非常奇怪。難道婚姻平權法案通過了，王和他的男友就一定會成為他的配偶嗎？異性戀的同居人，就不能取得接見資格嗎？同性伴侶如今可以憑藉同居證明來辦理接見，是一件好事，但更進一步應該是讓異性伴侶也可以這麼做，不是嗎？為什麼自我矮化理解為婚姻平權的片段實踐呢？甚至，在早期的很多說法，這種超越婚姻的親密關係保障，不才是更遠大、全面的目標嗎？

類似的案例，族繁不及備載。推更遠一點來說，如果我們能夠打開自己總是把婚姻跟性、愛情綁在一起的刻板印象，我們甚至可以說，現行的婚姻制度根本沒有排除同性戀，根本沒有對性傾向做任何審查，至少打算跟異性結婚的同性戀者沒被排除。（如果有人想武斷地說：那是被迫的。我只能問，難道異性跟異性結婚就理所當然比較自願嗎？）被排除的是想跟同性對象登記為配偶的人，包括打算這麼做的異性戀。

現行的社會制度當然有很多糟糕的問題，而我們都不是古板可惡的壞人，可是我們對問題的解讀，難道不是常常陷溺於另一種秩序或理所當然的刻板印象嗎？

拒絕反省的運動

最糟的還不是誤讀，最可怕的是更多為了正當化這類誤讀的說法。

有些人會說，既然這是同志運動，同志運動當然可以只推動有助於同志權益的政策，沒有一定要納入廣大非單偶婚家異性戀的需求。但就算我們不要求每個運動群體都去考慮政策對廣大群眾的影響，只考慮「同志」，同志也有打算結婚和根本不考慮結婚的人；更有人會說，至少那些異性戀可以選擇結婚。我對這種發言感到無比驚恐，好似世界上只剩下已經結婚的異性戀、自己選擇不結婚的異性戀、和無法結婚的同性戀。

　　長久以來，女性主義不斷在分析、解釋，想要警醒當前婚姻制度帶來的種種壓迫，然而，這些壓迫在同志運動的語境裡都成了「至少你們還有結婚權」，沒有人會想要再去反省這種「至少你們還有結婚權」的說法恰恰就是我們每日在面對關於結婚的威逼利誘，過去逢人問婚，我們說「我不打算結婚」，現在逢人問婚，我們心想「同志婚姻快通過吧」。

　　對今天的運動者來說，沒有誰會說其他人應該因為我的議程而倒下。但他們會說，這很好，但其實這就不是同志的事了，我們關心的是同志權益。或者說，雖然你提的方案比較好，那你可以自己去推，我們也會支持。在這種說法中，誰也不想面對自己為什麼拋出這些議程，以及背後有怎樣的刻板印象。

現況是什麼？在乎多元關係的人要實踐什麼？

　　當美國最高法院的多數意見書在2015年六月發出，裡面的話語撼動人心，甚至被稱為最美的判詞：「世上沒有一個結合比婚姻來得更深刻，因為那體現了最崇高的愛、忠誠、奉獻、犧牲和家庭。締結婚姻盟誓讓兩個人超越了原來的自己。正如那些訴求者引證了婚姻的愛可以一

直延續，甚至跨越了生死。指摘他／她們不尊重婚姻實在是一個誤解，他們苦苦爭取正說明了他們尊重，而且恁意實行。」

這樣的話語出現時，整個號稱是關注、重視多元伴侶權益的運動社群對此選擇緘默，未置一詞。稍早之前，尤美女在一次公開回應說：「我們沒有要改變婚姻制度，只是讓婚姻制度包容更多想要進入且信守許諾的人。」一位立委如此發言，「伴侶」盟竟然表示要「予以尊重」。就算拋棄一切與廢除婚家相關的議程，僅僅是作為一個開放式或多元關係的實踐者，這樣的「運動社群」都會讓我感到心寒，都會讓我警醒，「多元關係」或「親密關係的可能性」或「各種奇怪形式的家庭」根本不在這些運動的議程和想像。

苦勞網上的「想像不家庭」系列文章刊出已久。這段時間以來，不斷遭受許多攻訐。其中，肯定我們部分論據的人會提出兩種問題，一種是批評我們不把婚權運動當作推進多元關係的機會，粗糙地說，就是內部改革。第二種則是追問那怎麼不提出更具體的實踐方案。

首先回應第一種質疑，單純作為一個多元關係的支持和實踐者，面對如前所揭示，分明是越來越惡劣的論述被視為進步的這種現況，機會在哪裡？說要內部改革的人，除了對批評者說「你們應該思考怎麼利用運動做改革」之外，在默許、容忍、忽視這些論述之外，誰公開說過現在多元成家運動有什麼問題？誰正面跟婚權運動起過衝突、揭露矛盾、直面這些日趨惡化，無視多元關係的話語？

這剛好接到第二種問題，也是我寫這篇文章的目的。我的確非常想暫時擱置我自己（毀家廢婚）的政治議程，詢問所有對當前狀況有警覺的人。本文並不是要針對許秀雯、伴侶盟、王鍾銘、尤美女或任何特定的人與團體，而是想強調，整個運動態勢、整個社群氛圍，如今不可避

免地被捲入非常狹隘的親密關係思考。關鍵在於我們對於現今的婚家體制到底哪裡有問題，沒有足夠的認識和警覺。

許多人就算不認為「異性戀」是婚家體制唯一的問題，也會在運動中表達這是主要問題，而不自覺忽視其他面向的限制與可能性。面對這一種結構，除了批評，我們能有什麼實踐呢？另立方案，例如2015年同志大遊行把鬥爭指向兒少法等年齡問題，這當然是好的，可是這只是轉移目光，無法根本破壞構成人們情感的結構：婚姻的慾望、單偶並走向婚姻的關係的預設⋯⋯等等。具體而有挑戰性的作法，若不先真實面對這些問題的存在，還能實踐什麼呢？

運動團體有解放社會的責任

身分政治為主軸的運動已經走到了瓶頸。為了迴避朝向婚權運動的批判，人們常常說：「同志運動關心專屬同志的議題、爭取屬於同志的權益並沒有錯、同志不需要背負解放社會的責任」。於是，曾經也是同志運動戰場的HIV、性工作、性解放、用藥問題，要如何面對以下說法：異性戀也會有HIV，異性戀也會有群交和性工作，護家盟攻擊的人獸戀和亂倫通常是異性戀，警察都只針對同志空間掃蕩毒品⋯⋯。在社會不平等益發劇烈的此刻，同志運動如果僅僅是追求跟異性戀一樣「平等」被對待，那麼很快我們就會失去所有戰鬥的理由。

任何一個人，都沒有義務要因為是同性戀而額外擔起社會解放的責任。誰也不需要在進入一對一關係、戴保險套、拒絕用藥、結婚時自我譴責，對自己生活的選擇滿懷歉意。但任何運動集體，都要擔起社會解放的責任。集體如果不願意跨越自身限制去回應這些社會問題，而遁逃到個人的選擇之中，這樣的集體並沒有運動性可言。

John D'Emilio在1983年寫下這篇至今讀來仍具啓發性的文章。不僅拆解同志身分的本質想像，同時也給了同志運動値得所有人嚮往的遠景。僅節錄一小段以作結：「男／女同性戀者，是處於異性戀式核心家庭制度之外的社會位置。我們的圈子在這社會空間中，逐漸地形成、而且站穩了腳步。我們的生存與解放，有賴於我們能否保衛、擴大這個空間；不僅爲我們自己，也是爲所有的人。」

　　　　　　——John D'Emilio，舒詩偉譯，1993（島嶼邊緣，No. 6 - 7）

路在眼前，是否同行而已

郭彥伯

【編按】從2013年10月開始，以苦勞網為平台，我們召集數位對婚姻家庭帶有批判性觀點的作者，一同籌組「想像不家庭」的論述團隊。我們認為同志社群以「同志平權」為首要綱領推動同性也要結婚權的同時，並未根本性地挑戰現代家庭功能的再生產機制以及私有產權的本質，與資本主義社會的緊密連結，更有可能忽略以「婚家」為社會福利的單位體時所遮蔽的種種問題。整整兩年半之後，苦勞網這次推出的「勞動國際婦女節」專題，以「托育勞動與婚姻家庭」為主題，我們揭露現實以婚家為單位、以「愛家意識形態」所精巧掩蓋的勞動問題，試圖拉出不同的面相。此篇文章則是回到「毀家廢婚」辯論的起點，針對當時對我們提出質疑的其中一篇文章，做出回應。

2015年三月，《應用倫理評論》的同性婚姻專題刊出了何思瑩〈只破不立，無以為繼——談毀家廢婚派的幾點問題〉。這篇文章想批評的「毀廢派」主張，例如「取消婚姻就等於可以解決資本主義中資本累積與資源分配不均的問題」或「單單素樸的叫大家不要結婚」，不曾出現在我們一系列的文章中，而是對「毀家廢婚」望文生義的想像。儘管如此，一年將屆的此刻提出一些簡短的回應，是因為這篇文章仍然非常好地匯集了一些通行的說法。本文希望能簡要呈現這些說法之間的問題甚至矛盾。

第一組衝突點：馬克思主義與福利國家的關係

作者在文章引用不少馬克思或馬克思主義者的論點，卻沒有意識到這些論點與自己後面的主張有相當大的落差。舉例來說，文中所引的《哥達綱領批判》旨在說明改造生產模式的重要性，作者卻在其後加上：「並且，階級間的正義與重分配議題相當重要，理應透過更公平的稅制使資本家取之於社會者能相當程度地回饋於社會。」這樣的說法取消了馬克思之所以強調「生產模式」的前提。容許資本家的存在，透過稅收進行平衡並將之理解成一種「回饋」而非對勞動階級的剝削，恰好是馬克思反對的。

延續著馬克思主義對資本主義生產模式的批評，想像不家庭進一步批判私有產權。主張私有制的廢除，關鍵當然在於各大財團與企業資本家。尤其是看見這些資本家即使已經坐擁一輩子都花不完的錢財，仍不斷積累鉅額財產的動力，與家庭和遺產是緊緊糾纏的。針對這些批判，作者質疑在一般人民越趨貧窮化的此刻，「一般小家庭也難有甚麼財產私有可以『積累』。」但作為一個高稅率福利國家模型的支持者，應該要對這種慣性的質疑有點敏感。因為提高稅收的主張在推廣時，最常遭遇的說法就是：「現在的稅對一般家庭是很大的負擔了，還要多繳！」福利國家模型或者生產工具共有制的支持者，都應當清楚，現實社會是極度不均等的。以「貧窮的人竟然還要付錢／蒙受損失」為說詞，實際上掩護了擁有巨額財產與手握大多數生產資料的大資本家。

何思瑩也質疑：取消同性婚姻，既有的制度仍會持續運作，異性戀家庭仍持續累積私產。這是不對題的回答，因為想像不家庭過去沒有任何一篇文章主張「透過取消／禁止同性婚姻來達到任何理想的社會制

度」。我們確實主張要達致理想的社會，要解放家庭，必須要廢除現行的諸多婚家體制。在這個意義下，我們不同意各種主張家庭之必要、理想、多元從而能創建理想社會的運動，包含了檯面上多數推廣同性婚姻和守護異性戀家庭價值的社會團體。我們當然更不會同意，必須先讓同性戀能夠進到婚家體制，才能談廢除。好比我們不可能同意讓任何生物都能進到台灣的軍警，我們才談軍警的暴力；但我們反對和批評與我們議程相牴觸的運動，並不代表我們認為反對這些運動就能完成什麼。

　　當然，達致理想是很困難，不論是福利國家模型的高稅收或馬克思主張的廢除私產。從台灣甚至世界的歷史經驗，高稅收的支持者似乎沒有太多理據可以宣稱這在台灣社會是比較可達成的。

第二組衝突點：個人、家庭與國家之間的關係

　　文章開篇就指出，不論異性或同性的婚姻、各種伴侶組合或家庭都只是一種社群或中介單位，而「各種社群都有可能互負照顧與共同生活的權利與義務，單單仇視家庭或是核心家庭僅因為其具有浪漫愛的想像也有失公平。」弔詭的是，僅隔兩頁，作者立即又宣稱「左翼酷兒人士可能不明白所有家庭或社群中繼單位的解消就代表著只剩下『國家』與『個人』兩個極端單位」。這是非常矛盾的論點，一方面認為毀廢派的批評太過狹隘，只針對家庭或核心家庭提出批評，另一方面卻又認為毀廢派的批評太過全面，連所有社群單位都要搗毀。撇開對毀廢派判讀上的矛盾不談，作者在這裡對於「國家不透過任何社群中介，以個人為對象進行資源分配或管理」迅速且劇烈的反彈，讓人難以理解為何作者在後段在引介各種福利國家模式時，又要肯定「資源與福利分配皆以個人而非家庭為單位」的模式「不會因制度的誘因而傾向複製男女不平等的

性別分工模式，也開啓了更平等而多元的家庭分工可能」。

況且，毀家廢婚派的觀點並不是任何被稱爲「家」的東西都要毀壞，更不反對照顧、共同生活的社群，毀家廢婚派要指出的是當前的婚家制度與資本主義共構的結果，事實上阻礙甚至破壞了很多婚家之外的合作與親密關係，也讓婚家內外的人各自蒙受許多痛苦和剝削。就好比，批評財團創辦基金會的假仁假義不是在反對善行，批評企業使用實習生不是在反對學習。但「何不直接反對財團／企業／資本主義？」這種質疑是不充分的，因爲善行、學習、照顧、愛或信任就不是孤立存在的，而與這些制度緊密交纏。同性婚姻同樣不可能架空於社會體制而存在。

針對勞動部去年底發函說明同性伴侶也能請家庭照顧假，我認爲「多元成家」確實可能存在進步性，卻要強調「勞動者可以不因照顧有病難的同居人就沒有全勤或額外被扣薪，當然是很重要的，但這只不過是在社會照顧徹底失能、最廣義最多元的『家庭』也被賦予照顧義務的體制下，要求雇主爲這種剝削體制付出最起碼的誠意罷了」。這同樣可以引申爲我對同性婚姻的觀點：溢出於此的過多美化、擁護與追求，就是我們的批評對象。同性被排除於現在的婚姻制度之外，正如同女性或各種殘疾障礙被排除在兵役體制之外，是一種社會歧視的顯影。隨著不同角色身分的社會地位變化，這些制度可能會產生轉變，也可能有人會因爲制度轉換後得益（例如有些貧困的女性或身障可以進入志願役獲取薪資），但我們仍要保有對這些體制的批判。

解放婦女需要解放家庭

作者反覆強調毀廢派的「只破不立」、「不實際」，認爲應該從現

實出發來理解問題。我認為透過閱讀如此主張的文章，恰好可以讓我們理解到問題的核心。

不論是一對同志伴侶A與B的舉例、引用影集《愛妳鍾情》或報導，其實都跟過去「想像不家庭」累積的寫作方式相差不多。即使文中試圖引用幾個實證研究說明「美國的同志伴侶家務分工方式比異性戀更多樣更平等」，要回應「同志結婚將只會複製異性戀家庭的男女分工不平等模式，加深私領域的剝削」——然而，這不是任何一篇想像不家庭文章的主張。

在相關議題上，我們提出的說法恰好是：剝削並不是在單一個家內發生，任一對異性戀伴侶的平等分工也無法解決家務勞動的剝削問題。同性婚姻的問題在於：倡議者擁護、浪漫化剝削異性戀伴侶（尤其是女性主義者長期關注的女性）的家務勞動。如果在根本問題上無法釐清，那麼在偏差或望文生義的理解下無限增生的「事實」與「實證」，都無法解決我們之所以要持續批判的核心。

想像不家庭能否有具體的制度主張？針對女同志伴侶之一喪命，另一半即使長期相處、情感深厚卻沒有親權的問題，我們得到的回應是「難道直接將小孩送到『屬於國家或公共之育兒中心』？荒謬之處可見一斑。」在最熱門的好萊塢電影中，集體撫養甚至控制生育的社會大抵都是扭曲可怕，等待身懷異能的主角來顛覆。這究竟荒謬在哪裡呢？國家或公共的托育中心品質不佳、缺乏資源是一回事，但公共托育不受重視，不就是因「小孩要母親自己養」這種長期存在的社會意識形態嗎？

在這裡，我們更可以看見長期以「這是權益、多元方案、至少要有可以選擇權」這種包裝式修辭的破綻：文中所舉的例子，完全沒有交代另一位伴侶的意願。這凸顯的是選擇權其實並不重要，而是當你今天跟

一個人（可能是過去伴侶的小孩）情感深厚，你就被預設要親力親為照料他，把他送去公共機構就是荒謬的。公共養育也可以有很多種形式，公共機構負起完全的養育責任也沒有禁止小孩跟誰建立情感關係。很難想像，在一篇不斷強調福利國家的文章中會看到這樣的說法。

如果把故事稍微更換，變成是一個死去的母親、遺留的是重病但跟孫子情感深厚的祖父，孫子想把祖父送去國家或公共之照養中心，「荒謬」兩個字或許不會那麼容易說出口。又或者，如果換成是一個丈夫在說當初大家都很有愛，所以決定跟父母一起住，現在忽然要分手了，如果沒有法律「保障」，自己沒辦法扶養父母怎麼辦？時下討論最多的高齡照養或許就會出場。

需要更進一步探問的是，為什麼這一例子的轉換就比較能凸顯問題所在？為何長照遠比公共托育能取得更多社會共識？重點之一是性別不平等的問題。邁向高齡化社會，各種性別位置都開始感受到吃緊的長照需求，子代在照養問題上不以「子權」而更是「子職」的形態出現，會引發更多反省；但人們在不太需要警醒的情況下大談親權、用責任來回應「公共托育」的主張，是無視公共托育品質優劣的前提，一個媽媽（甚至兩個媽媽）無法讓小孩達到育幼院的生活水平。此一無視來自長期被預設的親權、母職，難以擺脫，唯有破除這種家庭想像，婦女才有解放的可能。

這是想像不家庭可能提出來的方案。「公共托育」當然只是一個很初步、很簡單的口號和舉例。如果直接就被視為荒謬的、不被當成路，那自然也就看不到更進一步的可能。路就在眼前，端看是否要同行而已。

不結婚也被保障，才是真平權！

想像不家庭陣線

　　2016年是民進黨二度上台，也是同性婚姻法案第三度送入國會。為儘速推動同婚，包含婦女新知、同志諮詢熱線、同志家庭權益促進會、同志人權法案遊說聯盟等團體積極採取行動，根據提案立委尤美女表示，目前的法案是與四個民間團體共同形成、社運傾注全力支持的法案。十一月中旬，法案送入立院司法法制委員會，後續還加開了兩場公聽會，同志團體和宗教團體也各自舉辦數場大型集會，動員展現人數與聲勢。

　　其中，12月10日同志團體舉辦的婚姻平權大型集會，已經在社會上引發可觀的討論，將有接近百輛的客運，載送南北同志前往凱道聲援；近幾年來充滿政治熱情的大學生也深度涉入社運，根據統計，全國大專校院已有接近七十個社團站出來支持同婚；另外，包含政治人物、網路紅人、演藝明星、知名歌手也出聲聲援，將有二十幾組的藝人在明日站上凱道舞台相挺同婚。12月10日的大集結，可以說是近幾年來，同運團體傾注最多心力、投入最多資源的運動。

　　不過，在性別團體積極推動同婚的同時，我們卻看到性言論空間的日漸緊縮。有別於2013年時的「多元成家」運動，此刻的「婚姻平權」連表面的「多元」樣板都不再顧及，深刻顯現了運動越趨窄化的傾向，同志團體努力擠進婚姻窄門，也努力自我淨化、排除骯髒的性慾望和性實踐，同婚運動也越來越堅稱自身與「通姦除罪」、「多人成家」等訴

求沒有絲毫關聯。

我們「想像不家庭陣線」，是一群對於既有「婚姻／家庭」體制深有不滿的同志，我們不支持現行的婚姻制度，也不支持當前僅訴求將同性戀者納入婚姻制度的「婚姻平權」運動。我們認為，「婚姻／家庭」制度已經千瘡百孔，應該盡速啟動我們對於婚姻和家庭、以及社會各項制度進一步的檢驗，而非簡單將同性戀者納入了事。在這樣的基礎下，我們必須向社會大眾嚴正宣告：我們不但反對現有的同婚倡議議程，更反對所有試圖擴大婚姻對象與定義範疇的議程。對於目前同婚運動的局勢，我們有以下數點聲明：

一、性別運動應積極面對同性戀被壓迫的具體緣由，以運動對抗性污名

隨著同婚辯論的正反雙方爭執不休，兩方各種誇張或歧視性的資訊也層出不窮。護家盟持續散播各種「性氾濫」和「性別秩序崩解」的文宣，企圖引起社會恐慌；同婚派則覺得這些「不實謠言」是在「污衊」同性婚姻，同婚被「特殊化看待」以及對於同志只需要立專法的說法，讓大家覺得污衊背後的真正動機其實是「歧視同志」，因此「支持同婚」等於「支持同志」逐漸成為婚姻平權的主調，許多同志運動歷史上重要的「受難者」又重新出土，他們是運動的先行者，他們的屈辱和死亡呼應著當下同志得不到平權的痛苦，然而，早期受難者的面貌在同婚的浪潮中只能剩下同志「身分」，他們具體受到壓迫的「行為」已經上不了檯面。

當護家盟表達對性解放趨勢的擔憂時，同婚陣營說「多元性別教育是要讓大眾尊重性少數，並不是性解放教育」，這彷彿在說：過去同

志三溫暖被頻繁臨檢，只因為主要客源是同性戀，跟嗑藥、濫交無關。常德街事件中，一大群人被警察荷槍實彈押到警局，只因為他們是同性戀，跟約炮、性交易無關。被警察強行闖入，近百人被迫赤裸蹲在地上任媒體拍照的農安趴，也只因為他們是同性戀，跟嗑藥、多P、愛滋、無套性交都沒有關係。

事實上，過去運動先烈們用肉身對峙的就是「性污名」，這些事蹟很能串連一樣是不見容於社會的酷兒，性解放面對污名的方式，是努力讓各種被異性戀社會壓抑下來的慾望和羞恥都可以用平常心看待，接受自己就是跟別人不一樣。只是很可惜，這種對內、對外都需要革命的運動耗時費力，比起前者，沒有道德瑕疵的「弱勢身分」更容易獲得認同，只要把歧視的結構性問題簡化成「惡意的加害者 vs. 無辜的受害者」，就可以輕鬆把改變的責任轉嫁給外部敵人（如可惡的保守護家盟）。

推動《民法》修改需要比人氣、比聲勢，同志受難和死亡的故事不斷催促大家，平權修法不通過，很快就會再多死一個同性戀，至於實際上同性戀是受到什麼壓力而死的，並不重要，同樣的，同志婚姻不過，很快就會再有一個遺憾終身的畢老師，究竟是什麼障礙阻隔了家人（族）溝通，不重要，到底畢老師想不想要跟伴侶結婚，也不重要，婚姻平權很精明地使用裁剪過、修飾過的歷史事件來吸納支持度。

我們認為，性別運動的真正可貴之處，就是在於保障社會上各種權力關係之下，最邊緣的每一個人，都能毫無顧忌地享受性的愉悅，免於脅迫、監控和恐懼。但目前同婚推動的議程中，竟然是在證明自身的高尚、純潔之中，反過來將這些邊緣的性愉悅，好比多P、用藥、人獸交等通通推入非法，甚至要徹底被消滅的處境。我們要堅持站在這些最

「骯髒」、最「汙穢」的人身邊,因為我們認為,他們是打破婚姻家庭的運動中,也是同志運動中最重要的戰友。

二、拆解婚家沒有捷徑,專法與民法的對立沒有意義,支持逐條檢視各項制度

同婚派積極追求「同性戀」與「異性戀」的平等,然而真正的婚姻平權,應該至少是要追求「婚姻內」與「婚姻外」的平等。

不是所有的「平等」都值得追求,舉例來說,如果我們支持性工作合法化⋯⋯

我們不會去追求等量逮捕「異性戀」和「同性戀」性工作者的「平等」。

我們不會去追求同時懲罰「嫖客」與「娼妓」的「平等」。

如果我們支持通姦除罪⋯⋯

我們不會追求同時起訴通姦中男女配偶與第三者的「平等」。

同理,如果我們認為國家不該將各種社會福利與資源分配緊綁在婚姻制度上⋯⋯

我們也不該簡單去追求「同性戀者」與「異性戀者」都能進入婚姻的「平等」。

許多涉及稅制、財產、醫療等法條,非常迫切必須逐一檢視、調整,但由於目前同婚派欲求單獨修訂《民法》,讓改革能落實所謂的「一步到位」,這些檢視卻被認為是「浪費資源」,因為可以「只修一條就好」。

我們認為,真正的「婚姻平權」,應該是:無論人們跟婚姻有何關係,有無進入婚姻,都能得到同等的照顧與待遇。因此,逐條修法,逐

一檢視同志們在醫療制度、照護問題、勞動政策、空間規劃等各方各面的問題，去修改與批判「婚姻／家庭」的限制與排除機制，才是達致這種「平權」的出路。此外，我們也認爲現行婚家中仍有許多問題值得繼續注意，例如通姦入罪成爲婚家成員彼此報復的工具，以及家中幼兒的托育問題仍然直接降低婦女的勞動參與等。

　　同婚派經常將「婚姻制度」對「非婚者」的排除與壓迫，扭曲爲「異性戀」對「同性戀」的排除，我們認爲，不論站在什麼立場，都不該誇大或偏頗解釋既有法規或修正草案的效力。對抗歧視不該成爲排除更多異質族群的理由，反駁荒謬謠言也不該透過散播更多荒謬的謠言。運動終究要承擔起這些言論的效應，爲每一次的妥協付出代價。

　　我們作爲性別運動的一份子，充分意識到目前運動最大的危機，就在於預先設定了一個唾手可及的輕易目標。性運在解嚴前後誕生，其中蘊藏著豐沛的批判精神，就在於堅持和所有最邊緣、最不受青睞的人站在一起，堅持發出對抗主流性別平等社會的不平之鳴；我們強烈地認識到，運動並非一步登天，而總是得腳踏實地、從最細節處做起，我們不落入同婚的「專法或民法」的辯論，而認爲應該「善用法律資源」，檢視所有涉及婚姻與非婚者（包含單身、離婚、不婚等）差別待遇的法條，並給予積極妥適的修正，如此一來才有可能達成眞正的平等。

　　堅持性異議！堅持性自由！

　　結不結婚都平等，才是眞平權！

現在是以後了嗎？

婚權階段論的幾點問題

黃亦宏

當前台灣社會熱議的俗稱「婚姻平權」的民法修正案是由台灣伴侶權益推動聯盟（以下稱伴侶盟）於2012年公佈的。當時聯盟草擬了包含婚姻平權、伴侶制度以及家屬制度在內三套不同制度的三胞胎多元成家草案，點燃台灣社會對於婚姻家庭的熱烈辯論。

伴侶盟宣稱多元成家草案挑戰的對象有二，「獨尊異性戀，以及獨尊婚姻」（台灣伴侶權益推動聯盟，2013）。獨尊異性戀指的是目前台灣法律實質上僅允許兩個生理異性成為法律制度中的配偶；而獨尊婚姻是指國家制度僅承認婚姻作為合法的親密關係。多元成家草案設想的三套制度因此各自對應著不同親密關係形式的生活想像：在傳統一對一的異性單偶婚姻形式中加入了同性也可進入婚姻制度；此外，兩人或兩人以上非以性關係為基礎共同生活的群體可經由家屬制度成家，多偶伴侶、多P（多人）成家因此成為可能；伴侶制度則設想締約雙方無須負有性忠貞義務，且得由單方面解消而不須對方同意。

儘管早已言明三套制度是為不同的親密關係規劃制度藍圖，反對多元成家以及僅支持婚姻平權一案的群眾仍然質疑家屬制度就是（淫亂的）多P合法化，伴侶制度則是通姦除罪化，直指多元成家的最終目標是性解放。草案經一年紛擾，伴侶盟於凱道辦桌活動中鬆口，承認多元成家草案送進立法院審議時三胞胎法案將進行分別、平行且獨立的提案，而三胞胎法案分拆平送後唯有爭議相對較小的婚姻平權通過一讀。

最終，多元成家草案的討論焦點逐漸限縮爲婚姻平權，對於其餘兩案的討論漸少。

對婚姻制度的挑戰由多元成家縮減爲婚姻平權，反映了本就不願接受現行婚姻形式改變的群眾意願。這種群眾有兩種，其一是護家盟守護一夫一妻；其二是婚權派爭取一夫一妻放寬限制爲一妻一妻／一夫一夫。在運動訴求限縮的尷尬情境下出現一種流行的說法：「運動有先後，改革有階段」。這種「階段論」認爲，在資源有限、改革不易的情況下，先爭取比較沒有爭議的問題才比較有可能實現，因此，在前述的訴求緊縮背景當中，由婚姻平權取代爭議較大的多元成家是基於現實限制不得不爲的運動考量。除在多元成家與婚姻平權之外，面對毀家廢婚派的挑戰，伴侶盟執行長許秀雯也曾主張階段論：「允許多元成家是毀家廢婚的一種方式」（張心華，2012）。意即，毀家廢婚是理論目標，而多元成家是通往目標的政治實踐。

這個「婚姻平權—多元成家—毀家廢婚」的進程是先透過婚姻平權改變當前被異性戀壟斷的婚姻制度，隨後推動多元成家改變婚姻壟斷合法的親密關係，最終達成婚姻內外皆平等的毀廢目標，我將之稱爲「婚權階段論」。接下來我將把這個婚權階段論拆解爲「婚權」以及「階段論」兩組概念，以說明我對「婚權挑戰的路線差異」以及「階段論的基本條件」的認識，接著說明爲何我認爲婚權階段論僅是一個搪塞之詞，終究將排斥不入流的性實踐，鞏固當前的性階序。

就「婚權」而言，婚權挑戰可以分爲以下三條差異路線：

婚姻平權（婚權派）：訴求將當前婚姻制度中刪除婚姻雙方爲生理異性的限制，對於國家認可的親密關係制度不再提出人數、次數、福利、刑罰以及權利義務……的質疑。簡言之，婚權派冀望婚姻制度一切

照舊，唯一改變的是同性也能結婚，藉以達成同性戀與異性戀平權的目標。

多元成家（多元派）：除追求婚姻平權之外，進一步訴求國家認可的親密關係制度必須改良。這種改良有兩種不同的途徑，第一，除了婚姻制度之外，還要有其他結合的形式，比方說義務與權利相對鬆綁的伴侶制度。鬆綁的意思是指婚姻連帶著許多細微的權利及義務，例如醫療探視權、醫療同意權、財產繼承權、同居義務、性忠貞義務……等等伴隨著婚姻產生的法律規定，它們在伴侶制度中都可以進行協商調整而無須全盤接受。（伴侶盟就曾將婚姻制度與伴侶制度類比為餐廳中將前菜、湯品、主菜、甜點以及飲料都搭配好的「套餐」模式，或是各種餐點分開選擇個人所好的「單點」模式。）第二種改良就是在親密關係的形式上，除了一對一不限生理性別的單偶關係之外，也訴求一對多（重婚）或是多偶婚都要被納進法定結合制度。簡言之，多元派冀望國家對於法定結合制度除了不再有性別限制外，還要鬆綁人數、次數、權利及義務……的限制，達成親密關係平等的目標。

毀家廢婚（毀廢派）：並不主張放寬婚姻限制、改變成員資格，而是指出國家規避了保障所有人民生存條件與福利的義務，反而透過婚姻治理（也就是婚姻狀態的有無）形成差別待遇。此外，毀廢派更根本的質疑當前的家庭形態為資本主義提供了無償的家務勞動，支撐了資本主義的剝削循環。簡言之，毀廢派要求國家負起照養所有人民的責任，廢除婚姻家庭制度，改變資本主義的剝削邏輯。

就「階段論」而言，至少應該具備以下兩個基本條件：

共享最終目標：主張「不同目標之間為階段」者必須共享同一最終目標的願景，在達成最終目標前設想的策略或階段則可以不盡相同。

舉例而言，若最終目標是E，那麼在達到目標之前的階段是A─C─E、A─B─C─D─E或D─E甚至是L─Z─E皆可成立；然，若彼此的最終目標並不相同，一者的目標是B而另一者是M，那麼便不可將兩者之間的目標願景視爲階段論

階段策略不違背最終目標：主張階段論者所設想在過渡時期使用的策略或者階段性目標不得違背最終目標。舉例而言，若最終目標是E，只要過渡階段的A、B、C、D、L以及Z不違背最終目標E，那麼階段論便可成立；反之則否。

從以上對婚權路線差異以及階段論基本條件的理解來檢視，下列兩種主張並不滿足階段論的條件，因此並不構成婚權階段論：

一、婚權派：如果在運動中僅僅訴求婚姻平權的群眾，而且除了放寬性別限制外，並不主張婚姻制度必須要有其他改變。就此而言，婚權派顯然和多元派或毀廢派不具有同樣的大幅甚至徹底改變婚姻體制的最終目標願景。因此，只將訴求擺在婚姻平權上，和其餘兩者並不構成階段論。

二、多元毀廢派：許秀雯（2013）所謂透過多元成家通往毀家廢婚的主張──「毀的是不義父權、不公平的性別階層秩序，廢的是異性戀霸權與異性戀婚姻特權……這是一種我們（指伴侶盟）認爲可取與可欲的某種『毀家廢婚』」──其實重新定義了毀家廢婚的意涵，也就是透過擴張婚姻家庭的涵蓋範圍來改良父權以及異性戀霸權。想像不家庭主張的則是徹底廢除婚姻家庭制度，顛覆家庭支撐資本主義的剝削循環。兩者之間也不構成階段論。

面對運動的最終目標有著明顯不同願景卻仍訴諸婚權階段論，這恐怕僅是論者用以搪塞不同願景者的逃遁之辭。搪塞者常言，長遠的目

標得從長計議，著眼於當前可及的改革，才是腳踏實從事改革運動的方式，切忌攪亂「大局」。要看穿這種搪塞，並不困難，只需檢驗當下的行動或論述有沒有違背最終的願景。在當前台灣挑戰婚姻霸權的運動脈絡中，婚權派儼然已取得比其他訴求更多的發聲機會，但是在面對保守派將同性戀、家人戀、人獸交、多P雜交、藥物性愛……性實踐（以下稱為壞性份子）包裹在一起，然後質疑民法修正不會破壞婚姻或家庭同志運動企圖藉由婚姻平權顛覆婚姻家庭、進而達到性解放目的時，婚權派卻僅以「我們沒有要改變婚姻制度，只是讓婚姻制度包容更多想要進入且信守許諾的人」（尤美女，2014）或者「民法修正不會破壞婚姻或家庭」（尤美女，2016）作為說詞，用以安撫保守派，舒緩其反對情緒。這些安撫說詞並未嘗試挑戰保守派的偏見與歧視，反倒急於從不道德的泥沼之中脫身：「我們沒有要改變婚姻制度，只是讓婚姻制度包容更多想進入且信守許諾的人」。這句話的意思暗藏了一個重要且必要的前提：「我們沒有要改變婚姻制度」，也就是說，這句話含蓄的認可當前的性階序政治、認可婚姻制度對其他群體的排斥，肯認保守派對壞性份子的性壓迫。

由性階序政治的面向來看，婚權運動並非僅止於透過修改民法來達成法律上的同性婚姻平權，而是同時冀望透過法律／國家對同性戀的認可，促使同性戀脫離悖德污名的正常化過程。而檢視婚權運動的論述就會發現，同性戀的正常化所依靠的重要論述，就是與壞性份子保持距離、撇清關係。過去二十年，在接軌西方性別平權論述法治化的趨勢時，壞性份子逐漸從行為不檢、道德不容轉向被視為是犯罪前哨，壞性份子在婚權運動中的位置越來越不是同性戀過往的性邊緣夥伴，而是同性戀在性階序上自我晉升時踩踏著往上爬的墊腳石。

若是回顧距今不遠的同運歷史就會發現，台灣本土的同志運動並非總是與壞性份子保持距離以策安全。比如面對2004年震驚社會的農安趴事件，台灣同志諮詢熱線協會、性別人權協會及數所大專院校社團共同組成「轟趴巡迴工作小組」進入校園舉辦論壇，呼籲正面看待性開放及藥物文化的議題，激起藥物除罪化的討論。轟趴巡迴工作小組討論性開放以及藥物文化……與社會道德觀激烈對立的問題，激起社會正反意見辯論，在熱議氛圍中，台北市立性病防治所邀集專家學者規劃成立「PaPa安全網」，該網站提供結合藥物安全與性愛安全的知識，而非直接判定藥物性愛的違法性。以當時社會的保守性而言，政府機關能在運動團體的催促中建立友善的藥物資訊網站，意義非凡。

　　農安趴事件及後續的同運策略及政府反應都顯示，當時的同運並不因農安趴的污名而採取全面切割同志與轟趴、愛滋或者藥物文化的做法，反而順勢深化相關議題的討論，而政府方面也並非僅能採取保守的藥物違法論。即便不能輕易將PaPa安全網視為轟趴巡迴工作小組挑戰社會道德觀的成果，仍應該肯定這種超越保守的運動論述，因為這樣的運動論述確切的面對了社會問題，而非越過真實的社會矛盾，僅致力於否認同志與其他污名的關聯性。另一方面，2004年的台灣社會對同性戀、性派對、藥物性愛以及愛滋感染者的排斥、厭惡以及恐懼，與今日相比可說是有過之而無不及，然而在當時的社會氛圍裡，轟趴巡迴工作小組仍能提出超越保守的運動論述，這顯示即便運動策略必須著眼當下的社會脈絡和條件，卻也並非僅能提出最保守穩當而不尖銳挑戰社會觀念的論述。可惜過去幾年以來，超越保守的運動論述已很少見，婚姻平權越是靠近最後一哩路，同志社群則顯得越趨保守，深怕與壞性分子沾染關係而拖慢甚至拖垮了婚姻平權。

我相信在某種狡猾說辭之外仍舊有真心相信婚權階段論的群眾存在，然而，在當前的婚權運動中卻甚少婚權階段論者會直接批評婚權派背棄多元派或多元毀廢派的目標願景。這種「顧全大局」的沉默不語當然包含著複雜的情緒交織以及現實的政治判斷，然而沉默不語實際產生的政治效果。就是放任婚權派透過與壞性分子更決斷的切割，而與保守派形成打擊壞性份子的共識。另一方面，婚權派或者多元派主張同志應爭取進入婚姻家庭以取得像是醫療同意權及醫療探視權等「婚姻特權」；毀廢派則主張醫療同意權及醫療探視權應從婚姻家庭關係中釋放出來，以使婚姻內外的所有人都能自由地將醫療同意權及醫療探視權賦予信任之人。如果婚權階段論者認為兩者仍可維持階段論關係，就必須說明何以前者的「鬆動」得以達成後者的「取消」目的；畢竟，婚權運動訴求同性可以結婚而不質疑婚姻的價值與目的，如此的「鬆動」婚姻制度恐怕只是鞏固了婚姻繼續壟斷許多特權。

　　我在上文提及的階段論所做的假設是「現在面向未來」，也就是質問：「當前的目標應該做甚麼，而未來的下一階段才可以做甚麼？」但是此刻的婚權階段論偏好的則是「過去面向現在」，也就是回看：「過去的運動論述提倡做甚麼（但過去沒有完成），而現階段可以達成什麼過去的目標？」因此婚權階段論強調，過去激進的同運論述也曾訴求過形成合法的同性戀家庭，只是一直沒有達成，因此，當下的婚姻平權運動實際上是延續了過去激進的同運目標。然而隨著近年來同性戀已不再被視為壞性分子以及婚權論述向保守派靠攏，同性婚姻早已不再是激進、連結性邊緣的壞性分子、具有性解放潛能的運動策略。婚權階段論執意枉顧歷史和現實，以「過去面向現在」來正當化此刻的有限運動目標，恐怕只會反挫激進派好不容易撐開的文化空間。

台灣同志運動近年來的主要目標就是追求婚姻平權，然而平權的策略與實際意義是：「同性戀與異性戀之間，在既有的性政治之下追求資源的公平分配，異性戀享有婚姻的權利，同性戀也應該有」，而不是根本挑戰那個劃分權利的假設。本文從「是否共享最終目標願景」說明，無論是婚權派或多元毀廢派的階段論皆不成立，並說明婚權派的「階段策略違背最終目標」。近年來，台灣挑戰婚姻制度的論述緊縮已然將通姦除罪、多重伴侶關係甚至於曾經可能的伴侶制度與家屬制度排除在婚姻平權的訴求之外，婚權派為求婚姻平權能夠盡早通過立法而向保守勢力輸誠。在這種趨勢下，婚權階段論者不該繼續鄉愿，用階段論來為婚權派塗脂抹粉，如此一來便無異於肯認婚權派在現有的性階序中，踩著性底層的屍體換取晉升機會的手段。倘若婚權階段論者真心相信階段論，那麼，即便在現實資源的考量之下，仍不應該為達現階段目標而棄置最終的解放願景。

　　馬來西亞同志牧師歐陽文風（2014）廣為人知的提問猶言在耳：「以後是甚麼時候？現在是以後了嗎？」這個提問之所以具有力量，原因在於它並非消極地等待平等的未來，而是主動拾起開創解放格局的可能，向既有的制度挑戰。「想像不家庭」已開啟解放婚姻的挑戰，冀望不滿婚姻、不安於階段論、不願繼續等待的群眾，共同向婚姻開戰。

參考資料

尤美女，2014，尤美女立委臉書，URL= https://goo.gl/bT8L4H (2017/02/07瀏覽)

尤美女，2016，尤美女立委臉書，URL= https://goo.gl/yyA7GO (2017/02/07瀏覽)

台灣伴侶權益推動聯盟，2013，〈伴侶盟凱道千人伴桌 多元家庭新人「照」過來〉，苦勞網。

性別人權協會，2004，〈同志轟趴──相關報導〉，性別人權協會

張心華，2012，〈要婚姻平權，還是革命？──當同性婚姻爭取合法〉，苦勞網。

許秀雯，2013，〈每日一報──「毀家廢婚」究竟是什麼意思？〉，台灣伴侶權益推動聯盟。

歐陽文風，2014，《現在是以後了嗎？》，台北：基本書坊。

同遊之後

論彩虹旗背後的政治操作與市場邏輯

陳逸婷

王修梧

【作者按】2016年10月25日的123大遊行，眾多勞工與工會上街爭取七天假，不讓休假權益拱手送給資方，甚至因推擠發生了流血事件；而在前一天（10/24），民進黨發佈了由立委尤美女提案、多位跨黨派立委（當中也不乏砍假立委）連署支持的「同性婚姻」修法版本。

2016年10月29日是同志大遊行，支持砍假的民進黨陣營，也走進遊行隊伍，然而，不盡如黨意的是，有遊行群眾不買民進黨的單，在民進黨隊伍旁高喊「民主挺資方、還我七天假」。此外，同一天，北市府升上了彩虹旗，此行為引來不少同志對於其「支持同志」的正面肯定。

隨著同婚議程的推進與同志大遊行的每年舉辦，近期以來不斷發生政府操弄同志人權來替自己塗脂抹粉的事件，我們認為，在此時回頭思考柯市府升起的這幅彩虹旗的政治意涵，以及市府實際對性少數的壓迫行為有其必要性。

而另一方面，從一個個同志插畫家、直播網紅崛起，到唱酬3,000萬「愛最大」演唱會，乃至資產估逾3億美元的中國企業Blued積極來台佈署，我們也不得不注意到，這些市場資源的挹注，將對同志社群造成的影響。同志遊行不只是那幅巨大的彩虹旗標誌，也包含同運組織與自由市場的合作關係，然而，這種資源挹注，「平衡」到的又是誰的需求？

過去，在性少數與主流社會戰鬥的歷史中，同志族群包含因為性傾向、性／別認同、性相關的行為與主流社會中上階層者有所區別，遭到社會的排除與污名化的同志。從1960年代，「當街臨鏡，化妝修飾，與女性無異」的三水街男妓，到日後成為白先勇筆下「青春鳥」原型的「半公開男娼館」，乃至1980至1990年代間，在金孔雀酒店事件後，各地紛紛曝光的扮裝陪宿、「同性戀應召站」，同志社群不分主流貴賤，都曾經是「被掃蕩」的族群。現在，為了爭取少數人（例如想婚同志）的權益保障，同志社群越來越傾向跟賣淫者／用藥者區分，以不至於落入敵方陣營「護家盟」的「抹黑描述」中。於是，這種「與污名切割」的做法，也使得部分性少數者的生存空間被限縮到更「骯髒、黑暗」的社會角落。

升彩虹旗的柯P　也是打壓流鶯的柯P

　　2016年10月29日是第十四屆的同志大遊行，清晨台北市政府史無前例地在市府升上了彩虹旗。媒體報導提到民眾大呼興奮又感動，北市府此舉的確令不少同志社群歡欣鼓舞，而不只是北市府，稍早在花蓮東華大學，同一天的台中市政府，也都掛起了彩虹旗，表達對部分同志的支持，台北市長柯文哲在其臉書專頁也轉貼了升旗的照片，下了幾個標籤：「equality、loveislove、lovewins」。

　　不過，柯市府走馬上任以來，對於妓權團體持續要求設立「性專區 [1]」的訴求，北市府只予回應「沒有相關規劃」，對照柯文哲選前自己說的「不是冷漠忽視他們的存在」，選前選後的兩種嘴臉，遭到流鶯Miko諷刺「查埔人，不要只剩一隻嘴」，市府的荒謬行徑，讓人啼笑皆非。

日日春曾經指出，由於沒有合法的性交易環境，造成流鶯在街上攬客困難，加上年紀較長的流鶯缺乏「青春肉體」的職業競爭力，迫使流鶯轉向網路攬客，Miko就是在網路論壇刊登性交易訊息後，被警方以《兒童及少年性交易防制條例》29條起訴，負責此案的檢察官劉承武堅持Miko的性交易訊息就是「構成犯罪」。Miko這個站街討生活的流鶯，就這樣背負著3年以下徒刑，併科100萬以下罰金的巨大壓力。

　　柯市府不僅是冷漠忽視性工作者而已，更承襲台北市從陳水扁時代就遺留下來的「掃黃傳統」，要嚴打性產業。從1999年，馬市府年代開始實施的「正俗專案」，除了用刑法妨害風化移送業者以外，更以行政法處罰斷水電，並罰鍰30萬元，到了郝市府年代，報載2014到2016年這段期間，市府移送的案件高達53%因為舉證不足而不起訴，業者對行政裁罰有異議提出的訴願，有近八成的原處分遭到內政部撤銷，2015年撤銷率甚至高達100%。

　　陳水扁主政時推行「八五九專案」，有291家色情業者關門大吉，當中有132家遭到斷水斷電，但因以《建築法》為法源依據，適法性的部分遭到監察院糾正。於是，才有了馬英九的「正俗專案」改以《都市計畫法》為法源依據。為了執行正俗專案、送辦違規業者，市警局要證明業者有「媒介性交易」的拉皮條行為，然而實際上有不少案件，警方單以「男證人承認性交易，發現衛生紙」，就予以移送。

　　連北市都發局都曾抱怨道，「建築法、都市計畫法，都是規範建

---

1. 性專區對於許多性工作者（尤其缺乏遮風避雨空間的街邊性工作者）來説是個有利解套，但也企盼專區落實之日，不會伴隨對其他區域的更嚴格管制、執行強度的更綿密落實。

築或土地使用的法律，用它掃黃，於法不合」，有鑒於此，到柯市府階段，便直接把處分函由「府級」改成轄下都發局來發函，對媒體的報導，北市府發新聞稿澄清時提到，2015年4月29日，市府便授權都發局辦理正俗專案案件，訴願案件就鬼使神差變成了「向北市府提起」，並稱市府的訴願審議委員會探認台北高等行政法院的「較新判決見解」，大都認為都發局處分的用法沒有不當而多「駁回訴願」。如此一來，改變了訴願導致原處分總被中央撤銷的窘境。2016年8月，都發局的資料顯示，2015年6月到2016年7月的一年間，提出訴願共42件，撤銷原處分的僅剩3件，駁回或不受理高達36件，北市府似乎滿意於這個層級改變後，訴願勝率高達90%的成果。

被撤銷原處分的業者可以申請國賠嗎？律師的意見是認定標準嚴格，就算警方偵辦有瑕疵，但是「只要合理懷疑犯罪」法院多半也就不會判決賠償。簡言之，這意思就是，遭警方硬扣違法帽子，最後處分即使被撤銷，業者仍形同「啞巴吃黃蓮，有苦說不出」。至於因為店家而工作權也遭受影響的色情行業工作者呢？如何尋求關店的賠償？向誰尋求？

柯文哲使用巧計成功提升訴願勝率，也就是為了要再繼續嚴打色情產業。在苦勞報導〈選前曾承諾嚴肅討論性專區〉中曾提到，2016年9月北市萬華分局與柯文哲討論後舉辦了一場「轄區特種行業業者」座談會，邀請許多色情與娛樂行業業者參與，並針對萬華區女子拉客情形訂下「自律公約」來約束店家中的小姐拉客情況。座談會後不久，10月21日下午，分局便出動了便衣刑警，在萬華區性產業集中的廣州街，在嚴姓陸籍女子向分局長拉客說明「一節300元，包你爽」後，將她帶回派出所法辦。這個讓民眾「有不良觀感」的拉客行為，分局甚至祭出「防

制飲酒陪侍女子拉客專案」來加以法辦。

　　所謂的「伊拉客行為讓民眾有不良觀感」、「影響觀光客觀光意願」等說法，此時成為柯市府與警方聯合強力掃蕩的理由。環環相扣的是，柯文哲選前話語對照現今行為的荒謬與差距，以及，昨日升上的彩虹旗，受到過去與街邊性工作者同屬性少數戰鬥陣營的同志社群頻頻按讚之時，背後的政治操作，又能被誰看見？

彩虹旗的盲點　市場資源挹注的篩選

　　過去兩三年間，一個個同志插畫家、直播網紅崛起，以及透過同志友善、台灣人認同等理念，進行商品包裝行銷的「清寒創業者」（譬如「25:01 Design T-Shirt」經營者陳郁翔）出現[2]，到今年（2016）8月藝人唱酬高達3,000萬的「愛最大」演唱會，乃至資產估逾3億美元的中國企業Blued積極來台佈署，搶攻在地同志市場，同時號稱重視公益。這一年間，各種大大小小市場資源急速挹入同運組織，或參與「同志友善」的形象塑造工程。此刻，自由市場似與人權價值已併肩同行，對非異性戀組織投注金錢，更被視為平衡性／別資源差距一大跨進，不過，真是如此嗎？

　　必須警醒的是，這些資源投注的對象，主要集中在肯認非異性戀的性傾向、單偶婚家形象與立法議程的花費上。相對而言，在「其他領域」──譬如涉及性的公衛醫療資源方面，卻增進不多。以愛滋治療藥

---

2. 此外，在總統蔡英文的就職典禮上，邀請陳郁翔談青年創業，而他在致詞最後說道：「我是台灣人，我以身為台灣人為驕傲！蝗胺你去吃屎！Taiwan NO.1！」

物為例，台灣雖早在1990年頒立的《後天免疫症候群防治條例》，明文「經檢查證實感染人類免疫病毒缺乏者，應通知其至指定之醫療機構免費治療或定期接受症狀檢查⋯⋯」條文雖規範了檢驗與治療費用由國家給付制。然而，當政府在面對跨國藥廠提出的高額藥費時，因缺乏議價與砍價能力，財政負擔因此轉嫁成：個別感染者用不到也買不到新藥，而對健康成本的消耗，甚或對生命的傷害。

2000年，中央健保局與生產藥物的葛蘭素威康公司四次議價失敗，導致所有當時使用「3TC」的愛滋病毒感染者被迫換藥。3TC對於愛滋病的雞尾酒療法而言，影響層面廣泛，斷藥後果嚴重。2011年，以「同療效、價廉之處方優先」為原則而施行的愛滋藥品使用規範，則造成感染者因適應不良而需要更動藥物的結果。以2014年一份對956名服藥者所做調查為例，其中628人（65%）至少更動一次藥物配方，從開始使用到更動配方中間間隔一個月（35天），報告中提到，更換藥物的原因[3]為：血紅素下降／白血球低下（10.8%）。這是一線藥物「卡貝茲」所造成，而嚴重者血紅素低下恐造成肝腎變病。如果感染者想事先避免抗藥性問題，在服藥前先進行抗藥測試，自費費用高昂，若要透過健保給付，門檻又過高。

上述提及的藥價與政府財政問題，顯示特定市場資源得不到充分挹注。另一方面，男同志社群透過「性」編織而成的市場與交易關係中，則因「禁色禁毒」而被迫地下化，然而，地下化的市場並未因此滅絕，反而在缺乏規範性制衡與資訊透明等惡劣處境下，以「畸形且傷害買賣雙方」的方式殘存、持續。例如，各地警政署因業績考量，持續在UT等男同志網站上，對男同志進行釣魚的後果之一，便是讓市場充滿更多風險，衍生出前不久「假同志援交，見面掏真槍搶劫」事件。

此外，「非法」的藥物市場更凸顯了缺乏資源者暴露在高風險。在道德與法律的雙重遏阻之下，使用者對於用藥的知識以及其經驗難以透過常態性的網絡來流通，同樣被迫「地下化」。至於公共化的藥物使用空間，在「G5派對」遭警方查抄到退票停辦、同志三溫暖aniki遭到一週兩至三次高頻臨檢。柯文哲不諱言「就是要把你（aniki）關了的意思」，一家家同志夜店的歇業浪潮中，被不斷奪去。

　　在這趨勢，時常伴隨性（感）交流而實踐的藥物娛樂（Chem Sex）越來越原子化、去交流、去公共化，這當中的傷害風險亦同。2016年初，一對男同志在春節期間到高雄某旅館玩嗨。其中一人飲下愷他命、安非他命（或甲基安等類似物）、源頭不明壯陽性等活性物質摻揉而成的「混合包」後，全身發顫抽搐。同伴在無法獲得知識建議及情感支援下，因怕身分曝光，拿走對方「手機、皮包及所有證件，離開現場在外遊蕩躲藏」，最後仍為警方尋獲並以過失致死加以法辦。

　　當政治與市場資源紛紛投入對同性情慾及同志婚姻認可的同時，仍有許多性／別疆域被打壓，許多迫切的性／別資源日益貧瘠。在面向政治抗衡與資源分配路上，反諷地，護家盟紮立的稻草人形象或許是當下同志運動最值得追求之目標：「我們不斷做的事情就是創造這個社會最黑暗的角落，在最黑暗的店（電影）裡面，做最色情、最猥褻、最變態的事情。」

---

3. 其他原因還有20.2％皮疹、13.9％神經系副作用、9.1％腸胃不適、30.3％服藥方式不便利、和10.4％產生抗藥性或治療不如預期。參考抗人類免疫缺乏病毒藥品處方使用規範效果分析。

分而治之的鱷魚式慈悲

從勞基法修惡論身分平權政治的死穴

洪凌

　　《勞基法》修惡三讀通過後，臉書上常出現兩種聲音，約略可區分為「繼續為公民權（等於勞權）奮戰」與「對於民進黨（本身）」的幻滅與譴責。前者的代表性說法，除了積極倡議公投、動用常態婚家小單位的意識形態召喚（例如：「勞工也是人，勞工不是機器，勞工有家庭……」）[1]，最為吊詭的一點，就是唯同婚主義成員[2]對於曾經受到歡呼喝采為「同志立委」們的巨大焦慮與恐懼。這樣的情感政治奠基於這些立委（最明顯如尤美女、林靜儀、蕭美琴、段宜康等）的「背信毀諾」，意味著，倘若他們可以選前一套、選後一套地背棄九百萬勞工公民，那麼這些政客也非常可能無視（或扭曲）2017年5月的大法官釋憲，繼續讓擁婚同志無法進入常規的婚家制度。後者則是以一群曾經親密連結民進黨的進步自由主義學者與性別NGO為主，對於黨本身的「民主倒退」提出了最嚴厲的斥責與（無意識依然存有的）改良冀望。有趣的是，這些曾經奮力為常規民主站台的主體們，並沒有想到或無法承認，這樣的惡質現狀在於自身對於該制度的神學式狂熱信仰，以及峻拒一個具有階級鬥爭視野的性／別政治[3]。

　　在此必須沉痛地指出，擁婚（欲婚）同志的擔憂不但彰顯出「唯同志」的純粹偏執，更顯示出資產階級主導的民主代議制成功地「分而治之」。在大部分都是受雇者（適用《勞基法》）的單偶同志當中，對於自己想進入婚家單位以滋養再生產領域的慾望，全然遮蔽了即使進入

求之若渴的國家認證甜蜜小倆口、湧現出一股可觀的女女／男男婚姻單位，不但不等於得到同志權益基進層次的改觀，最大的效應是幫助資產階級（大財團與台灣特有的「中小企業」）與其管理委員會（也就是目前全執政的民進黨，以及任何與資本財團共生互愛的民主政黨）多製造出一批可榨取勞動力到至死方休的生力軍。

同婚不但是吸納乖巧正典男女同性戀的絕妙策略，也是所有擁抱現

---

1. 在社民黨呼籲公投的文字當中，有些是明顯的對資本主義病徵性解讀，但奇異的是：病情與解方卻意外地疊合為一體。例如，「范雲表示，勞工不是24小時輪轉的機器人，而是活生生的人，有家庭，有愛人，有夢想要追求，我們不需要再忍耐，應該用行動來改變自己的人生，范雲呼籲，只要滿18歲，就有權利站出來，為所有站不出來的人，爭取一個用公民投票拒絕血汗過勞的機會！」在這裡，似乎彰顯了「公民」的底限是「有家庭」？而有／無家庭或愛人，是拒絕血汗過勞的某種準繩？此外，青年覺醒主體的表達更黏結了對經濟解放的渴望是製造標準婚家小單位：「中正大學自主發起學生許文映表示……勞基法修惡後的環境對於青年不友善，青年將面臨過勞和低薪處境，養家和成家對於青年而言是相當大的壓力。」

2. 在此處，我指的「唯同婚主義」不只是想要或已經（在中華民國之外的國家地區）結婚的同志們，而是支持與資本主義纏綿共生的婚姻制度且毫不置疑其問題性的所有人。

3. 類似這樣的文字，可參考婦女新知最近的發文。在這裡，有些聲音開始對當今主導性別政策的國家女性主義NGO滋生出批判與不滿，例如網友Again-Red Huang的說法：「婦女新知所謂的今生不投民進黨，或許得一一點名，陳曼麗（主婦聯盟）、李麗芬（展翅協會）、尤美女（婦女新知）、林靜儀（民進黨婦女部）這些婦團出身的人，特別是尤美女。婦女新知前董事長尤美女是不是還值得信任？尤美女是不是另一位前董事長陳宜倩說的：「女人太快學習男性傳統政治，與資本主義及父權邏輯的財團利益站一起。」婦女新知要不要帶人去尤辦抗議：「尤美女死要錢，新知撒冥紙給妳，宣告過去的尤美女已死，新知跟尤美女割袍斷義。」

代民族國家「婚姻-家-國」連續體的歷史永續方案。當然，不僅僅是渴婚欲瘋的同志公民，所有對於「勞工也有家庭，也（只能）（必須）要有休假來陪伴家人」等文案買單的單偶婚家主體、包括看似最服膺「馬克思─恩格斯─列寧─盧森堡」無產階級專政綱領的左翼人士，都該深切地反思，是否自己本身的生命方案與對這個森羅萬象世界所設定的框架，無意識地服膺了改良主義的社民構造與歷史已然抵達終點的維穩情境？

倘若具備社會主義思維的勞工或工會領袖不假思索地提倡勞權改善與婚姻家庭的正典必然性，甚至認為後者（再生產領域的婚家勞務）的存在就是支持前者（維持一個無產階級勞工最基本生存要件）的存有因（raison de'tre）。那麼，若按照上述的公式，例如休息時間至少要11小時的必須性，不可能是不同生命型態的「從己所欲」之選擇，而是讓多出的剩餘時間集中投資於生產與再生產的相互交纏：休息最大的必須性，是為了讓（身為家庭成員的）自己成為再生產領域的無償勞動補充體。這樣的「左翼」工人，無論是異性戀或同性戀或跨性別，很可能就是「良心資本家」最喜愛的一種族群了。

至於對目前的民進黨表示強烈失望與嚴厲譴責的性別公民團體，似乎有種強烈的歷史失憶症與選擇性的性別成見。這樣的思路美好地設定了一個曾經真實存在的、良善且真正進步主義的民進黨（與「社會主義性質」的民主綱領），以及被邪惡龐大男權所促成其墮落的「現狀」。事實上，只要是在資本主義民主代議制的結構打轉的政黨與政客，從未存在美好的原初本質與之後的「被權力所腐化」：打從進入這場戲局，政客就是權力的棋子，按部就班地演出競選前灑滿亮麗承諾的修辭、競選後為資本財團忠貞不二的助手角色。這些表示失望的NGO曾經絕對信

任進步的自由主義候選人（尤其是極力支持同婚或代表農民利益的清純「好立委」），但同樣是政策制定策士的她們，當真如此天真昏昧？當總統與進步立委幾乎都是女性的前提，性別NGO甚至還無法反轉思考路線，而是認定這樣的政客作為是受到「傳統父權」的污染。矛盾的是，這樣的說法跟性平主體極力提倡的性別自主，似乎形成最無法轉圜的自打嘴巴悖論。

倘若我們要在極端慘澹不仁的現狀找尋出路，就得肯認被分化為無數「小一」的身分政治之匱乏與死結[4]。當傳統左翼無意認真批判婚姻家庭連續體與資本主義的共謀、同志政治只願意扶持往上晉升的單偶潔淨主體，就算《勞基法》這次並未修惡，我們仍始終被困在一個美好未來虛幻想像的生殖主義迴圈，仰賴代議士與資本財團慈悲的被圈養狀態。這樣的「民主」式慈悲並不如同誠實的鱷魚，坦然地吃掉獵物就罷了。資產階級主導的民主不但吞噬且吸納了獵物，卻讓對方誤以為選票是免死金牌與復活指令，並且算盡機關。在吃掉虛幻的平等與自由之後，代議士傲慢施恩的姿態是在告訴我們，已經到了該徹底拆解對資產階級民主代議制有絲毫冀望的時刻！

如果要提倡一個峻拒四年就輪轉一回的鬧劇，我們必須從現在開始，不分次序地思考，如何滋養出一個讓非生殖進步主義的生命方式都能夠坦然生活的思維[5]。我們必須支持且悅納這些寫出「勞工要休息去狂歡」也不會擔心失去支持的勞權主體，以及，開始痛切省思，在過去

---

4. 我的「諸多小一」的思考，受惠於趙剛某些文章之洞見。有興趣的讀者可參考〈「小確幸」：台灣太陽花一代的政治認同〉與〈敬答劉紀蕙教授：台灣社會運動真的在創造新的可能性嗎？〉。

這數十年來，國家女性主義與同志正典如何成為甜美幻覺的自主助手，積極填充了這個以平等之名來壯大資本主義再生產機制的性／別歷史觀。

---

5. 關於這樣的「家庭／勞權」共構話語，在不勝枚舉的發聲當中，以這則立委身為媽媽（同時也是兩位棄票的民進黨立委之一的林淑芬）的說法最具代表性。而郭彥伯則是一針見血地指出如果不解離這樣的短路迴圈，勞工（或廣義的「做工的人」）永遠在維持一個流利運轉的資本—婚家—民主代議體制：「一再看到「讓勞工回去陪家人」、「不要讓家庭破碎」覺得辛酸。別跟我說有些人的願望就是如此，對，我知道有些人想這樣。而且我懂得區別「單純陳述一個勞工不再有閒暇去完成自己想做的任何事」跟「用一個常見想像來說服人同時也強化那個想像」。要大家面對勞資關係的現實，也請面對這種「家庭」的現實。為什麼這種說法動人、這麼有控訴力道，因為它就被看作是一種工作、一種義務、一種責任！我，他，蔡的不工作時就想大吃、打砲和看影集，有人把這放在說帖上嗎？每個都是陪家人、休息，認真再生產，好好養精蓄銳準備上第二天班。請給我可以拋家棄子溜出喝得酩酊大醉隔天上班差點遲到還一直打瞌睡的勞基法謝謝。」

旁若的世界，無終點的歷史

拉非與竹科男

郭彥伯

　　跟我關係匪淺的拉非講過他的第一次性經驗，在我們熟悉這故事的好友圈裡，因為對方在竹科工作，所以代號竹科男。

　　那年拉非還是國中生，15歲，對自己的性傾向還懵懵懂懂，沒有任何同志朋友。那是網路交友興盛的年代，除了奇摩交友，同志大多會去使用拓峰交友或UT交友網站（不是聊天室）。拉非在UT認識了大他十歲、剛碩士畢業、開始工作的竹科男，雙方都是第一次在同志交友網站上結識朋友。聊了幾個月之後，拉非趁著家人一早出遠門，約好時間，坐上竹科男的車，開始第一次約會。以下我用拉非的第一人稱講述這段年幼時的經驗：

　　上車不久，竹科男很體貼地問我要不要吃早餐，我客氣說不用，他還是買了小籠包和統一的新產品山藥薏仁豆漿，後來我一直不敢買這款豆漿。車程不遠，光良的新曲〈童話〉播了兩次就抵達他家。我其實已經想不起來，為什麼會決定去他家，只覺得渾渾噩噩就去了。當時的心情，的確就是字面上的「既期待又怕受傷害」。

　　到了竹科男家，他要我先吃早餐，自己去洗澡，我隱約感覺到他去洗澡的理由，卻沒膽細想。等待的同時，越來越猶豫，自問「我幹嘛來這裡」，也開始想「這樣就算是偷偷跟網友碰面了」。等竹科男洗好澡出來、拉著我坐到床上聊天時，我已經心亂如麻。當時首先感覺到害怕，雖然對性愛已經有些模糊的期待，卻還是無比害怕，害怕萬一自己

沒有那麼想要。我更害怕的是，萬一我拒絕他，我會不會受傷害？「我已經在他家了，如果得罪他，他不載我回家怎麼辦」、「他要強迫我，我也不可能不要啊」，這些想法已經開始在腦袋中不斷轉著，想起的都是老師曾經告誡的、或是新聞上不斷播送的故事，有關少女跟網友見面如何被性侵，然後被施暴，以及老師說過最可怕的故事：女孩偷偷跑出去，結果不但被性侵，下體還插滿竹子樹枝。

　　腦袋中迅速想著這些的同時，他已經柔聲問我「脫掉衣服好不好」，接著是褲子、內褲。我們親吻、擁抱，我始終是勃起的，興奮、充滿罪惡感，又覺得一切都不是自己能拒絕，當然只能任他擺布。最後他射在我嘴中，要求我射精在他肚子上。高潮過後，我不知道一切怎麼會如此，他用親暱的語氣暗示下次可以試試肛交，我看到電視上正在肛交的色情影片，卻只想起少女插滿竹子的下體。回家的路上沒有多說話，只是敷衍應對，一回到家馬上抱著馬桶嘔吐，吐出所有的豆漿和小籠包。我縮在被子裡一整天，不知如何是好。那次經驗以後，竹科男仍想試著找我、約我，我都敷衍以對。我不敢直接跟他撕破臉，或者表達我的不舒服。因為和他通電話、讓他來家中載我，都已經透漏家裡電話和地址，我擔心他來找我，使我因此要跟家人出櫃。於是，我小心翼翼地處理跟他的關係，最後準備考高中要認真念書、上高中後課業繁重為由，不再和他往來。

　　拉非不是個沒主見的小孩，他不覺得自己沒主見、更不願意自己被當作幼孩。從國中開始，他就是一個敢於表達意見，面對師長也毫不掩飾自己想法的學生。究竟是什麼原因，讓拉非在與竹科男的第一次約會時，未能表達自己的想法？他在害怕。他所經驗到的害怕，一部分

是怕被處罰，另一部分是怕受傷。會害怕被處罰，不是因為拉非的家庭保守、管教嚴格，正好相反。拉非的媽媽非常開明可溝通，只要兒子開口，從來不會拒絕讓兒子去同學家玩或參與任何活動。可也恰是因為事事都可溝通、該溝通，「不溝通」與「欺瞞」變得更加不可饒恕。對同性的模糊慾望已經沒有辦法說出口，成績操性皆優異、從來不欺騙家長、更不曾偷偷溜出去玩的拉非，更不知道該怎麼面對自己溜出去跟網友見面，還做愛的事實。這裡要說明的是，對當時的拉非而言，對做錯事要受懲罰的恐懼，並不小於對於被傷害的恐懼。甚至可以說，在他的心底，兩種恐懼其實有相同的根源——相信違反規定、偷嚐禁果的小孩將會被懲罰，不論是被父母懲罰，或遭致危險的下場，被網友傷害。

故事沒有就此結束。連拉非都感到意外，大學一年級時，他又收到了竹科男的email，信上問他上了大學是不是自由多了，他們是否終於有屬於兩人的自由時光，可以頻繁點約會。這時候的拉非已經學會做一個同性戀，對於自己的同性情慾有更多自信和自主，大學友善的環境，更讓他不那麼懼怕出櫃。同時他終於知道，和未滿16歲的兒少從事性行為是違法的。這給了他極大的正當性與自信，為了展現自己的成長、自主性，他義正嚴詞地回信痛斥竹科男：「你知道你當時其實讓我很害怕嗎？不管我是怎麼表現的，我還是一個15歲的小孩，你怎麼可以對我這麼做？」

於是我們可以看見，受害主體不只是在當下的情境中構成。即便當時拉非並不認為未滿16歲的自己不能性交，透過「未滿16歲不能性交」的法律，也能回過頭詮釋那時的受害感。拉非這時候的表達，重新將當年的經驗界定為幾近性侵，這對竹科男來說幾乎不可思議。他不能明白，他每一個動作前都體貼地詢問了拉非：「去我家好嗎」、「衣服脫

掉好嗎」，怎麼還會是侵害？他對拉非的愛，讓他願意在幾乎無音訊的情況下等待五年，之後也沒有再結識任何同志朋友，他當然不會急於一時。若拉非說不要，他當然也會願意停止。他更不能理解，當時拉非還未脫下內褲就已經勃起，開始後甚至有些主動積極，還在他沒有要求的情況下吞下精液。這一切對他來說都是願意、愛與投入的表現。之後五年的斷絕往來，他隱約猜到理由，卻還是感到錯愕不解。

但是，拉非的恐懼卻也非常真實。所受到的教育，一直告訴他網路交友是危險的、與陌生人的性愛是可怕的，性侵是殘酷的。少女下體插滿竹子的畫面時時浮現在拉非心中（後來，關切社會運動的我們終於知道，當年那起姦殺案，最終處死的正是代罪的江國慶），他不敢拒絕，不是因為自己本來就膽小，更不是因為對方本來就可怕，而是在一切發生之前，他已經被教導了自己必須恐懼。初次嘗試性的罪惡感使他害怕被懲罰，也相信自己將會被懲罰，懲罰是應得。同時，他也害怕如果發生什麼事情，他必須去警察局，那麼自己的同志身分也必定會曝光。

社會的恐同，導致拉非既不敢面對，也不清楚同性情慾是怎麼回事，這不只發生在拉非身上。後來，當拉非終於領悟到，自己義正嚴詞的控訴，其實很殘酷，也不夠負責任，我們終於有機會再次拜訪竹科男，稍微明白他之所以不假思索就跟拉非做愛，其實另有一段故事。

一直到研究所前，竹科男從沒想過自己會喜歡男生。他交過幾個女友，雖然不特別滿足但也可以跟女友做愛。研究所期間，他在線上遊戲認識了另一個玩家，隨著他們感情越來越好，當竹科男發現這個玩女性角色的玩家，竟然是個國中小男孩時，他的情感並沒有消退，反而無可救藥地愛上對方。隨後他們開始偷偷約會，遠比竹科男還更早出道，熟悉同志文化的男孩三番兩次索愛，竹科男都覺得男孩年紀還太小，這麼

做不合適，因此謹守不發生性關係的界線。

　　好景不常，當這段戀情曝光之後，男孩遭到家人嚴厲地指責。他的爸爸甚至為此召開家族會議，找來親戚們共同審問男孩，要求他說出交往對象的姓名、電話，並且分手，威脅要將他送進精神病院。竹科男心疼男孩要面對的壓力，只好說服男孩別再堅持，兩人就此分手。最後一次通電話時，男孩說這段關係他很開心，但最大的遺憾就是他們沒有做到愛。

　　竹科男會說起這故事，只是日後的閒聊，並不是要為自己的行為開脫。會這樣連結，是我和拉非的解讀。對竹科男來說，他碰到人生中最愛的兩個少年，都是國中男孩，對性卻有截然不同的態度，而最後他沒能跟其中任何一個好好走下去。後來他放棄了追求心目中的愛情，拒絕再碰任何同志社群網站，只希望找到只愛錢的女人幫他生小孩，生完小孩就可以付錢叫女人滾蛋。靜靜聽著他的人生選擇，我和拉非都很難再多說什麼，只是意會到我們終究是不同世界的人了。後來拉非在跟朋友聊起這段故事時，他說了下面這段話：

　　「我是個很不愛哭的人，但後來看到《神秘肌膚》（*Mysterious Skin*）裡，兒時被教練『性侵』的Joseph Gordon-Levitt 帶著些許驕傲地說：『我是他的最愛。在所有人之中他選擇了我』這句話讓我大哭。我想起竹科男曾經跟我說過，等我長大以後，我們找一對拉子couple、結婚、一起生活。他等了我五年，分離七年之後依然愛著我，但因為種種錯誤使我們的人生錯開，終究無法回頭。現在的我已經不能責備他，卻也無法怪罪當年的自己。我只能對整個不友善同志的社會，對整個強加受害者心態、規訓兒少的性恐嚇教育充滿忿恨。」

我和拉非一起長大，我理解他的心情。寫下這個故事以及他的心聲，不是要爲這段生命故事定調，也不希望這心聲成爲故事唯一正確的解讀。拉非會說出結尾這些心聲，恰好是因爲當時他剛面臨以爲可以天長地久的初戀的破裂，這使得他對「專情的愛」的失落更加惋惜、無法放下。我想說的是，年輕的時候我們都以爲自己是絕對自由，所有的情感與意願都出於本眞的自我，而後終於明白，歷史或社會塑造著我們生命的力量，遠遠超乎當時自己的想像。

荒蕪頹廢的生命地景

賴麗芳

　　現在的友善校園裡最為敏感的議題，除了性侵害與性騷擾的防治以外，就屬「青少年自殺防治」與「青少年憂鬱防治」等正向生命治理。校園中內被禁止談論與觀賞的除了裸露的身體、性、色情、暴力、血腥，還包括死亡。這是個微妙的治理機制，完全沒有任何明文規定校園內的師生不能談論死亡，而是透過互相監視與牽制的方式，以委婉、或我們學校輔導老師自稱的「溫柔」樣態進行。

　　有一陣子我在課堂上常跟學生談到我的生命觀點「活到40歲就死掉或自殺是最好的」，不知道哪個班的哪個學生覺得我這麼說很有問題，但是這個不同意的聲音不是直接向我反應、進行該有的差異辨識與對話，卻是找生命知識的專業人員——也就是學校輔導老師。學生把他的不同意包裝在「我很擔心老師」的關懷外表下。於是有一天，輔導老師忽然拉了張椅子，坐到我位子旁邊說「我想跟你談談」，我跟輔導老師沒有私交，這種刻意裝熟的關懷很奇怪，她拐了很多彎，直接翻譯她的意思就是「你這樣做會鼓勵本來就有自殺念頭的學生去死」，她認為在課堂上直白談死亡是「踩在道德邊緣」並且是「非常暴力」。從這件事可觀察出，死亡在校園內是禁忌，任何在校園內談死亡的人都會被看作是煽動自殺的犯罪行為。這次的經驗，事實上是我被當作問題人物給約談了。

　　不過，如果真要談什麼是暴力，那麼就更該清楚辨識出這麼一個拐

彎抹角、教導你務必從良從眾的溫情關懷，並且不允許任何異議聲音冒出頭的「溫柔」，才是此刻我們真正面對的暴力。這種暴力只鼓勵一種生命狀態，也就是你必須活下去，而且只能是勇敢堅強陽光活潑地活下去。我不否認有人需要這類能量活下去，但是我也看到有些人不是這麼活，否則就不會在我講到死亡的時候，學生們有些無法在正向環境中出櫃的慾望全湧到我這邊來。

其中有一個學生曾經因為憂鬱自殺在精神療養院住過一段時間，他的生命地景是荒蕪且頹廢的，他生活周遭的人們都急切地想改造他的地景，使荒蕪的顏色變得多彩而繽紛，這些人覺得這樣子活才叫做快樂，但是對他來說卻是在扼殺他的生命，並且強力入侵他的生命，介入並擅自塗改他原本的樣態。因此，我不認為自殺應該防治，我談死亡但是拒絕自殺防治，我認為每個生命地景都該獲得同等的待遇，要求這個社會讓出一個空間給不同的人充分的機會，表達他們欲望活出的樣子。

現在最大的問題就會是「獨自」這兩個字。海澀‧愛（Heather Love）在她的書《感覺倒退：失落與酷兒歷史的政治》（*Feeling Backward: Loss and the Politics of Queer History*, 2007）中曾試著描繪「情感倒退」的酷兒歷史身影，這些倒退的情感與身影不只無法見容於主流歷史中，甚至也被漸趨主流的男女同性戀運動排除，被丟棄為無用且不可能的「失敗」（failure），將之拋出於歷史大敘事的軌跡之外。海澀‧愛強調，這些失敗與失落的載體的倒退情感感染力是強大的，當舊約的羅德舉家遷入正典歷史敘事時，他們不可以回頭看，羅德的妻子忍不住回過頭去，馬上被倒退的歷史捲進去洪塵裡風化，隨著地面捲起的風遁入歷史的遺跡裡。往正典敘事不斷前行的人們，總想要「讓過去的就隨風去」，事與願違的卻是，人們越想把過去給埋了，就越是過不

去，過去的鬼魂一直不斷地復返，陰魂縈繞不散去。海澀‧愛提醒我們應該像班雅明的歷史天使，執意不斷解釋過去。弔詭的總是，「過去」也在出土的那一霎那轉為塵煙，成為「遺跡」。但它不會因此而真的過去。

精神憂鬱、躁鬱或者有自殺傾向的人所存在的地景類似海澀‧愛描述的「遺跡」，它在一個人的生命中刻出痕跡，使這個人偏離了正常的軌跡，得出了不一樣的生命體驗。我們不能說他特別而幸運，偏離正軌從來就不是幸運的事，伴隨而來的往往是矯正、懲罰或「苦難」（與本人自願與否無關）。他的「苦難」也不是眾人戮力將他搬回正常軌道就可以終結，這不像火車脫軌後需要修復或扳緊螺絲這麼簡單。有些人的寫作動力正是他躁鬱症發作的精神狀態，若將他矯正或恢復正軌，等於殺死了他的生命動能，結果正向的生命治理一直強調的積極、陽光反而變成殺人的尖刀，架在這種人的脖子上逼其就範。

不管如何，這樣的人物總是走上荒蕪的地景，地景的山巒凹凸、四季變化卻沒有一個共同分享的資料庫。阿赫美（Sara Ahmed）在 *The Promise of Happiness* 一書中曾提到人們對「幸福」的趨同，就如飛蛾看見燈火一樣有個整體一致的方向性。當人們望像這類「幸福」的時候，「幸福」有些遙遠，猛一看還發現旁邊有很多斑駁的小點向外散去，這些向外擴散的小點正是那些被猛力拋出軌道的失敗殘骸。阿赫美的提法是，「我們應該要多蒐集一些不幸福事例的資料庫」。我所謂荒蕪地景的資料庫累積也差不多是這個意思，畢竟這個社會對陽光燦爛且光明成功的地景已經有太多描述，甚至是過多的描述，卻不太知道如何走在失敗、失落的道路上。往往，這樣的行走是孤獨的，重點不在於「一個人」的孤獨，而是指資源都沒有，你坐落在那樣的位置，面對如何建

構前方的沙漠，好比一個腦子一片空白的畫家，不知從何著手，但我們總是能夠輕鬆建構出洋溢夢幻泡泡的幸福地圖。這樣的「孤獨」會是很多人在如此地景中容易放棄的原因。這不是說，我們都該披起聖戰士的袍子奔到沙漠去拯救這些單獨的個體，將他們組在一起成為群體而不孤單。說眞的，當你知道怎麼做的時候，是不是「一個人」眞的不是問題。

被全控的肌膚
「美好青少年」的未來主義與生命治理

洪凌

　　八仙樂園的粉塵爆炸事件迄今（2015年7月9日）超過十天，抵達了媒體關注的高潮臨界點（liminal threshold）。同時，這幾天也在各個不同的文化政治戰場（報紙版面，網路媒介，臉書，PTT，噗浪等）上，由民眾、醫療體系人員、相關專業者（如律師，社工，心理諮詢師）、以及少數重視此議題內在階級紋理的批判性思考者[1]，各方勢力就其特定的視角與路徑，展開議題代言者之間的激烈論戰。

　　值得留意的是，無論是大規模PTT的鄉民或臉書使用者，在經歷為時甚短的、近乎狂歡瘋迷的「集氣護生潮」之後，便以飛快的速度冷卻此前大量投注但也輕易抽出的集體祝福。就相關的脈絡視之，例如醫勞盟臉書專頁轉貼的貼文在這則交鋒當中，貼文出處是一位自稱醫療業從業人員的「原po」，不滿家屬對醫療人員的尖銳言詞例如「小姐你們動作那麼慢你們是白癡嗎？」，最後發文者更表示「你們知道嗎！我們在家也是父母的掌上明珠」，被頻頻以「小姐」稱呼的發文者以「掌上明珠」表達自己不甘「被小姐」，留言者也評論「語氣讓人不舒服」，顯露家屬向醫護人員呼喝的高端消費者姿態[2]。

被賤斥的怪物家屬

　　於是，讓鄉民群與臉友群如此瞬間變臉的關鍵，在於（一）受害者泰半是「不知感恩」且具備奢侈消費能力的青年與青少年。（二）這

五百名受害者的「家屬」，由於其階級化的教養問題，動輒以高端消費者姿態如叱喝便利店員，表演出自大的歇斯底里與弱智身段來呼喝痛罵醫護人員。

如此，上述的受害者「家屬性」迅速無比地被台灣民間集體性視為該被徹底憎厭、甚至驅離如賤斥物的「怪物家長／家人」。說來反諷，向來被民粹性毫無條件支持的去政治「（小資良民）家人互挺」設定，在近期台灣面臨的經濟階層激烈分化，稍微出現了版塊位移的現象：在緊縮與政治集體想像，無論是哪種受難，被預設必然存在的「家屬」倘若值得被支持，在於他們必須扮演下列角色：對體制（通常是沒有「人」不誓死反對的國民黨國家機器）嘶聲控訴、對於社會性市民網絡投以強烈的謙卑感恩、對於私產性的客體（受害或受傷家人）則報以台

---

1. 從六月二十八號以來，唯一從批判大構造的資本主義（產業鍊結）視角出發的論證，就是這篇把梳細密、解剖小資與大企業「五鬼搬運法」的文章〈八仙粉塵炸出的台灣公司結構問題〉。

2. 雖然醫護人員本來鏗鏘有力的「家屬批判」（當然，在此處只限「惡質怪獸性」的家屬），卻又在最後一句「你們知道嗎！我們在家也是父母的掌上明珠」，陰魂不散地重新構築了「家」的必然與恆在，儼然再度強化支持了「婚-家-社會」三重構造的「皮-肉-骨」連續體，自我取消了在這段文字當中原先可能發展出更深刻的批判、直面對待緊繃高壓到讓任何成員都窒息且成為「被禁錮自身肌膚內的囚徒」的「家庭-醫護-長照」共構性。此外，另一則「鄉民爆料」以「醫生爸爸的小孩」求大眾溫暖支持勞累的醫生爸爸與痛苦的重度燒傷患者的好孩子之姿，與其揭露了醫療系統的崩壞與倡議公共性（制度與視野）的必須介入，其理路只是讓「婚家的歸婚家，社福的歸社福」，彷彿結合尚可的社會福利之私產小家庭構造，是目前的普遍「我們」唯一且必然的未來出路。

語鄉土連續劇式的小老百姓關愛，緊密看守（close monitoring）供社會結構視為有能力擔任「生產／再生產」年輕人類監控者。

如是，在這些錯亂激情的「語言塵爆」，無論是斥責這些中產年輕人「沒事瞎玩」的道德保守聲音，或是以溫暖同情心倡議不該「責怪受害者（及其暴走家屬）」的理性道德進步，都完全無視以下的大體結構性（macro structure）：這些年輕人力之所以被如此高額度、不惜成本的「守護」，在於他們再現某些酷兒理論所批判性指陳的「唯生殖的未來主義」（reproductive futurism），以及年齡主義掛上的「孩子即是被崇拜的神物」（Child fetishism）。

小資年輕未來力與「其他人」

無論個別的性與性別（認同）為何，這五百名年輕人類都堪稱是乾乾淨淨、值得現狀的國家粉紅主義極力珍惜與吸納的小資年輕未來力：於是，我們會看到醫生即使爆肝過勞，也要以吟唱讚美詩的語氣來珍愛不捨這些優質的「孩子」：「他們是一群應該青春快樂的孩子，他們是一群應該有美好未來的孩子，他們真的都是一群有禮貌的好孩子，所以我非常心痛，我該怎樣跟這群孩子安慰？」。倘若這場奇觀性災難的受害者是五百名爽拉K與使用重度注射藥物的中老年HIV勞動階級（包括性工作）感染者、多重雜交男不男女不女「毒蟲」，即使以同樣的受難人數與重傷程度被媒介同情地再現，我們無法設想即使是百分之一的資源挹注或溫馨支持，會投資在這些最被輕易報以「不值得」的生命眾身上。

相對這些年輕美好的青少年，當某些鄉民或臉友看待稍微浮起水面的工傷案例之義憤填膺，與其是開啟了微乎其微的階級意識（「『我

們』都是勞苦大眾」！），不如說是開啓了目前右翼國族主義的「民／眾」對於國家機器癱瘓失能、制度無法支撐且讓一般人可以「安居樂業」與「養兒育女」，取得人肉保險的集團式恐慌。

這些聲音之所以採取「感同身受」的姿態，是由於人們將受苦的中年男性工傷成員視爲某個最黯淡、最慘痛版本的「未來的『我』」。無論是那個年老的「我」，受雇狀態糟糕或遭受職災的「我」，卡在婚家構造中，求生不能求死不得的「我」……都不是因跟這位中年工人同樣感受到肉身勞動與生命階序的惡，是反身設想自己未來私有狀態之稀薄，而發出的危顫顫哀號呼救。

彩虹的生命治理

至於將參與彩虹粉塵趴的群體視爲有些許「反叛」動能的同運奇幻設想，甚至將主辦人呂忠吉冠上「同運團體領袖」的進步色彩，或許如上述這些或保守或進步的聲音，同樣忽略了「彩虹」的生命治理。無獨有偶，事件發生的2015年6月28號，正是美國以憲法保障了「婚權平等」的普天同慶時機，包括我在內，對此事件的某些異議聲音，要不被奚落爲「左統」，不然就是被不假思索的進步直人怒斥「就是開心幾天而已」！在雙重彩虹的「不過就是開心」的背後，寫滿了各種生命與皮膚的階序與層級：即便是被視爲最好康復範本的「將更好」（it gets better）敘事，故事中的傷者也誠意地警告了「當聽到醫師說：『你可以活下來了。』我不知要高興還是哭？」[3]。

目前的台式民粹進步性，除了「去政治性」的歡呼喝采與永續長駐的小島國「去公共性」自憐，很難有眞正讓毛細孔舒張噴濺，表達異議的餘地。發生時間幾近重疊的這兩個事件揭示：爭取到美好未來的同婚

同志接續著同樣擁有美好未來的青少年，成爲被「婚－家－國」全面監控的肌膚。

---

3. 參見蘋果人間異語〈我活下來了 怎麼辦〉，在此要感謝不家庭陣線同志的賴麗芳提供資料與討論，在此引述賴的說法：「家裡面多一個傷者，就會多一個照顧者，不僅原本受傷的可能在一個很長的『短期內』將不事生產，無法為家庭帶來收入，連帶地照顧者也必須付出時間照顧，原本的工作也會受到影響，這基本上對一個家庭的影響是原本固定支撐的兩份收入都受到影響，所以看到蘋果這篇，我很想問的是，他復健花了多少錢？為了靜養到山上去租房子又花了多少錢？照顧他的媽媽工作不受影響嗎？這些錢的問題很可能就足一拖垮『家』底下的連帶所有關係人，必須認知到的是（也是這篇文章通篇掩蓋的），可以get better的『家』又是在什麼樣的條件下到達那個更好的地方，也就是說，如果本來的經濟條件和社會背景中上，離那個better place近一些，爬過苦難的機率也就相對提高。」

以「解放加薩（眾）」為綱領的酷兒政治與文化研究分析

洪凌

　　2014年的「Protective Edge」攻擊使加薩走廊死傷慘重，以色列軍國機器以不成比例的屠殺轟炸洗劫，造就迄今近兩千名死者。然而，本身犯下「反人類罪」與戰犯位置，不少錫安原教派與以色列右派政客紛紛以「驚人」的政治不正確言論攻佔國際媒體。以Ayelet Shaked這名極右派政黨「猶太家義黨」（The Jewish Home）的角頭份子（此人同時是「人權律師」與國會議員）的言論為最，讓一般人士與西方民主自由意識形態都難以消受。

　　承載著累世淤積的累世猶太優選使徒論為背書，此君興高采烈地呼籲：「（這些巴勒斯坦人）必須悉數死滅，他們的房屋都必須被殲滅摧毀，纔不會再孳生出更多的恐怖份子……他們（全體巴勒斯坦人）都是我們（全體猶太人）的敵人，我們必須親手誅殺滅絕他們，這樣的誅殺包括（該死的巴勒斯坦抵抗軍的）母親們！」

　　此番不只一般冒犯性的煽動「種族屠宰」（genocide）召喚，就連去政治性的「一般人」也難以吞嚥。可惜的是，網路上反擊Ayelet Shaked的普遍說法，僅止於自我圈禁在道德進步主義的沾沾自喜與廉價人道反問，例如「你自己也是個人母（或女人），怎可如此喪心病狂？」，或者擠出一些非常典型制式的性別種族侮辱性言語；更甚者，這些針對以色列惡劣政客言論（近乎失語的）憤怒，卻也呼應了她的說法甚至似乎是可行的、有效益的、彷彿若真正在技術面辦得到將所有

生物面的巴勒斯坦人（與其母親們）剷除清理，巴勒斯坦集體性（物質面、文化面、性與情慾面等等）就必然灰飛煙滅，永世不得超生。如此的說法與其回應，在發言者各自舉旗且自以為「敵對」（antagonistic）的地基，其實都服膺並侍奉某種想像：民族（或性別、族裔、階級、物種）都是固化的生物基因傳承物，只要這個民族的「生物載體」（biological vessels）滅亡殆盡到幾乎不復存，歷史與象徵界（the Symbolic Sphere）便再無任何書冊頁面屬於此族群。

反婚家酷兒如何翻譯殺戮言說

然而，對於我們（酷兒魍魎／反婚家國族召安者／情色左派／不服從資本主義與帝國霸權者等等）來說，上述的滅種呼籲與謾罵回擊，必須被跨界地翻譯，使我們的戰鬥與理論能夠逾越婚家國僕所戮力維護的私有資產制：其私有性包括國族身分、種族主體性、生物性別與其角色扮演、核心家庭血緣宰制結構。在最惡劣猙獰的腳本（worst case scenario）之內，即便擁有「純粹」生物基因的巴勒斯坦人被血腥帝國機器與極右派血緣宣導者大量殘殺，使其難以形成為「民族」或「國家」的地步，那麼，讓全世界的基進色情左派群起反抗以色列（與背後美帝）的種種意識形態洗腦與政治宣成，讓所有的基進主體都在各自差異的位置性支持或成為「非家國」層面的巴勒斯坦不服從主體、色情難民與苦勞人民。就讓我們以自身的肉體、色慾、反生殖政治信念，鬥爭國家機器與帝國宰制但去除民族血統仇恨迷思的種種論證與實踐，持續摧毀破解Ayelet Shaked一廂情願的妄想！

目前甚囂塵上的林林總總猶太血脈神聖論，以及類似以色列前總理後裔吉拉德・沙龍（Gilad Sharon）投書中的仇恨言論（「加薩人民

不是無辜的，因為他們選了哈瑪斯。加薩人並非戰俘；他們是在自由意志下選擇，所以必須接受這樣的結果……輾平加薩，將加薩送回中世紀，他們必須死……」云云），莫不視加薩人如螻蟻草芥。然而，反過來說，此類言說與政客的身體力行，卻是以「奇幻」且具備一致性的條理，證成了錫安特選假說的不可能「原真」，與民族主義被內部怪物所取消的「自作自受」。倘若仇恨某民族不可能因此證成滅種屠殺的絲毫合理性，即是再厭惡以色列軍國機器，我們也不「反猶太」[1]。如是，「民族建國」與「血脈原論」並不足以支持以色列（或任何地區任何族裔）以殺戮特定族裔的手段，攻佔三千年前此群體前代居住過的地域，進行所謂的「建國」與「占領」。同樣地，這不可能合理化以色列軍國機器無恥褫奪巴勒斯坦（土地上存在的所有）居民棲息地，更要進一步認識到所謂的「以巴衝突」絕非對等的二造勢力：以色列背後充斥著各種齷齪繁複的帝國貪婪協助與生死治理，此協同治理機器當今面對的是國際連線的左翼不服從「複數眾」[2]。

　　既然以色列做得到如此張狂無忌憚，逐自上演帝國之眼／僕的沸騰滅族薩德數字秀（the Sadistic Shoah celebration by number porn），如此，帶出一個不忍卒睹的等式：對於暴虐與屠戮，前受害者轉化成的加害者並不會比任何「既成」的加害者更有「同感心」。進而，對於受到

1. 針對目前某些堪稱「趁機打一把」的反猶太種族憎恨，我的立場與位置如下：以色列（軍國機器，而非還原回種族或民族的猶太／以色列人之民族主義主體）是一具絕對需要連同第一世界帝國主義被摧毀殆盡的「國族—國家機體」（nation-state apparatus）。在不混淆國家政體與民族主體，不施加民族主義仇恨於整體猶太裔人的前提，我等左翼酷兒的立場是：以色列這具已經喪心病狂的軍國機器必須徹底被國際反戰力量所制衡，並解除其窮凶極惡的美帝支援之武裝設備。

美帝重用且喪心病狂的以色列「國—族排他主義」而言，任何在加薩的屠殺與「滅族」都有其正當性，甚至藉由此「清洗」而取得集體（無）意識的歡狂。從1948年迄今的加薩史，不但說明了民族主義的虛幻，更讓我們理解錫安主義的恐怖特質：套用乏味單調的生物二分／生殖政治內核所運作的伊甸開天闢地與「被挑選使徒」之神話敘事，聲張著唯獨神聖的猶太血族值得被保存，甚至容許軍國政體以「自衛」之名成就反種族抵抗者的集體殲滅。此類作為，確實充滿「神人同一論」，就如同猶太原教徒所信仰的那個集各種排外與形塑他者為樂，驕狂無知的「唯一神雅威」。

良婦人道話語的再批判

接下來，我必須清楚鄭重地反駁「常態西方女性主義視角譴責哈瑪斯」的操作手法與充當第一世界使者的良婦自大論。

（一）對於性與性別的壓制，絕對需要以最高強度來破解與鬥爭。而且，我並不贊成所謂的「抗爭有先後或迫切與否的次序」，也就是說，視野狹隘的左翼論調常常認為性與性別次於（或甚至被包納收編於）「純」的「階級鬥爭」或更「普遍」的民族國家議題。這些說法缺乏能力與洞見，去將情慾與性別的戰鬥視為歷史唯物論之內同等重要的議題。

（二）基進的性／別與情慾解放意識形態，並不該認為哈瑪斯政權對待非常規「性／別主體」的倒退政策與法規是所謂「巴勒斯坦人自家的事」，這完全違背了最基本的國際主義左翼性／別的介入與主張。然而，我同樣反感於第一世界良婦女性主義以不屑巴勒斯坦人民自身動能的救世主姿態，對於巴勒斯坦種種的性／性別少數提出的「呵護救援

論」。此論調，說穿了就是把這些人形塑爲新自由主義與新道德主義所拿來使用的「櫥窗展示」，將其調控後稱之爲「性／別自主」，並限制在「良好公民」的邊界中不得踰越。也就是說，這些「第三世界罔兩」甭想當一個外於純良性別政治意識形態所不核可的怪胎、罔兩、酷兒，更別說經營良婦女性主義與第一世界同志正典所無法想像的種種生命軌跡。

我更不贊同且必須持續反駁的是，某些拒絕支持巴勒斯坦者總是宣稱，因爲哈瑪斯政權「壓迫性少數」，所以性權與性別研究／實踐者無須對以色列與第一世界壓迫巴勒斯坦提出譴責！這個說法可以藉由以下反問來獲得否證：我們從不會因爲在台灣的生命治理「壓迫性少數」，就放棄了支援台灣對內與對外的許多鬥爭與抗爭？不家庭的毀廢酷兒，也不會由於主流同運這幾年全面聚焦於同婚政治，就棄守江山地丟出：「我不要再當同性戀／雙性戀／跨性別」，而是批判性地持續辯論與強烈地提出自身的政治綱領。

（三）國際左翼酷兒強調的是去本質化的聲援，必要時，更進一步地自我（暫時或長久地）認同自身爲「罔兩的—非血統的—加薩人」。但是，我們有義務徹底拒絕目前主流檯面上的人道哭號論，尤其是將

---

2. 參見跨國共產黨連線2014年7月17日發表的挺巴勒斯坦人民並呼籲解放加薩宣言" Statement of Communists' parties: The massacre at the expense of the people of Palestine must end now "，基於毀廢罔兩酷兒的位置性，除大致同意且背書此聲明，我強烈主張要加上這條款：「支持巴勒斯坦土地上的各種性與性別與物種鬥爭出基進反帝色情自主！唾棄以色列國家機器的粉紅假惺惺刷洗，並無所不用其極地抗衡巴勒斯坦掌權（哈瑪斯與法塔）只顧自保、壓迫多重情慾、無視另類生命表達的怯懦無能貪腐資產階級／勢力」。

「女性與孩童」固化為永恆犧牲受難者，除了販賣他們「可憐的受難」並化為自我滿足的普世人權呼籲，這些說法與操作不僅毫無意願與能力去肯認他們／我們各種抗爭中複雜的主體性，更將這些位置持續成為「除了受難死者與可憐蟲之外，沒啥別的可能性」的一次元扁平再現！！

然而，像是Ahmed Yousef在 " Hamas Does Not Oppress Women "這篇文章中的辯護手法，仍套用了某種「在地主義」與「宗教內部治理」之不可侵犯，佐以「女性不可讓男人服侍頭髮『並未違反普世人權』」等荒腔走板說詞，同樣服從且沿用了第一世界的性別治理（例如奉《兩公約》或「普世人權」為神諭！），我們應以同等的高度與強度來反對。

在這個名為「列寧學」部落格，作者具備清晰的視野與充足的文化研究分析能力。這篇〈再度掀起的以色列與聯合國之戰〉（Israel and the UN again），精彩的文眼在於論及「錫安復興／遴選主義」（Zionism）的彌賽亞狂迷情意結，是如何從「特選的倖存者」思維，無縫接軌地演化到國家－國族機器的殺戮大暴走：

就目前發生的現狀，以色列政治階級（將加薩大屠殺）視為合理的戰爭代價，就是目前以色列國（the Israeli state）在此高峰狀態的政治文化。坦白說，目前我們見證了某種錫安特選主義的彌賽亞樣式，以及此主義的激進層面。錫安主義愈發擴張，它愈發渴求不斷的擴張；錫安軍國主義驅動更多的軍事力量，它愈發感受到遭受威脅；錫安主義無所不用其極地踐踏巴勒斯坦人，但它卻也毫無上限地自許被巴勒斯坦人所迫害。

這個議題沉重地觸及班雅明主義（Benjaminism）被現實所荒唐「應用」。1942年死於納粹壓迫的班雅明本人念茲在茲的「未來如何可

能償贖過去」（how the future redeems the past）[3]，如今擁有寒意凜然的兩股雙螺旋軸，其中一端是「列寧學」在上述文章所論：經由巴勒斯坦集體的受難，「不等價」地代償被德國／納粹與整體白種人宰制慘死的猶太人。另一端的「死屍城牆柱」，觸及民族／血脈狂熱主義不可等閒小看、但絕不止於民族主義者以為的「民族整體論」。亦即，此時張狂血洗加薩走廊的錫安殺戮機器，將20世紀被視為牲祭（的集中營猶太死者，視為「整體彌賽亞」的末端與大腸，可供截取修飾剝削，時而用於文宣戰，時而培養國家恐怖主義，時而生殖出只能砍掉不重練的愛國「士兵／國民」。在這個等式之內，死於納粹宰殺鍋爐的犧牲者只能是「原料與幹細胞」，她們被自身的民族極端性印證了「種族屠殺」的必要性，遭致錫安主義的棄置，更不可能回復複雜的主體性與集體記憶。班雅明寄望「被未來所贖回的無意義屈辱生死」，只能無時間性（a-temporal）地維持其無意義與其屈辱。死於奧許維茲集中營的猶太人，對於現在叫囂著「殺光巴勒斯坦人！」的「同胞」而言，只是滋養如今這個化身為「恐怖怪嬰」（l'enfant diabolique）之錫安優越論的電池／類子宮培養皿／回收物。

現狀不但完全褻瀆了班雅明設想的反直線時間與反「勝者歷史」

---

3. 關於班雅明申論歷史與彌賽亞的「臨現」（從「未來」救贖了血跡斑斑、毫無意義大屠殺的「過去」）的論證，並非按照線性時間觀的「過去—現在—未來」，而是當下的某些作為／議論／反抗「改寫」了「敗落的過往」。引用原文段如下：「過往（pastness）攜帶著時間性的目錄，藉由此目錄，吾等得以通往救贖（的路徑）。在過去的世代與現今此世，兩者之間存有隱密的協議……並沒有任何已經發生的事物會被歷史視為佚失且不復存。」——班雅明（Walter Benjamin），〈歷史哲學論文篇章〉（Theses on the Philosophy of History）。

的「救贖」可能性，更是極盡猥褻地將猶太「商賈主義」的「血肉斤兩論」演變到最「形上」的操作。如此，「錫安復興／遴選主義」同時是納粹時期猶太人犧牲者、當今所有視野清明的猶太後裔、近六十年來被糟蹋殆盡的巴勒斯坦眾生，以及國際連線左翼性／別情慾政治異議者的「共通之敵」。這個巨型怪嬰／機體類似於走到演化死胡同的物種原型，必須在斷絕集體大動脈（美帝供應武器與政客支持）的情況，斷送所有的軍武，使其明白，這個世界唾棄錫安優選主義，但並不反「猶太人」。短期內，對以色列進行「杯葛、撤資、制裁」（BDS）可能是某些左翼主體認為有效的選項，我並不反對這個操作，但我們最終的目標，應該設定於解體這個「神性國／族」的膨脹妄想，削弱無限擴張野望的「大以色列」超越性欲力（transcendental libido）。

我（不）是查理
西方「反恐」的政治

王顥中

陳逸婷

洪凌

劉羿宏

　　在「查理」事件的遺緒裡頭，深知（後）冷戰意識形態的讀者多半不會感到意外，某種秉持著純粹世俗主義（secularism）[1]與多元文化主義（Multiculturalism）的聲音，具備了絕不亞於「聖戰」與「宗教基本教義」的激情血性，正充斥著驚人的頑固、封閉、凝固扁平的非思辨性。

　　人們必須認識到，在這場已然失焦的「我是查理」（Je suis Charlie）言說戰場裡頭，「保障言論自由」的「保障」是遮蔽；而「自由」則是虛妄。無論是否存在法制層面的律令、無論機構性的手段，是保障、懲罰乃至於兩者皆非，特定言論總是在權力棋盤之內（被）道出，各種言論之間從而形成不均衡的壓抑／傾軋效應。

---

1. Ghassan Hage的" *'Not Afraid'* "一文清楚勾勒出了「世俗主義」在歐陸是如何成為「啟蒙後霸權」，以不容置疑、由上往下、堅決單一律令的姿態，將「共和國」國族意識形態層面的宰制開脫解套為「反對宗教干預」。至於託言為「言論自由」之物，則成為西方新興打造的「帝國末代之陽具理型區隔的殖民種族化策略」。

事件的「反恐」背景

　　2015年5月11日，法國巴黎高達百萬人走上街頭遊行，高舉「我是查理」標語，數十個國家領袖野參與其中，捍衛言論自由、譴責恐怖主義與暴力攻擊。人們之所以在事件過後能夠立刻將攻擊定位為「恐怖攻擊」，或者是伊斯蘭國（ISIS）口中的「聖戰行為」[2]絕非偶然，那恰好顯示攻擊事件所累積的情感與憤怒，並不是毫無來由的偶然爆發，而是一種計畫性的反擊。假使聲援「查理」的情感與群眾動力源自於全球性的「反恐」邏輯，面對「恐怖主義」背後真切的帝國主義對伊斯蘭世界的侵略歷史，正是此刻無可迴避的要務。

　　「加害者」（恐怖分子／聖戰士）究竟是如何出現？就以伊斯蘭國來說，2011年，敘利亞內戰，美國為首的同盟國以武器和資金支援反政府軍，壯大這些叛軍，並稱其為「溫和的反叛者」，美國同時一手扶植敘利亞叛軍，另一手扶植伊拉克政府軍，目的就是為了要維持各國內部的宗派鬥爭、製造動亂，而敘利亞叛軍中，包含勝利組織等後續則帶著從美國那兒得來的武力併入了伊斯蘭國。不妨這麼說，「反恐」本身就包含了自我內在的循環，它的「反」同時建構出自身所要「反」的「對象」（恐怖主義）：人們口中危害和平的「恐怖份子」，往往正是「和平世界」帶頭老大哥資助並協作打造的產品，透過引發中東國家內戰、促成動亂，才生產出挾帶無數憤怒情感的「伊斯蘭」[3]。

　　從這個角度看來，那些在街頭上含情脈脈、在金球獎上高舉「我是查理」的好萊塢明星，假使反對的真是「恐怖主義」及其威脅，怎麼絲毫不曾考慮過將譴責目標轉向──「恐怖攻擊」的真正來由──以美國為首的西方帝國主義暴行？

文明的衝突？

相反，正如過去西方霸權論述中「伊斯蘭」、「穆斯林」所註定成為的他者符號，在這場「我是查理」的自我呼告、召喚當中，事件再度被以西方世界與「伊斯蘭」固有的文化衝突為認識的短路，延續在美國911事件後西方世界的「傳統視框」，杭廷頓（Samuel P. Huntington）的「文明間的衝突」[4] 更再度成歸類辨認西方他者的方便論述。

然而，「文明間的衝突」這一理論早已屢遭批評過度本質化各「文明」的固有內涵，甚至杭廷頓本人更非常清楚指出，「西方文明」自我肯認的「普世價值」正正是衝突的緣由，亦即，美國介入中東地區而引發的「伊斯蘭問題」從來不是「伊斯蘭的」，反而是源自「西方」的問題，源自西方人們相信自身文化的普世性，並相信那是優於其他文化（杭廷頓沒有說的是，這些「西方人」當然包括他自己）。「文明間的衝突」所衍生意義是，西方人肯認的文明只有「西方」，與此不同的頂多是「文化」，包括有趣的值得研究的日本文化、需要「我們」幫幫忙

---

2. 事件發生初期，諸多報導皆以「恐怖攻擊」、「伊斯蘭國」、「蓋達組織」等詞彙來描述襲擊《查理週刊》的極端份子；目前對兩位主謀的背景眾說紛紜，有報導提到 主謀之一曾受過葉門極端組織 Al-Qaeda in the Arabian Peninsula（AQAP）的訓練，也有 報導指出，伊斯蘭國（ISIS）在其網站上公開表揚襲擊事件的兩位嫌疑犯，稱其為「聖戰英雄」。此外，時間差距不遠，位於巴黎的猶太超商，也發生了攻擊事件。總之，「加害者」的圖象在一些訊息中或許顯得更清晰，並非單一、偶發、僅針對嘲諷漫畫而來的宗教狂熱份子的攻擊事件，更因為事件指向「伊斯蘭國」與其信念價值，也因此被定調為「恐怖攻擊」。

3. 法國為了增加影響力、謀取利益，亦曾鼓動雅茲迪（Yazidi）人對抗伊拉克政府，製造叛亂與地區的不穩定（法國侵略他國的更多整理可見徐沛然〈沒有正義 就沒有真正和平 論法國《查理週刊》槍擊事件〉）。

的「非洲」（鐵板一塊的非洲）、須加戒備的文化，如崛起中的中國。911事件後直至今日，最不相容的、最非我（西方）族類的文化，即是「伊斯蘭」。由此可見，「文明間的衝突」雖始於杭廷頓，但這個論述的韌性與便利性，卻徵兆性地指出「西方」各帝國間互通聲息的侵略史。

「我是查理」意味著什麼？

「保障」是遮蔽而「自由」則是虛妄，戳破建立於其上的諸多聲稱，將是認識這次事件的基本。《查理週刊》槍擊事件過後，眾「查理」將那些被（已符號化的）「伊斯蘭恐怖份子」槍殺的人化爲殉道者，強加在12具屍體上的「道」即是西方文明引以爲傲的普世現代性，用以對抗、驅散落伍蠻荒的「伊斯蘭宗教原教旨主義」：一者，是獨一無二且無限上綱的「言論自由」，將「查理」事件命名爲高智能「幽默／藝瀆」與粗暴愚蠢「恐怖主義」之正邪對決；另一者，則是不遺餘力地聲稱，作爲西方他者的「伊斯蘭」，可以直接等同於性與性別少數的殘暴屠宰場。踩在12具屍體上，眾「查理」言之鑿鑿地表演推播西方文明的普世性，繼而將西方所投資的位置，提升到救世高度。自此，「查理／我」設定了某個虛妄如二次元的再現，投射於「進步」的第一世界，並且命定要對立於從未進入政教分離洗禮的「伊斯蘭」原始疆域。

「我是查理」這個召喚意味著什麼？對於攻擊事件中受害者哀悼與「感同身受」只是浮面[5]，深層的情感則是延續了西方世界對「伊斯蘭」的排除構造，顯示西方將自身特殊還原爲普遍並作爲衡量他者文化是否與自身相容的一把尺，以及西方世界「反恐」邏輯的無意識延續。

法國總統歐蘭德（François Hollande）疾呼，「法國被擊中了心

臟」（La France a été frappée dans son coeur），指涉恐怖攻擊事件威脅了法國的世俗傳統與言論自由，並在14日站上了航空母艦宣示法軍投入美國爲首對抗伊斯蘭國的「反恐戰爭」（同時，他也因表態反恐以致民

---

4. 「文明間的衝突」（the clash of civilizations）由任教於美國哈佛大學的政治學者杭廷頓（Samuel P. Huntington）提出，首先作爲文章篇名發表於1993年《外交季刊》夏季號；3年後，杭廷頓出版專書《文明間的衝突與世界秩序的再造》（*The Clash of Civilizations and the Remaking of World Order*），在此書中，杭廷頓基於冷戰結束後的全球發展，提出「文明間的衝突」這個理論，認爲「文明」間的衝突將取代國家間的衝突，主導世界秩序的重建與再鞏固。杭廷頓的專書雖受到關注，但「文明間的衝突」從一個政治理論詞彙轉而成爲一整套論述，是在美國911事件之後。甫出版之際，《文明間的衝突與世界秩序的再造》頂多在學術圈內流通，引來美國國際關係學及政治學學者著文批評。美國911事件之後，此書重新出版，大賣，「文明衝突」成了眾歐美人士朗朗上口的詞彙。尤其在美國國內，爲媒體大用、爲新保守主義的決策者大愛。這幾個字一說，不只可以兩手一攤、無可奈何地表示衝突不可避免，更能指著「非我文明」（即「非我歐美族類」）頭頭是道地解釋衝突的緣由。「文明衝突」作爲一個論述所派生的意識形態效應是，既然衝突不可避免，緣由也早就註定，那發生戰爭也不意外──戰爭如何發生、誰使得戰爭發生等關鍵問題，也因著這個論述而被取消。在小布希政權期間，美國政府更確立其「先發制人」（preemption）的外交政策，正當化美國及其北大西洋公約組織盟友所貫徹的軍事策略。

5. 「我是查理」所召喚的，遠超出於對「受害者」的「感同身受」，而是由死亡驅力所衍生出的對異己他者的暴力慾望，從「文明」的裂隙中溢出。舉個通俗的案例，在台灣較熟悉的語境下，死刑支持者經常以「同理受害者」的面具出場，但深究其情感構造，他們對於「加害者」的恨卻遠高於對「受害者」的愛：對「受害者」的感同身受充其量只是一副「文明面具」──但還不是唯一的──其次還有「國家」的中介，因爲暴力慾望的滿足，不再必須透過親手沾血，而是由國家代爲執行。這種狀況在普遍的性政治話語當中亦十分常見，人們對於劈腿、外遇者的撻伐，經常是由於自身的情感慾望所致，卻在公共言說當中脫胎爲對事件對象（受害角色）的「感同身受」。

意支持度反彈回升）。自由民主共和的聲音正激烈肅殺地「開戰」，彷彿暴走如最新一場十字軍東征。這類病症的癥結無關乎說話主體的本質性身分，而是其思路（mind-set）與取徑（trajectory）。也就是說，這牽涉到論者能否解讀「帝國」繼續在「冷戰終結」的時空當中，進行文化洗禮與粉紅殖民[6]。

回觀台灣，在這個——既西方卻又「不夠格」西方的——位置上，「我是查理」既是表態，同時也是認同的再召喚。作為一路以來西方世界的忠實尾隨者，很自然融入反恐情境，以西方作為親近與認同對象，並滿足自己在全球層級序列當中位置上升的慾望。從這個角度來看，至少對台灣的「查理」們而言，「我是查理」完全可以是正面表意，甚至所言不假，台灣既可以拋棄自己非西方傳統的（泛中國的、第三世界的）歷史連繫，自然可以輕易忽視其它非（否）西方現代的文明與歷史傳統。

多元文化主義的陣痛

911過後，我們曾多次見證了西方國家團結一致呼喊「反恐」正義的場景，其導致的悲劇如今卻也是眾所皆知。強權團結的側面，是「反恐」與「恐怖主義」意義上的更緊密連結：阿富汗戰爭—伊拉克戰爭—基地組織—伊斯蘭國；而另一方面，多元文化主義固有的限制，也同對「多元邊界以外」的排除，兩者互為表裡。「多元」的迸現，是源自歷史主體在不同情境下、在具體的政治脈絡當中產生，今日的「多元文化主義」卻更經常是對於各種歷史與政治面向採取存而不論的懸置態度，只關心認同名詞的增補累加和範疇歸類。在西方語境下，西方文明將它們所從來不曾適切理解的事物，採取一種消極的態度，整併入「多

元文化」類目當中，從而掩蓋了歷史中原先俱在的意識型態與政治鬥爭。「伊斯蘭」週期性挑動「多元文化主義」的危機，正如扎耶德大學（Zayed University）殷之光所評論道的，這些衝突「體現了在西方基督教歷史語境下發展起來的現代政治理性在理解伊斯蘭社會時的無力」[7]。

於是，事情的輪廓是，西方所無法妥適理解的事物，尚且可共存的，被納入「多元文化主義」，成為必須要「尊重」與「包容」的政治正確；那些難以共存的，則（藉由反恐）被推入「恐怖主義」的境地。每隔一段時間便重新上演的暴力衝突，不僅不是「文明間的衝突」，毋寧說，它是「多元文化主義」面對到自身未經清理的殘餘問題，歷史週

---

6. 許多守護自由民主且堅持「反恐」的論者，擅於將貼近自身情感的事物投射於事件討論中，如：「對方不懂法蘭西幽默」或者「伊斯蘭壓迫女人／同志」。我們認為，「原生」伊斯蘭（女人／同志）身分進路的合理起點，應該是抵拒「伊斯蘭性／別少數」被那既賤斥自己所處之政教合一制度與信念、同時又施恩於自己「性別身分」的西方所騎劫。反對西方所羅織出的「共同體」，共時性地絞殺與「救援」伊斯蘭性／別少數。的確，伊斯蘭的性／別鬥爭不僅僅屬於血緣與信仰的「伊斯蘭」共同體；然而，正因著這些鬥爭的複雜性，恰必須要拒絕這類挪用且消費「女人／同志（反）伊斯蘭」的口舌：斷然聲稱（僅限於）某種特定族裔或族群天生自然地壓迫性／別少數，藉此診斷出此族裔的解殖抵抗缺乏正當性。此類話語不但無能正眼看待性／別異議者的戰鬥，更助長（後）殖民現代性更甚囂塵。換作台灣的熟例，任何性權主體從事性政治的頑抗當中，任何「獨派認為台灣國之建立」或者「統派認為回歸祖國」便除以充分消解性／別壓迫的說法，恐怕都會被視為是愚昧的癡心妄想，既然如此，那麼「查理／我們」又豈有資格武斷將伊斯蘭的性／別少數，視作為只能被動仰賴第一世界解救的次等團塊？

7. 參見殷之光〈歐洲聖戰的殉道者──《查理週刊》血案敲響的文化多元主義喪鐘〉。

期性迴返所導致的陣痛。

　　既然「恐怖主義」與「反恐」；「多元文化主義」與「排除」是兩組雙生關係，我們便不能簡單落入藉由「支持前者」來對抗後者的邏輯。左派的政治，因此不能僅止於倒退回「多元文化主義」的召喚（用「多元文化主義」來對抗「不夠多元」），而是要逼視「多元文化主義」的內在缺陷，以及它「註定不多元」的排除性格。

　　我們拒絕一擁而上的「反暴力」口號，輕易抹除歷史向度的複雜淵源，更拒絕「自由」的聲稱一了百了地掩護並淹沒不均等的現狀。這些草率的聲稱、輕易祭出「世俗」大旗的殘暴性，並不亞於舊約單一主神耶和華（Yahweh）。

　　人命極其珍貴，但人們既然哀悼「查理」（而「嘲諷」又是「查理」所視為圭臬的價值），那麼，面對甫受攻擊的「查理」，無情地嘲諷它或許將是一種（查理式的）無上敬意。但我們始終不會是「查理」，因此這將不會是我們的選擇。然而，在「伊斯蘭」結構性的經受西方暴力威脅的此刻情境之下，譴責「恐怖主義」乃至於個別事件當中的暴力，將不會成為我們進行以上論述的前提。

（經）血與革命，毀家與解放

洪凌

　　2016年四月中旬，在鍾喬熱情誠摯的邀約，我前往觀賞由「差事劇場」呈現的《幌馬車練習曲》，參與之後的座談會。由於事先粗略的預期與預習，我並未如同某些冀望「真實再現」白色恐怖的觀眾般地極度失望。然而，這也不足以預備我看到再現後的作品與原始文本（藍博洲的《幌馬車之歌》[1]）的劇烈落差。在此，結合事後座談，我希望能拉出一股何謂追究歷史（的斷垣殘骸）但又不流於正典式（normative）摧逼出「真實過往」的耙梳。

　　根據劇組構想，這部作品主要目的之一是要召喚世代對話，尤其希望這群飾演五〇年代革命份子與黨國恐怖使者的年輕演員來勾串起彼時與此刻。然而，除了以照表操課的台詞搬演，讓去政治的疏離瀰漫現場，我並未在劇作本身看到演員們的情感投資（affective investment）。況且，倘若真有被設定好且區隔整齊的「世代」，這樣的政治（無）意識似乎在說，此時與之後再無上世紀的群眾革命想像，只能屈就於民主改革的「小」政治。即使不苛責演員無感於這一段早已被轉型正義論述之「冤假錯」給浸透為資產民主階級背書的時空切片，我很遺憾地看到演員們各自鏗鏘昂揚地表述、黏貼、懺情，祭出各自的「繽紛多元

---

1. 此書於2016年已經有作者修訂增補後的第三版，可參見趙剛為此版本書寫的評論〈救贖的歷史，歷史的救贖〉。

的現實身分」，彷彿今日的進步多姿，就是構築於白色恐怖的成功（亦即，分斷體制在東亞的實施與確認）。再者，具有疏離效果的布萊希特（Brecht）式小劇場風貌，彷彿是為了撐起劇外的年輕主體們自認的「左翼進步」[2] 設定：小清新、小確幸的社運環保性別反核太陽花眾，種植且焊接於這幾年來的台灣本土意識，不但取消了劇中的「人民要革命，民族要解放，國家要獨立」，且假設了一個只容許直線進步史觀滋養出來的未來式。

導演林靖傑非常投注氣力地執導這齣戲，想讓它（被）拉出幾個讓「光明報」的「光」得以在現時此際綻放的意圖。我所指的「光」，既是帶有反基督教原教旨意味的叛逆撒旦之光（Satan as Lux/Light-born），亦可能是企圖讓鍾浩東與蔣碧玉等彼時的（不）好男（不）好女集結為諸眾，散發且終究散佚於兩岸人民視野的國際主義赤色光照。然而，演員們所闡述的鍾浩東與蔣碧玉，卻無法撐起這股血色紅光。他們拉拔出的鍾、蔣二人，彷彿是兩個時不我予的小婚家愛侶，必然（且不該）被大時代所摧折殘害。

但我認為，若我們歷史性地閱讀他們的故事，或許正好相反：唯獨有在這樣的艱難與不容許核心小家庭自然成立的時代背景，鍾與蔣才可能成為一組愛人同志：21世紀的原子化個人主義與一對一單偶設定的婚家浪漫基調，浸染於蔣／鍾二人更廣闊且更「不羅曼史」的故事，彷彿一張悉心將既有痕跡抹除擦拭殆盡的羊皮紙刻痕（palimpsest）。對於想要透過這齣小劇場來理解民族解放與中國革命傳承的人們，只可能透過正式再現之外的些許殘痕（或許就是班雅明式的彌賽亞「閃現」契機）窺見依稀的光暈，得到微弱無比的瞥視。

再者，若是以晚清以來的毀家廢婚傳承來批判性地閱讀藍博洲的

書寫，尤其是羅列五位台灣左翼革命女性的《台灣好女人》，我必須鄭重指出，讀者與評論者不該只聚焦於最知名的蔣碧玉。我們更有可能從知名度甚低的高草身上，互涉地窺見何謂左派性／別身體的（艱難）解放。

在德勒茲著名的譬喻，他以「與」（and）銜接勾搭起蘭花和黃蜂的關係，將這兩者的相互滲透滋養（以及相互穿刺）視為一種向量般的生成變化（becoming），彼此的連帶不只是「等於」或「加起來」，而是「之間」與「變相」的關聯；兩造的媾和不是純然的加法式連結，

---

2. 在台灣這個雜音紛擾眾聲喧嘩的地域，「左翼」的路線與派別也堪稱複數（但不盡然是我認為可欲的多重性）。目前最顯著也最概念偷渡的「左翼」定義，約莫是將社會主義願景置換為台灣國族的獨立。自從2014年的太陽花學潮以來，這派定義同時讓鐵血台獨主體性與某些號稱「天然獨」的位置共享。其次，對於中國與共產黨皆抱有戒慎（但號稱不如同台獨的反中反共）的台式社運路線，集結性別、（部份）性權、環保、動保、反核等共享未來進步主義與擁護孩童（但反對解放未成年者），擅長以所謂的多元修辭來經營其第一世界讚許的常態自由主義立場，也會不時號稱自己的立場是「左傾」的；在政黨層面的時代力量與社民黨，就是顯而易見的例子。至於堅持以東亞島鏈為思考基礎，拒絕台灣本位（因而提倡和平統一）的社會主義統一派，則是目前洶湧喧譁「左翼」聲響當中最受到排斥與打壓，但我認為，此派的確站穩了歷史的崎嶇與反勝者言論的基礎馬克思主義立場，堅決認為必須在雙戰（冷戰與東亞內戰）的基礎來認識人民乃至於眾生的解放；在這股路線中，如民間團體的夏潮、工運的勞權會、政黨的勞動黨，都是相當具有代表性的位置。然而，即使我自身可能最肯認社會主義統一派的立場，但必須指出他們無視性與性別的複雜鬥爭性，將「解放」粗略樸素地當成是每個立足點都均等的使命，必須加以嚴厲的修正，例如近來勞權會為了反駁台派諂媚日殖的嘴臉，過度地放大了生殖主義與民族主義的必然性，這點是任何站在酷兒與性解放立場的主體都無法同意分毫的。

而是相互質變的生／成[3]。正如陳光興在《去帝國》中的闡述：「從種族中心主義到國族主義，再升級至帝國主義，沒有本體論的必然性；但是，如果沒有倫理學層次的介入，在情慾／慾望形構上徹底摧毀、轉化自戀的防衛系統，如果沒有去除國家中心導向的新國際主義立場，以對話形式將他者內化，形塑混雜（mixed）的互為主體，一種「成為」（becoming）的變動而非「存有」（being）的堆積性邏輯過程，那麼個人主義、種族主義、國族主義、國家機器主義、殖民主義、帝國主義之間的聯結，不僅是一串慾望的軌跡，也是歷史—邏輯上的結論。」

高草在被軍警逮捕的當下，正值經血來潮。而他就毫無選擇或刻意選擇地無遮蓋，直面權力的使徒，以血淋淋且滴落體液的下半身被白色恐怖收押拘禁。在此，我試圖就高草的故事讀出一種有別於普世人道（應該起碼讓她處理自身的私密身體狀態，但這說法不啻為將「經血」視為純粹私領域的物件，不可能有公共意義）與左翼身體無感（為了革命，肉身如何都無所謂）的酷兒意識：

這樣的一個對著求婚男子勸說「如果你與另一個人結婚，反而有可能讓他加入我們的革命行列」的高草，坦然對婚姻家庭進行複雜革命化（形變）的高草，她的經血迸流成為「與」革命動態之間，於焉形成了不可分割的，既神聖又猥褻的小客體（objet petit a）。無論以現在的語彙而言，高草是不是個女性主義者、女同性戀者、性別酷兒，她始終都是一個將身體／革命放入變化張量的主體。唯獨在這樣的認識論前提，我們才可能堪堪認識何謂「身體的革命，革命的身體」。

在期待十一月的「幌馬車之歌」演出之餘，我想追究的是島嶼與亞洲諸眾是否可能在「倒退的歷史天使」的紅色光暈將滅未滅之餘，開始認真設想一個「再怎麼怪誕詭奇的生命情境也可以被接納的左翼東方紅

色世界／視界」，拒絕肯認目今這個流於線性歷史終結論與小資產陣營的進步改良主義。

---

3. 如同德勒茲的說法，「（經血「與」革命）形成一個獨特的變向過程，是一種對話。它們兩者的變向關係在於「與」這連接詞上。「與」不是一個簡單的連接詞，而是近乎一個「張量」的符號，它包含著黃蜂（經血）與蘭花（革命）交接的無窮變數。「與」本身就是變異，它不是非黑即白，而是非黑非白，也可黑可白。「與」是一個過渡，一種聯繫，也是一堵阻隔的牆、一塊狹路爭鬥的領地。「與」本身就是一個複雜的變項，一條逃走的線，從僵化的二元對立之中逃走出來的線路。」在此參閱Jade的論文〈自體交尾、互噬的雙頭蛇──讀洪凌〈記憶是一座晶片墓碑〉與〈水晶眼〉〉，以及他所引用的羅貴祥的文章。

人貓爽爽跨物種成家？

婚家制度的再思考

黃亦宏

2013年第十一屆台灣同志大遊行過後，反多元成家運動者剪輯了2013同志遊行當天所拍攝的照片，製作一部反多元成家法案影片。這部影片使本人在遊行當天所製作的標語——「人貓爽爽跨物種成家」（下稱人貓成家）——受到諸多關注，該影片視人貓成家為人獸交，藉以抨擊多元成家法案是道德淪喪的性解放運動，並將此作為反多元成家的主要論點之一。立法委員呂學樟在司法及法制委員會中，以此反對俗稱婚姻平權法案的民法972條修正案；台灣伴侶權益推動聯盟（下稱伴侶盟）以及許多同志、同志團體則回應：「現在通過一讀正在審議的是婚姻平權不是多元成家，婚姻平權是希望一夫一妻可以包納同性戀進去。」這也正是立法委員尤美女2014年12月23號於立法院反駁呂學樟所持的人獸交論點時所做的回應。

下文我將從伴侶盟的運動策略說起，說明當時為甚麼喊出人貓成家以及人貓成家在多元成家運動中的積極解放意義。

2013年凱道伴桌的系列新聞稿中，伴侶盟終於鬆口，未來要將多元成家草案送進立法院審議時，三胞胎法案將分別、平行且獨立的提案。在我看來三案拆分分送近乎是政治協商（或斷尾求生），以割棄引起較多爭議的伴侶制度及多人家屬兩案來保全婚姻平權，自此之後果不其然，多元成家草案只有婚姻平權通過一讀，因故，多元成家草案的討論焦點也逐漸轉移為婚姻平權，多元成家運動由此逐步緊縮為同志婚權運

動，對於其餘兩案的討論漸少；如果以台灣最新的婚姻平權法案發展局勢來看，尤美女為反駁呂學樟所持的人獸交論點而說的那兩句話，所言的正是「切割多元成家成就婚姻平權」的最佳寫照。婚姻平權既然是在現有的婚姻制度下添材加瓦，爭取讓同性伴侶也可以結婚，而非解構婚姻特權、實現不同型態家庭皆被合理對待的理想，那麼當前僅致力於推動婚姻平權的伴侶盟怎麼看待自己曾主張的「我們都不滿現行法的『獨尊異性戀婚姻』，換言之，我們挑戰的對象有二：獨尊異性戀，以及獨尊婚姻」？

守護幸福家庭行動聯盟（簡稱護家盟）曾經「恐嚇」大眾，同志爭取婚姻權只是第一步，最終目的是徹底摧毀傳統婚姻的概念，接著主張家庭可以由多人、跨性別、甚或跨物種組成，然而從以下兩點來看，護家盟不必擔憂：第一，尤美女的發言不僅為不僅為婚姻平權爭取正當性，同時，也踐踏了挑戰婚姻霸權的其他成家方式；第二，伴侶盟執行長許秀雯律師公開在版面上貼上一張照片向呂學樟委員喊話：「敬告呂學樟委員，我真的很愛嚕嚕，但我沒有要跟嚕嚕結婚！」即使徹底摧毀傳統婚姻曾經是多元成家運動的目標之一，現在再也不在婚權運動的目標當中。

護家盟之所以能夠利用人獸交來打擊多元成家，正是因為「人獸交」一詞在台灣社會的強大污名（性變態、傷害動物），而婚權派除了極力切割人獸交可能帶來的污名之外，並未對於敵對陣營操弄人獸交污名提出思辨，人獸之間的情慾（成家欲望、情感關係、性）都成為不證自明的錯。

許秀雯曾經提出「毀家廢婚」運動路線，欲經由各種多元成家方式挑戰現行法制的異性戀婚姻霸權，擴大進入婚家的方式，來毀滅對家的

特定想像、廢除婚姻特權。然而現今多元成家運動路線的緊縮，使得婚姻平權從同志運動的首要目標晉升為唯一目標，「婚姻權是人權」變為高呼的口號，原本設想著挑戰婚姻霸權的運動，現在反過來正在鞏固婚姻的崇高地位，原先毀家廢婚的志氣蕩然無存。

「人貓爽爽跨物種成家」一語便是在不滿伴侶盟失信三胞胎法案的狀況下而生，冀望多元成家運動可以重新拉回此路線。人貓成家正是我對於婚家想像的一環，藉由人貓成家降低進入婚家的門檻、改變婚姻的壟斷意義、重構家庭組成的想像，進一步地說，人貓成家其實是婚家制度的重灌程式，重新思考婚家制度。

婚家制度，可分為文化面與國家體制兩個層面來談。國家體制方面同志積極要求國家承認、賦予、歸還同性伴侶結婚的權力／權利，就是為了獲得法制婚姻背後連帶的寶藏／保障，例如租稅優惠、醫療簽屬、醫療探視、貸款優惠、國宅申購……，如果認真設想人貓成家，因其跳脫了現有對婚姻的想像，因此就得要一一檢視這些躲在婚姻背後的特殊優惠是否具有正當性？

比如說，當人貓成家是一種選擇時，該如何看待經國家認證親密關係登記配偶就享有租稅優惠的制度？現有對於婚姻的租稅優惠法益為何？適用於人貓成家嗎？又或者，當我登記的配偶是貓時，誰能為我簽署緊急醫療同意書？是否得要設計一套醫療代理人制度，而現有的醫療代理人制度為何在實務上多生爭議、難以推行？再試想，人貓成家享有購屋優惠貸款是怎麼回事？青年居住問題難道只有新婚者的困難需要被解決嗎？如果人貓成家可以被國家承認，那麼婚姻門檻也就必須重設，在重設婚姻門檻時，也就必須重新討論，如果人貓可以成家，多人可不可以成家？多貓可不可以成家？這麼一來，幾乎可以說，「人貓成家」

並非只是要求國家承認跨物種成家的權利，而是對於國家治理人民親密關係的制度提出挑戰。

文化方面，人貓成家試圖挑戰親密關係的階序問題。如果說，婚權運動在文化層面上是要求國家承認同性伴侶關係跟異性戀伴侶關係一樣值得被尊重（也就是所謂以法律先行來改變人民觀念），那麼人貓成家就是要將跨物種親密關係拉抬至同一個水平上。舉例而言，職場文化中，有伴侶或已婚者經常使用的早退理由之一，便是私人家庭照護工作，比如說回家做飯、接送小孩等等。然而，當跨物種親密關係者提出相同理由時卻經常被嘲諷說「牠」「只是寵物」、「餓一下不會死」。其他被貶低、汙名化的親密關係，比如說，多重伴侶關係、師生戀、跨代戀、家人戀……都需要在文化地位上有所改變。改變現有的文化階序，則需要更多思辨、溝通、討論、對話。

多元成家運動一路走向緊縮，割棄單偶以外的親密關係，當前的婚權運動可說是只為同性戀開小門，除此之外，對於婚家體制的諸多問題已無能量繼續戰鬥。人貓成家冀望連結被婚權運動割棄的諸多汙名主體，向不能成家、成不了家、不想成家的「眾」發起連線，向婚姻特權開戰。

在婚家外，我們同是禽獸

連柏翰

　　台灣同性婚姻運動行走至今，保守宗教勢力與支持同婚方爭吵不息，2013開始，同婚運動出現「人獸交」的爭議。事實上早在2003年，台灣就曾掀起人獸交風波。當時台灣十多個保守團體對中央大學教授何春蕤提起妨害風化告訴[1]，事由為中央大學性／別研究室的性解放網頁中有人獸交的圖片，最終台北高等法院宣布無罪定讞[2]。時間過了十年之後，人獸交再度成為性運中被眾人關切的議題。

　　有些不同的是，這兩年的人獸交爭論緊扣著同婚議題。2013年護家盟在網路上張貼反多元成家法案的影片，影片中指涉同志大遊行的目的包含倡議跨物種成家，也放入「人貓爽爽，跨物種成家」等標語照片。隔年十月護家盟記者會上，此標語再度出現，被置於發言人身後當作醒目背版。人獸交一直成為保守宗教反對同婚的理由之一，他們認為同性婚姻一旦通過，台灣社會倫理會崩解，亂倫、濫交及人獸交會紛紛出籠，而同婚立場則認為同性婚姻與人獸交毫無關係，若硬扯人獸交與同婚有關，是對同志的污衊[3]。

　　同性婚姻與人獸交究竟有無關聯？本文認為，當前台灣的同婚運動結合了鄙棄獸性的文明性與階級性，建構出婚家內外階層。我首先梳理台灣脈絡裡，文明化進程中人獸之區隔，接著從IKEA的Home For Hope活動來討論婚家內排除獸性的文明階層與階級再製，最後指出人獸交對婚家結構的革命意涵。

人獸交模糊化人獸界線

　　當社會中具污名的性出現時，污名性主體常見的抗爭邏輯爲「我們的性身分與你們正典性人士有何關聯？」例如「你當你的異性戀，爲何我不能當我的同性戀？」，並以此要求平權：「你們異性戀可以結婚，爲什麼要阻止我們同性戀結婚？」然而即便有這樣井水不犯河水的聲稱，這些污名的性卻還是讓傳統保守份子十分驚慌，這證明它的可怕之處不單單是多元主體中的一元得以現身，更重要的是它攪擾了常態性／別秩序，例如同性戀的存在基進地質疑了什麼爲男人和女人，指出（異性）性慾望的建構性等等。同樣的，人獸交之所以引起大眾反彈，重點不在人獸性行爲瓦解道德倫理，而在於它置疑了人獸界線[4]。

　　獸性，最容易在基礎生理需求中顯現，例如飲食、便溺，以及性愛。以性愛來說，我們常以動物來形容人類的各種性愛樣態，譬如「女人三十如狼、四十如虎」，「男人都是用下半身思考的動物」。又例如

1. 告發團體包括：中華民國出版品評議基金會、善牧基金會、勵馨基金會、終止童妓協會、台北市教師會、中華民國全國教師會、台北市國中學生家長委員會聯合會等，其中又以出版品評議基金會領銜，何春蕤認爲：「以宗教團體領銜舉發可能有立場問題，而出版品評議基金會至少是有正當性判斷出版品是否猥褻的機構……這個基金會還在2005年晶晶書庫販賣猥褻圖刊案中替法院評鑑，說那些圖刊確實構成猥褻。」《動物戀網頁事件簿》，2006：93。

2. 事情始末及相關論述攻防，請見中央大學性／別研究室出版的《動物戀網頁事件簿》。

3. 立法委員呂學樟在立法院司法與法制委員會表示同性婚姻會帶來人獸交，尤美女委員隨後回應「所謂的人獸交等等，這些都是污衊同志的言行」。

情色動漫中常常出現的獸人幻想，在其中出現的攻方常常爲狼人、虎人，而受方則常被描繪爲小狗與貓的模樣。這些獸性連結人類性愛的詞彙與圖畫，除了使我們增廣性視野、增添性愉悅以外，也讓我們看見人獸界線的模糊。再者，性愛能夠使關係者消弭彼此界線。在水乳交融的性愛中，不論是眼神的交換、皮膚的接觸，或者身體的插合、體液的流竄，都能讓性愛關係者彼此不分，你我同一。在人獸交裡，因爲性愛而使彼此的界線模糊，人與動物的分野也就跟著淡化、消失。

因此，人獸交的確質疑了人獸的不同，也就是撼動了人類文化中，與獸有別、無獸性的人類主體。

人類在不斷追求文明進步性的過程中，必須要與具原始獸性的動物有所區隔，譬如人類不採暴力而改以理性互待，不會殘酷血腥地弒殺彼此。爲了追求文明性，面對動物時人類也有一套方法，甯應斌與何春蕤在《民困愁城》（2012）中指出：所謂「文明化過程」一般就是要遏制人類的殘忍、虐待與暴力衝動，透過情感的自制自持去除人的獸性，使人更不像動物。由於動物只能以獸性與人類互動，在人獸互動時，人類容易傾向也以其獸性與動物互動。文明化因此倡導人性或人道的對待動物，而非獸性地對待動物；「人道對待動物」不但要去除人的獸性，其中也暗含著「動物的擬人化」。「動物的擬人化」實質上也就是動物的文明化。（195-196）

動物需要擬人化、文明化，人類才不會被誘發出獸性待之。現今台灣社會中便有兩股動物文明化的論述正在運作。一爲廣爲運用的毛小孩論述。此論述在台灣逐漸強大，獸醫診所的宣導海報總會有斗大的「毛小孩」三字，診所會稱呼動物爲「寶貝」、「孩子」，網路上主人討論貓狗的文章總是形容有多疼自己的兒女。在此，貓狗不再是齜牙咧嘴、

撕肉嚎叫的野獸，而是要細心呵護、耐心教養的小孩。而其對應主體，對毛小孩照顧教導、保護疼愛的角色，也從同為動物的靈長類，變身為人的家長。其中要注意的是，小孩為尚未社會化、文明化的相對野蠻主體，因此動物並不會是毛「人類」，而是毛「小孩」，也就是說此主體還是有一些獸性存在。

第二股動物文明化論述，則源自動物行為學論述中產生的主體——狗公民。藉由寵物訓練師的調教，將原先亂吠、亂衝、隨地大小便等不善與人共處的狗變成好好狗公民，並獲頒犬類好公民證書（Canine Good Citizen）[5]。

以下是一位主人，在自己寵物鐵牛獲得該證書時寫下的心得：

「和鐵牛一起接受相關課程之後，最大的改變是我們對待鐵牛的方式；從前是以『主人』的角度對待他，命令他對我們服從，而忽略他的感受，當然就得不到我們想要的效果。現在則是以『他是我們最愛的家人』來看待他……過去鐵牛出現不恰當的行為，我們只會想要『阻止』他繼續下去；課程中，我們學會從他的角度看他的世界，透過『不斷的鼓勵』，慢慢降低他對刺激物的敏感度，增加我們跟鐵牛之間的信任，讓他了解，我們一起散步是可以放鬆的，還可以一直聽我們講話。」[6]

---

4. 另一種抗議人獸交的立場視人獸交為強迫動物、虐待動物，然而人獸交的樣態百百款，不是每次的人獸交都是強暴，在其中亦有顛覆人支配獸之權力關係的可能，例如人獸平等，甚至是獸支配人，因此我不認為此立場普遍地反對人獸交。人獸交是否為強暴應視實際發生脈絡，但若將人獸交等同於強暴、工具化動物，則全面撲滅了具改革潛力的人獸交，反而更維繫現有人獸權力關係。

5. 相關資訊請見「動物行為資源中心」。

6. 參見 動物行為資源中心網頁。http://tabrc.org/2014/10/wts/

比起以人類中心主義來控管動物，狗公民論述更細膩地處理人獸間的衝突。由於動物行為學是從動物視野出發，以了解人類社會對動物的影響（譬如鞭炮、垃圾車的聲音、與人生活所產生的負面情緒等）來設法改變動物行為，因此它相對地將動物主體留存，採更溫和的方式來治理動物，使牠成為通過「能輕輕鬆鬆繩散步隨行50米」、「可以乖乖坐著讓陌生人拍拍牠」、「能夠和您分開至少5分鐘而不會亂叫也不會狼嚎」等條件的好狗狗公民，但最終目的還是使動物能在家庭中生活，變為能夠與人共處的家庭一份子。

毛小孩與狗公民主體兩者有些許不同，前者將動物轉化為（些許）文明化的人類幼兒；後者則是將動物教化為循規蹈矩的動物公民，然而兩者都是脫去動物的獸性，使牠們能夠進入人類的文明生活。

然而，人獸交與同性婚姻有什麼關係呢？我以一個IKEA的活動來分析。

日前IKEA有個名為Home For Hope的活動，將在收容所裡的流浪狗以或坐或趴的姿勢拍照，印製成一比一真實大小的立牌，接著放在IKEA店裡的展示床、沙發、廚房地板上，有如該動物就處在那，以水汪汪的眼睛望著你。立牌上寫著：「領養一隻寵物，完整你的家。」並且附上QR碼讓客人用手機掃描，掃描後便可進入網站觀看狗兒的領養訊息，考慮是否領養[7]。

此活動描繪出一幅夢幻圖景，在一座新屋子，有精緻裝潢及亮麗家具，舒適的物質生活在此等著你享受。即便如此，倘若此屋內能有隻從流浪動物變為寵物的狗，家中成員以人性教養而非獸性對待牠，便更加鞏固該家庭的文明性。再者，動物作為寵物具有階級意涵，甯應斌和何春蕤指出：「下層窮人在很長的一段時間裡，對於動物的利用仍是非常

工具化，即使是豢養貓狗也主要是爲了特定功能（防盜、捕鼠等）（但是必須指出下層階級也有豢養寵物的情況）。另方面，上層階級家庭不但把寵物當作家人，寵物所受待遇與花費往往是頗爲昂貴的。」就此，IKEA活動「領養一隻寵物，完整你的家」此句話的家，即是文明化、高階級的家。

此特定階級的範圍會從家戶擴大至社區，現在有許多社區（包括學校）出現驅逐流浪動物或寵物（對驅逐者來說還是動物）的聲浪，例如張貼勿亂大小便、亂餵流浪貓狗的標示，或者在公園等公共空間以保護婦孺老人、維護寧靜與衛生之名予以驅離。此時，常常會出現的反駁論點會是「他們不是動物，只是長了毛的小孩」，以毛小孩的主體來聲稱牠們擁有與小孩一樣在都市中生活的權力，也因此就放逐了非（毛）小孩、不文明的（動物）主體。

IKEA的活動讓我聯想到現今的同婚運動。在同性婚權運動中，甚少看見提及（獸）性的運動策略，更不用說原先與同志連結的其他性污名：指交、肛交、用藥、SM及濫交等獠牙利爪。在同婚運動裡，同志只求以乾淨、好好公民之身進入婚家。事實上不只同志，那些生存處境猶如動物，身體污穢、沒有教養、品味低下、資本不夠的人類，都會像流浪貓狗一般被趕出婚家大門、社區及都市。除此之外，大型企業也在此運動中參一腳，以政治正確的道德高位來助長此趨勢，再製符合他們利益的文明階層與階級。

2014年底，立法委員呂學樟在立院司法與法制委員會質詢婚姻平權法案時指出，同性婚姻合法會造成人獸交，對此伴侶盟執行長許秀雯在

---

7. 參見 活動影片。https://www.youtube.com/watch?v=tBka2eF4OAI

會後記者會詢問呂學樟：「如果同志結婚跟人獸交有關的話，究竟你是把動物看作人，還是把同志看作動物？」

許秀雯的此段問話應拆開來看。第一句「把動物看作人（同婚內才會有人獸交）」的邏輯並不成立。如果將動物視爲人，那就不會有人獸交中的獸，而會變成人人交。不過這倒是象徵了本文的觀點，即動物唯有脫去獸性化作人，才得以進入婚家。而第二句話「將同志看成動物」，許秀雯以此反問呂學樟委員的意思爲：「除非同志是動物，否則同婚裡不會有人獸交」。然而此反問中便預設了同婚中不會有人獸交，因此反推的結論會是，同婚中的同志不是動物。這句話主張：在婚姻中，人早已脫去獸性，獸性不存在，沒有人會是獸，因此婚姻中不會有人獸交。

許秀雯的此兩句話直接帶出本文的核心論點：只有非動物的寵物與人才得以進入婚家。在此，有無人獸性行爲並不是主要關切，重點是在婚家之中，獸性是被賤斥的。

然而，在婚家外的流浪「動物」、包括貓狗，Gay、Les，以及其他人類，不是只能化作喪家之犬，坐在家門前不停的嗚咽。事實上，並不用爲牠們的生存處境感到難過，在家外生活的牠們，已練就家畜缺乏的一身好本領：四處尋覓食物與資源，在不被拘束的冒險中迎擊危機。在這樣的日子裡，牠們累積自己的生存力量，抵禦生命中的困境，並自由的群集或解散怪胎結社。而對於婚家的步步逼近與驅趕，以及家門內所累積並壟斷的朱門酒肉，牠們從不放過，時不時的返回門外，以齜牙恫嚇、以狼嚎威脅，恐嚇著婚家內的人，要他們盡早拆毀婚家城門，釋放資源。

婚姻作爲現代文化中的結合典範，涉及文明性與階級性。因此，

在社會中污名的性，包括同性戀、SM、濫交或者人獸交，都不該以獨立項目「多元中的一元」來訴求婚姻「平權」，如此的運動路線擊出了一技高空球，輕易略過文化中暗藏的壓迫邏輯，無助於解決婚家外的問題。本文試圖指出人貴於獸、人獸有別的文化秩序如何與婚權運動共謀，使得人（與寵物）必須要剔除獸性，以示自身與婚。

人獸交對婚家的威脅，正在於它解除了婚家的文明與階級門檻。婚家的正典性在這波爭議中，因為人獸交這幢幢鬼影而動搖，激得同婚支持方瞬間移形至2003年保守團體的位置，趕緊出來抹除人獸交（在婚家內）的存在，以維繫婚家中不能有卑賤獸性的秩序。就此，婚家外的人，並不是「比禽獸還不如」，而是等同於獸，與獸共生存。在婚家外，在人獸交中，我們朝著家門咆嘯，我們同是禽獸。

超克「愛之欲其馴養，恨之欲其虐殺」
動物保護人類主義與常態文明共構性

洪凌

　　在2015年底，發生於溫州街的非家居貓「大橘子」遭致陳姓澳生殺害的事件，進入法庭審理。2016農曆新年於澳門亦發生了三個親人街貓遭到類似手法殺害，因而讓關注大橘子案的愛貓人近乎武斷推定：這些謀殺就是陳生於春節回返澳門的犯行。在未能得知確切資訊但環繞於眾多推測之際，本篇文字並不試圖處理動物保護的刑罰或法律約束，而是試圖就階級、位置與晚近的道德優越進步主體性，來扣問動物（包括但不僅止於貓與人）一起邁向解放的些微可能。

　　首先，自從2006年的台大畢業生方尚文殘殺貓而引起社群震怒以來，無論是推動法條的設定與呼籲朝向嚴厲處刑的「白玫瑰」訴求，或是在貓狗等伴侶動物的家庭管理照顧層次、倡議「毛小孩」這等清新溫暖小資階層的「家人」語言，已然深耕於都會伴侶動物的伴侶人類之集體意識。在這十年來，台灣的動物保護主義幾乎以驚人的一致性，朝向性別暨物種的強制平等（約束）原則，大抵上挪用了道德進步的語言範式、精緻細膩的自我管控（從毛小孩的飲食起居乃至於養生送死，從而呼應一個進步優雅社會主體的生命／人口維護政治該如何運作），進而回饋（預設）著社會性中間層級的監控性集體該如何培育與調控在自然命（zoe）之外、已經被納入當代法治管束的生命（bios），以及，終究無法不視被摒棄於家馴單位之外的「獸‧人‧生物」是何等赤裸卑賤

（因而需要被拯救）的「剩─牲之命」（the bare and the sacred life）。在此，我並非認定法治層面的動保法毫無需要，但想就某些案例與處境，提示動保常態人主體的「家庭─社會」刑罰想像，是如何呼應了被棄置以致於成爲「人人（或眾生）皆可殺」之命的暴戾集體政治（無）意識。

約莫從2011年，同樣具有台大生身分的李念龍虐殺多貓案引起第二波的動保意識以來，主張重刑以懲戒「非人」犯人的主體性莫不高呼：必須要讓犯人確實（且長期）地納入監獄服刑，嚴峻否定「易科罰金」的處罰功效。在這兒，常規性的動保意識似乎預設了虐殺伴侶動物的犯行者皆是能輕易繳出半年起跳之易科罰金（至少十八萬）的中產（或以上）經濟階級；即使得知犯人毫無經濟奧援或資源，無論是本地或異邦人，彷彿會更由於其「赤條條」的低收入、階序性低端、種族性被厭惡（如「東南亞外勞」）的極端不利處境，更得到視入監爲復仇（抵平）主張的動保者之大力叫好。如此，我們可能無須欣慰大橘子案的犯行者陳生未被當作集體仇外的發洩孔道，未遭到凄屬義和團式的嘶吼如「426，坐滿坐好（牢獄刑期）之後滾出台灣」的仇外語言對象。個中癥結，在於陳生一則是台大學生（所以，大橘子案的關注者傾向要求台大以「代理形上家長」的位置來褫奪陳生的學籍）。再者，澳門籍是個（就台灣常態視角而言）曖昧的地區，較爲高檔，約略與香港等同，不可無差別的被視爲（該滾的）「陸生」。

在此，試列一則與陳生相對差異甚大的案件：此事件是發生於新竹2012年初的虐踢貓導致懷孕貓流產且終究死去的「何文豪虐殺一貓三命案」。由於何姓青年無業且無可倚仗的經濟安全網，法官判定的「處有期徒刑陸月，如易科罰金，以新台幣貳仟元折算壹日」，在階級分殊的

界面而言，堪稱極重，不可能等同於鄉民設想的罰金無關痛癢論。無論何男是否能籌出36萬，他承受的生命管控與處罰遠超過犯下類似（或更甚）虐殺貓案的中產位階殺貓人類。倘若我們堅持虐貓犯行者都是階級條件一致者，無非也認可了「殘害伴侶動物或兒童」僅是中產階級主導的保護主義所滋生的回饋性創傷與恨意。事實上，方念龍與何文豪不是均等的兩隻虐貓男，而是階級極端對比的兩個資源落差極大的犯行者。與之對比的M化（階級、種族）犯行人類，就像是澳生陳皓揚 vs. 眾人叫囂「滾出台灣」的殺貓男越勞。大橘子案件揭露迄今，即使臉書萬民激動沸騰叫囂，要找黑道給陳男大生教訓（結果大概都是說好玩的），然而，可曾有誰發起如同「外勞都滾」一般地發動「澳門籍的大學生都給我滾出台灣」？突然間，似乎激憤的大家都領悟到，虐貓殺貓的惡（之凡庸）是絕對無法與國籍、族裔、膚色、種族、性／別等條件形成任何可印證的正相關性！然而，倘若陳男是陸生，故事大概就朝向「所有陸生加重刑罰且滾出台灣」的激化版白玫瑰式民粹運動走向。

　　在徐沛然的文章〈「外勞」是殘忍的貓狗殺手？我們可以再多想一想〉，他近乎挑釁也充滿批判地將盲目的「愛護動物」主義與希特勒主義（人類分層可宰制可屠殺）放在兩極的對立性共犯結構：不反思的毛小孩主義，非但不會增添毛小孩的福祉，更造成人（種）的極端階層次序分化，導致「愛特定動物近乎等於恨不得某些人類死好」的等式。對我而言，當今在台灣的動物保護人本主義，並非如此類同於「納粹對高貴非人物種的愛」（因而，必須產生賤畜般的「裸人」如越南男外勞來滿足中產階層的嗜血欲），而是深刻銘刻了何春蕤所深刻揭示的「嬌貴公民」情感（一切都在巨大的道德進步之眼被監控與管制），亦可類比於「一切攻擊都乃是永恆的自我防衛」（permanent self-defense）的以

色列錫安主義（Zionism）。

　　如同精巧的雙螺旋體，指控陳生的眾人套用的責備公式是置身於道德高地、披掛弱小動物代言者的自我防衛與理直氣壯。可怖的是，這樣的文明化一切之內部循環，促使了犯案者陳生借力使力，巧妙使用了當前脆弱嬌嫩受保護青少年主體「壓力大、驚嚇、崩潰、情緒管理差」等防禦性修辭。在爭取文明進階的天梯，伴侶動物的加害者通常是嬌貴脆弱公民性、「情緒冒犯」（trigger warning）的鈴鐺，乃至於「惡且平庸」化身的激發者或承受體。讓我驚訝的是，在殺害大橘子的陳姓澳生身上，竟共時體現嬌貴文明年輕人的低抗壓、低智識與情感脆弱振振有詞，更值得嚴峻審視邁向庸俗第一世界文明進程的弱智效應。至於，熱切為毛小孩爭取權益但罔顧階級與社會階序的重刑訴求，就在地脈絡而言，或可暫且稱為「動保台灣的以色列化：弱化他者物種的永恆自衛守則」。

階序・情感・教化

論大橘子與斑斑凶殺案的「人性」驅力

洪凌

　　就在溫州街深受喜愛的「大橘子」遭到殺害的近八個月後，在2016年8月16日首度開庭。除了大橘子，八月初亦傳出素食飲食店「動物誌」照料的貓「斑斑」遭到劫持，並在急轉直下的幾天內，殺害大橘子的澳門僑生陳皓揚（下稱「陳生」）向警方投案，坦認斑斑是由他所殘殺，並將屍體棄置於新店溪。在這篇文章，我的目的不是要追究案情或耙梳陳生的「魔性」，而是基進地探究他與某些常規人類共享的「人性」。本文意圖探討「擬」伴侶動物（如社區為眾人喜愛的街貓，被某些店家視為招牌的放養貓等等）在當前人類的情感政治範疇，究竟擔任了怎樣的位置，以及，貌似純粹為了物種他者出頭所操作的正義（行動與修辭），底下鬱塞充斥著晦莫如深的「人類性」（humanity）與其固執頑拗的階層序列設定。

　　首先，在開庭之後，步出法院的陳生遭到義憤的「愛貓人士」拳腳攻擊。這事件發生的短短24小時之內，在常態論述系統引起許多激盪，反對者通常認知為（一）如果物理性攻擊陳生，這樣的行為者就與他連續殺害親人貓是類似之惡，而這樣的行為，也被冠以「蠻荒落後」的地區慣習，乃是絕不可取的落後國家人民所為；（二）在自居理智且無視階層排序的動物權心態，眾生（始終）平等，是以，攻擊陳生的一拳便荒謬地等價為殺害一貓的代價。前者可視為朝向第一世界文明前端的現代法治國家想像：也就是說，「法」對人類與非人類的生命治理，必

須被小心翼翼地呵護與遵從[1]。後者的設想，即使沒有預先爲「人優貓劣」排下註定的順位，但也難以橫跨彷彿無底深淵的跨物種鴻溝，無法穿越人性銬鐐，眞正想像某種並無始初尊卑高低的諸眾生態。然而，就許多網路發言，樂意爲攻擊陳生者的護衛聲音大概採取「這（陳生）不是人，是個畜生！」，或類似將陳生排除於「人類種族」之外的話語術[2]。我們同意，亦步亦趨地強調法治或寬恕，這樣的語言與治理術充斥第一世界道德進步主義的問題性。然而，若說要痛打一個連續殺貓的人類，還套用／挪移「畜生（非人）」修辭，這不是在悅納或義憤對等的他者遭致殘害，而是就印證了：這場法院後台的戲碼道出恨的化身，而且是兩造人類中心主義的恨意對峙。其中一方是狡詐卑鄙的殺貓人類，另一方是將憎恨對象非人化、（即使非刻意但反而）成就物種排序的人類至上復仇者。

在咬牙切齒討伐陳生的聲浪之中，有一股非常強烈的排比修辭，大約是「今天殺貓，明日殺人」。光是從字面來理解，這樣的心態就是必須讓「殺貓」成爲「殺人」的前戲，貨眞價實的殺戮纔會造就膽寒的效應。然而，若要說連續殺貓的凶手之所以危險，是由於它可能「升級」到殺物種位階更高層的生物，這是物種之間的位差階梯（inter-species ladder）。不過，除了物種「之間」看似涇渭分明的比較，還有同樣繁

---

1. 例如，類似苗博雅這樣的法律專業人士之發言，除了「動物友善」的政見，對於遵循法治的絕對高度，充滿不可辯駁也難以討論的正當性：「重建司法的尊嚴，不只需要以審檢辯爲核心的改革，更需要每個國民認真看待法治，把法治當成一回事。在法院門口發生被告遭毆打及法警受傷的事件，你以爲你打的是殺貓凶手，但實際上你踐踏的是法治。」

2. 在《蘋果日報》報導底下，此類留言可謂不勝枚舉。

複細膩的位階順序,是滋生在同樣的物種之內(intra-species):在19世紀末(1888年),位於貧民窟的倫敦白色教堂街,連續殺害性工作者的「鐮刀死神傑克」(Jack the Ripper)之所以成為舉世最險惡的象徵物,並非只由於他殺死這些社會邊緣者。真正嚴重的是,在仕紳位置的官民政治無意識層面,他非常有可能「晉級」(gentrify)到殺死良家婦女或任何中產市民,是以,在他殺死「真正」重要的被害者之前,非得被制伏與殲滅纏成。

無獨有偶,在發出為大橘子案招開記者會的通告時,主事者撰寫的文案也精巧含蓄地將「保護動物」與「保護特定人類(在此處是被高度標籤化的良好社區之「婦女」與「兒童」)」從事了綿密的共構性:「記者會上將提出民眾訴求:包括司法不應輕判、加強犯嫌後續生命教育及回歸社會的輔導機制、重視動物保護與社區婦幼安全的連結……」。倘若我們回顧一下近代歷史,19世紀尚未取得投票權的歐洲成年女性,除了少數得以自營生計(包括被常態主體視為不堪的性工作者與性少數,或是「特殊」階級者),無論其秉性或自主設想的志業為何,泰半的女子總是被納入家居領域,從事無償的再生產勞動。彷彿為了補償或歌頌,人們將被圈禁在私領域家馴範圍的人類冠以誇張的美稱如「家內天使」(Angel of the House)。倘若在21世紀的現今,台北市大安區的社群共識依然將「婦女」與「孩童」特殊化,這並非要強調這兩類主體與貓共享著難以讓其餘人類分沾的特質,而是要將這三者特殊化為必須也只能遭到弱化(與童稚化)的事物!前兩造(婦女與小孩)對於人口治理與邁向所謂更好的未來是不可或缺的器皿,而在文明進化的地帶,貓便是「類似但差了一點」的人類擬似物。這三者在文宣當中被共同無區分地串連,不啻為國(nation/state)與家(the domestic)對

這幾種主體從事嚴謹的「保護－監控－管理」之現代化人道牧世對待潛台詞。

再者，自從另外一位受害貓「斑斑」亦是陳生殺害的消息揭露，照料斑斑且視他爲「家人」的店家「動物誌」在臉書上發布了幾篇輕易挪用「愛與寬恕」修辭的文章，並一度將斑斑的位置從「店貓」轉化爲「浪貓」[3]。我關切的重點並不在於店家如何稱呼斑斑（畢竟，「家人」是個充滿曖昧複雜屬性的稱呼，將「毛小孩」視爲家人的修辭常常突顯出人類本位主義），而是奇異地，無論是堅決認定犯人有必然被文明教化可能的人道份子、吶喊「今天殺毛小孩，明天殺人小孩」的激昂聲音，竟然都與犯案的陳生共同擁抱著最純粹的物種無意識：殺貓是小事且容易脫罪，殺人類小孩茲事體大；教化人類當中極度惡質的成員，比起被血腥殺害的許多受害貓，更是攸關「大局」。在一位網頁名稱爲「徐氏百貨」的使用者，對於TNR志工嚴厲勸誡該店家最好不要讓斑斑失去對人類的警覺性，表達了常態情感政治的不滿，認爲不撫摸街貓就等於不愛街貓。不過，如果誠如這些充滿愛與諒解的文字所言，所有伴

---

3. 值得留意的是，「動物誌」的情感階序深深埋伏在她們高調清淡的文字，很難不將受害貓視爲自身實踐大愛與憫恕的客體，也讓斑斑的生死成爲「另一個人類」因此變得比較好的福利供給者：「人會遇到困難、問題，他找不到出口，或是找錯出口，在第一次的時候沒有被改善，問題持續存在，但是錯誤的出口也逐漸轉成了習慣，最後化爲一個無意義的行爲，同時可能卻傷害了別人。就像當初一開始的立場，我們不想針對特定對象報仇、泄恨，斑斑不會因此回來，但是如果可以，希望每一個人試著去關心身邊的人，聆聽他、理解他，或許就不會有下一隻斑斑。」值得認真追問的是，斑斑（或任何被物種階序視爲下端的生命）難道具備了對人類必須竭盡所能、死而後已的義務嗎？

侶動物的去處並不盡然是進入家居生活，就如同動物誌本身所言「有人問為什麼斑斑在外面？斑斑本來就是流浪貓，我們提供食物跟水及對他友善的空間，一起共存在景隆街一巷，互相尊重。」那麼，以此類形式與人類衍生出對等友好關係的斑斑，不但沒有義務要柔情款款地對待任何想從他身上得到美好回應的人類，更該像是在街頭求生的酷兒，運用張牙舞爪的浪蕩者感應（streetwise sensibility），而非在惡意的攻擊者眼前承歡討好。

在做這些思想演算時，我的確覺得網友貓草天空（Shen Yi-fan）[4]這句話戳中現代性（文明、階序、教養、差異、人／物）的刺點。這段話的大意是：一個地區是如何對待不同的人類（物種之內的差別心），就印證它如何設想與治理各種非人類生命。難道說，連續殘暴殺死與許多人類交好（街）貓的惡質之深沉，是必須被放在人類為唯一槓桿的前提，纔是惡性重大？反澳門陳生者的思考路線與（潛伏於政治集體無意識的）重人輕貓位序設定，不正是使用「文明」方式讓自己舒壓的澳門陳生，在為著自己的生活品質與幽暗情緒著想時，歡天喜地所採取的生命使用「策略」？

---

4. 引用自以攝影非人生命為主的「貓草天空」網頁。

兩種終結人類線性傳承的科幻再現

洪凌

逆轉常態時空的《露西》

在觀看《露西》（Lucy）的劇情敘述與思維發展歷程時，熟諳相關典故的我們理應不會只把「Lucy」這名字與某個「人類之祖」、服膺時間線性繁衍公式的第一個原生「女／人」之型號相連結。具備相關文學與文化研究能力者，會讀取到的第一個重要典故反而是：視主角的身心轉化與迎向「無處不在／無所在」的進化歷程，關鍵物為「藥／毒」，並將本片看作盧貝松針對披頭四的《露西與鑽石飄浮於天際》（Lucy in the Sky with Diamonds）這首鑲嵌了迷幻藥LSD在其中的歌曲，所從事的喚喻與致敬寓言。

藉由吸食「過度」的「禁藥」，原本植養於露西體內的常規人體與人本中心因此被拆裂摧毀，露西的身心靈形變，不但可以自在轉換形體（到最後甚至遊走於「太初」與「永恆」之間），更是通透了「無數即是同一者」的等式。規矩老實，為了繁殖而繁殖的物種生殖政治，在露西（與其不家庭）的視域看來，這些「無數個線性人類單位」即是同一個型號的無數呆滯拷貝。純粹物種血脈存續的沉滯無展望，以及所謂客觀環境的「不利交合」，讓露西毫無顧惜地捨棄「基因繁衍」，選擇了自我的擬不朽存續（immortality-as-maintenance）：她將自身轉化為無所不在的雲端超人類意識，留給世間眾生的是一枚會讓歷史唯物主義者會心一笑的USB。如此格局，讓本部作品強烈有別於「肉體升級為超級

英雄」但思維套路全然一致於異性生殖意識型態的科技冒險劇，得以從事深沉複雜的反婚家國（乃至於人類自以爲是的物種序列想像）思辨，帶出一場反繁衍且反（常態）人類的異者「逍遙遊」之旅。

露西被「刺激嬰兒長出靈智」（但劑量一多就是致命之毒）的高濃度藥物滲透體腔，無論是抽搐、違反地心引力的肢體姿態、瞳孔持續變色（具現出彩虹光譜？）等「症狀」，其實和反毒文宣描述的「吸毒者」之激烈版本差異無幾。然而，正典反毒文宣規避了「嗑藥」所造就的肉體進化與智識提昇：僵固的意識因而自在轉換，激增的靈視與另類知能（vision and alternative intelligence）因而讓固著的主體取得強大的撞擊與洗禮，發展身心官能層面的酷異能耐。處於嗑藥的狀態，時間彷彿不再使役「我」，而是「複數我」和多重層次的時間（觀）對話與共鳴：時間時而縮縮時而近乎無限擴張，「我等」的身體與心智溢出了常規良善好人類／公民的範疇之外，對體系形成巨大威脅，化身爲龐然異己，但也是無法被駕馭的罔兩魔怪。

在影片當中，露西與男警的關係也倒裝翻寫了常態生命思維所希冀的「遺傳子」繁衍模式。一般觀眾即使不至於幻想已然「非人」的露西，會使用這名健美的高加索雅利安男體來複製繁殖她自身的超額信息，但或許會遐想彼此之間的獨特羅曼史。然而，透過讓自身經由龐雜的演化與分裂，露西的身體形變爲一座類似吉格爾（H. R. Giger）繪畫風貌的超級電腦，以及一枚晶片。這樣的「傳承」格式，既是唐娜‧哈樂威（Donna Haraway）在〈機體‧獸‧人類複合宣言〉（A Cyborg Manifesto）所闡述的非生殖介面之複合混種「再生」（regeneration），或亦《攻殼機動隊》（1995），和自我生成的人工超級智慧「傀儡師」接合的少校。同時間，露西成道之後的周遊宇宙型態，如同莊子在〈逍

遙遊〉所描述的「北冥之魚」與「南冥大鵬鳥」[1]，不禁讓熟悉相關科幻影像敘述的讀者聯想到《雲端情人》（*Her*, 2013）的交感萬有。此外，尚處於人形的露西透過藥物所增幅的靈智與神采，亦可以讓我們類比至同一篇章所描述的「藐姑射之山」之「神人」，祂與教授的對談觸及了許多人類性（humanity）的邊界，透過其視線，常規意識形態的服膺者無法不是「形骸（與智識）的聾盲」者。素子化的露西無所不在也無所（應然）在（being everywhere and not-really-being），她的親密交流從同名的原／猿人到各時空斷層的許多生命，其時間與智識的視框並不設限於歷史與生物層的直線前進，亦不會侷限於一個熱烈迷戀她的常態白種人類男子。

選擇罔兩黑洞的《明日定律》

類似的情慾罔兩不服從，在《明日定律》（*The Zero Theorem*）的鋪陳著墨相當刺眼且豐富，本片強烈顛覆了常規反烏托邦（anti-utopian）和抵烏托邦（dystopian）科幻敘述的公式。

主角是個自閉怪誕的宅工程師，他的最大期盼與樂趣就是破解「物件」與等候一通自己也莫如明之的來電。這個自我介紹時總是喃喃說自己「名字中有Q」的昆恩（Qohen Leth），其行動和導演泰瑞·吉利

---

1. 原文為「北冥有魚，其名為鯤。鯤之大，不知其幾千里也。化而為鳥，其名為鵬。鵬之背，不知其幾千里也；怒而飛，其翼若垂天之雲。是鳥也，海運則將徙於南冥。南冥者，天池也。齊諧者，志怪者也。諧之言曰：「鵬之徙於南冥也，水擊三千里，摶扶搖而上者九萬里，去以六月息者也。」野馬也，塵埃也，生物之以息相吹也。天之蒼蒼，其正色邪？其遠而無所至極邪？其視下也，亦若是則已矣。」

安（Terry Gilliam）的「一九八四三部曲」之前兩部曲的主人翁作為大相逕庭。昆恩的彆扭與反社會屬性，既非在《巴西》（*Brazil*, 1985），主角藉由想像「飛翔與墜落的伊卡鷺鷥（Icarus）」原型來徜徉憧憬某種極端個人主義式的逃逸，終究無法逾越西方自由主義設想的「自主自由」，他也不是在《未來總動員》（*Twelve Monkeys*, 1995），命定的滅絕透過無數次反覆上演的第二度悲喜劇，藉由時間重疊於成年版與幼年版主角的注視，道出抵抗的絕無可能。昆恩充滿性與性別怪胎樣貌的抵制（與改寫）現實，透露在兩則關鍵劇情：他不但拒絕與自己所愛的那位骨子裡真實美好（而非在異度空間淫蕩歡快的色情女優）的少女私奔，也不願意和「老大哥」化身的管理（the Management）形成彷彿協議好的「體制與反體制」、宰制者與反抗者、集權機器與自由鬥士之整齊二分且實質共構的交換關係。

昆恩解碼出了「一切皆滅，虛無是最終本體」的定律，並沒有讓他（與認同他的囡兩們）迎向一個「由於沒有規則，所以做什麼都不可能」（或反之亦然）的民主自由反抗者死結。本片翻譯且複寫出一種既不嚮往美好真實（三次元）未來，但也不犬儒消極的行動性（enactment）：經歷狂亂的解碼過程與最終的天啟揭露，昆恩峻拒了個人自由主義層面的「幸福」，或者說，更徹底的解讀是他肯認的愛欲對象必須也只能存在於網路界面，也不會是那個和色情愛欲主宰相反的正典女性。經過一場毫無反派與英雄的對峙，當昆恩與索然的體制管理者談判破局之後，他來到了一個既非正規現實（形）亦非無反思反抗行動（影）的光影微量所在。在這個既是肉身也是靈智的矩陣，昆恩的行動第一部曲，竟是拆除了鑲嵌於頭頂、奚落且俯視反常規主體的龐大太陽[2]。這個「卸除太陽」的動作，或許可能讓我們思索目前的反婚家國課

題。毀廢不家庭政治迄今所凝聚且糾集的種種反常規生命型態，最可能的各自與集體行動，或許就是類似的基調。我們在各自與聚眾的唯物歷史疆域，持續進行拆除被正典意識形態（如溫馨美好家園與從未真正存在的鄉愁客體）所劫持的話語與生命，堅持佔領著「非中產階級、非悲劇、非勵志性、非母性、非邁向幸福快樂」的殘餘廢墟，招喚出那些居留於太陽之外的日蝕處所的不從之群與壞感情眾。處於城牆之外的毀廢族裔，並不朝向明日地居於「形影之間，日夜的中介」，進行翻寫邊界的無始無終鬥爭，無間斷地和歷史的複雜諸面向對話。

2. 在這裡，我的閱讀參照了狄雷尼（Samuel R. Delany）看待旁若科幻書寫的酷兒視野。在"Forum on Cyberpunk"一文，狄雷尼以這種有違「歷史往前方未來進化，邁向更美好明日」的定義來界說電腦叛客（cyberpunk），認為這是此文類深具洞見的貢獻：「電腦叛客是一種非中產階級、對歷史感到不自在，非悲劇、非勵志性、非母性、非邁向幸福快樂……的作品文類；唯獨當它身為某種特殊的負面性——而且其負面殊性非得與過去的書寫傳統與當前當的科幻脈絡相互抗詰——這才是『電腦叛客』所指涉的核心意義。」

愛是一幅洪荒異獸織就的粒腺體圖景

從H. P. Lovecraft 到《魔物戀人》

洪凌

在論證人類處於宇宙的極度低層位階，無法理解非善非惡、蒸騰恐怖的神魔森羅百態時，怪譚小說家H. P. Lovecraft如是說：「在所有的人類情緒當中，最古老且最強烈者莫過於恐懼。在所有的恐懼中，最古老且最強烈者莫過於對未知（the unknown）的恐懼。」觀看《魔物戀人》（Spring, 2014）之際，或許可以增添一枚尾端：對於未知的恐懼，來自於欲求極致且猙獰的他者，甚至將自身納入他者之內。

《魔物戀人》的原名是「Spring」，既是遍野綻放的春色爛漫，亦是萬物滂沱恣意抽長的無邊界狀態。主角Louisa化身了這片「野春」，綻放在她身上的既是怪奇小說足以寫出無數卷故事的神聖奇觀，從太古迄今的所有（擬）生命景觀，也是她用一個字就足以道盡的模本：「（異者化的）人類」。愛上她的美國魯蛇男並非絕對不適任這個欲求者的任務，他屢屢對旁人說出的「這人兒有些怪誕」（she's a bit weird），正是說明了：1. 人類樣版總是竭盡所能地在追尋豐饒怪奇的異己。2. 更深層但難以言說的慾望，在於被這個致命絕色的異己所吞噬與收納。

更基進的設定在於，Louisa的「人類」狀態不是全然隔絕於常態現實之外，反而像是她的漫長無盡頭成長故事：這兩千年來，她每隔二十年就「生發」一回的重構再造，造就出生物從太初演變迄今的微型歷史，而且其操作方式是將體內隨意找路人性交獲致的受精卵視為「素

材」，來營造出一個既是主體我、又隨機拼貼湊搭了人類「性」（既是humanity，也是human as sex material）的莫以名之「魔／物」。這樣的Louisa既是人類的終極疆界與閾（liminality），她的恆久存在就是一段濃縮了人類從洪荒物種群逐漸「進化」為有機靈長類端點的自我構成詩篇。她的共時性肉體既是獨一無二，阻卻常態人類成「魔」的可能，印證了「（某種）人類即是魔物自身」的Lovecraftian公式 [1]。

至於身為每二十年就得補充「原料」的提供者Evan，故事的敘述特意讓他顯得微不足道又不只平凡無奇。在某些女性主義視角的影評，總有種言下之意，認為Evan「配不上」位於諸物種頂點、超絕無倫，實質上就是長生不朽的Louisa。此說法彷彿在指涉，恐怖到偉大（或反之亦然）的陰性非得要有齊頭並肩的陽性，甚至，這樣的政治觸及女性主義與常態性別沙文主義異曲同工的罩門：也就是，陰性的對立體非得是至少同等絕倫（最好更勝一籌）的陽性。我不是由於Evan的小人物屬性纔覺得他是個有意思的角色。他再現慘痛但不光怪陸離的人類尋常生命：擔任長照母親的角色多年，身心俱疲、物質水平幾乎落在貧窮線的隱約上方一丁點，得在義大利以工換宿纔可能待久一些。

在接近結尾，Evan不無趣的慾望終於如噴泉般激湧。若是Evan只愛慕姣美神秘的Louisa，無法觸及她究極的奧義，這故事只是「窈窕淑女」文類的性別「倒錯」版本。然而，他所愛的Louisa卻必須是觸動恐懼（以及與恐懼血肉相連的慾念）的物種譜系共生相。當Evan目睹Louisa的形變，最引人注目的姿態不在於要逃，也不盡然是毫無顧忌、

---

1. 作家H. P. Lovecraft 的超自然恐怖力量公式：「有限狹隘的人類中心，永遠不可能瞭解宇宙至極的支配力量與猙獰樣貌。」

過於單面相地一往情深無視異狀。最可能稱之為愛欲的表現，在於他「好想逃但就是無法離去」，終究留下來握住對方觸手且為她注射抑制劑的場景。唯獨到了此時，我們纏在雙方身上都看到了「魔物之戀」：那股最古老最深沉的，非得由愛慕與恐怖共構合體且缺一不可的情愫。倘若宇宙的神秘就是讓情慾的不對等成為最切身也最不由自主的物語，Louisa這個遠比酷蘇魯（Cthulhu）更複雜的擬似神魔，在「身不由己」的終末，火山爆發而她的殊異身體也終將再生的當下，無法不撿拾了Evan這個倉皇驚恐又森森戀慕著她的凡俗之子，如同諸神好奇拾起了一枚熱烈頑拗人類。

　　不過，愛戀情慾等事物比永生的魔物更有保鮮期。倘若我們以德勒茲的「蘭花*與*黃蜂」之方法論來看待「『愛』與『魔物』」，那末，從來都沒有「拿掉魔性」的愛。若是魔物體現了愛（欲），更進一步說，在這個變量公式內，無法「去魔物」地綻放愛情與恐懼。「魔物成人」的自我滅絕性（與邁向未來的單偶小家庭模式）重創了魔性與其慾念的無始無終、洪荒無邊。最後的隱喻，最讓我動容的是火山爆發取代了蛻變，完好的雙手等於是現代性的挑戰：Louisa花了兩千年終於寫完自己漫長沸騰的魔物青春期，而她要如何面對這個視蠻荒與奇絕異己為致命大敵的當代文明馴化世界？或許，我們得從一個不把「孩子」與「未來」視為必然的敘述前提，來設想魔物介入困惑叢生的當代的無數楔子。

國家圖書館出版品預行編目資料

想像不家庭：邁向一個批判的異托邦 / 想像不家
庭陣線著. -- 初版. -- 臺北市：
蓋亞文化, 2019.02
面；　公分
ISBN 978-986-319-387-6 (平裝)

1.性別研究 2.性別平等 3.同性戀 4.文集

544.707　　　　　　　　　　　107022878

想像不家庭 邁向一個批判的異托邦

作　　　者　想像不家庭陣線
主　　　編　洪凌
封面設計　莊謹銘
總 編 輯　沈育如
發 行 人　陳常智
出 版 社　蓋亞文化有限公司
　　　　　　地址：台北市103赤峰街41巷7號1樓
　　　　　　電話：02-2558-5438　　傳眞：02-2558-5439
　　　　　　電子信箱：gaea@gaeabooks.com.tw
　　　　　　投稿信箱：editor@gaeabooks.com.tw
　　　　　　郵撥帳號 19769541　戶名：蓋亞文化有限公司
法律顧問　宇達經貿法律事務所
總 經 銷　聯合發行股份有限公司
　　　　　　地址：新北市新店區寶橋路二三五巷六弄六號二樓
　　　　　　電話：02-2917-8022　　傳眞：02-2915-6275
港澳地區　一代匯集
　　　　　　地址：九龍旺角塘尾道64號龍駒企業大廈10樓B&D室
　　　　　　電話：+852-2783-8102　　傳眞：+852-2396-0050
初版一刷　2019年02月
定　　　價　新台幣 350 元
Published and printed in Taiwan

GAEA

GAEA